만화로 배우는

코틀러의 마케팅 원리

2 핵심전략과 경로

Pearson

4 3 2 1
24 23 22 21

ISBN 978-981-3137-21-9 (07320)
978-981-3137-18-9 (07320) (set)

만화로 배우는

코틀러의 마케팅 원리

원작 **필립 코틀러 · 개리 암스트롱**
글 · 그림 **조립식** 감수 **장대련**

2 핵심전략과 경로

PRINCIPLES OF MARKETING

Pearson · 교문사

작 가 의 말

많은 것을 스마트폰을 통해 습득하는 것이 일상이 되다 보니 두꺼운 책에 담겨 있는 내용을 진득하게 읽는 것은 예나 지금이나 쉬운 일이 아니죠. 하지만 그 두꺼운 책에는 오랜 시간 동안 정제된 학문의 정수가 담겨 있습니다. 그 정수를 쉽게 머릿속에 탑재하는 방법이 바로 만화로 읽는 것입니다.

"어려운 것을 쉽게, 쉬운 것을 깊게, 깊은 것을 유쾌하게."

_ 이노우에 히사시

만화로 여러 학문을 소개하면서 마음속에 항상 떠올리는 말입니다. 필립 코틀러와 개리 암스트롱의 《Kotler의 마케팅 원리》는 오랜 시간 독보적인 마케팅의 교과서 자리를 지켜왔습니다. 교과서라고 하면 딱딱한 이론만 나열한 것이 아닐까, 또 급변하는 마케팅시장을 반영하지 못한 낡은 것은 아닐까 읽기 전부터 주저되기 마련입니다. 하지만 《Kotler의 마케팅 원리》는 체계적으로 이론을 정리하면서 그에 걸맞은 현장의 최신 사례를 함께 소개해 이해를 돕습니다.

이 책은 최고의 교과서이자 마케팅의 살아있는 필드북이라고 할 수 있습니다. 이런 명저를 만화로 재탄생시키면서 가장 집중한 부분은 수박 겉핥기가 되지 않도록, 《만화로 배우는 코틀러의 마케팅 원리》만 읽어도 마케팅 이론을 쉽게 습득할 수 있도록 하는 것이었습니다. 이를 위해 여러 마케팅요소를 의인화하여 그들이 나누는 이야기 속에 이론을 담고, 도표를 그림으로 풀어내어 보기에 편하도록 구성했습니다. 이렇게 《Kotler의 마케팅 원리》를 온전히 그리고 재미있게 옮겼습니다.

만화를 재미있게 읽고 나서는 '교수의 강의노트'와 '스스로 정리하기' 코너를 통해 공부 잘하는 친구의 요점 노트를 받아보는 것처럼, 배운 것을 한눈에 정리할 수 있도록 했습니다. 스스로 배운 것을 얼마나 이해했는지 쪽지 시험으로 마무리하면, 마케팅 이론을 내 것으로 만들기에 충분할 것입니다.

마케팅은 관련 종사자나 전공자만 알아야 하는 내용이 아닙니다. 생각보다 다양한 분야에 폭넓게 활용되는 학문으로, 필수 교양이라고 해도 지나침이 없고 《Kotler의 마케팅 원리》에서 그 이유를 찾아볼 수 있습니다. 책의 첫머리에 마케팅을 "가치를 만들고 고객관계를 관리하는 과정"이라고 정의했는데요. 여기서 이 '가치'라는 단어를 생각해봅시다. 고객이 만드는 기업의 가치, 기업이 만드는 고객의 가치는 물건을 사고파는 상행위를 넘어, 시장에 의미를 더하는 과정이라고 할 수 있습니다. 우리 중 그 누구도 여기서 예외일 수 없습니다. 우리 모두가 시장의 구성원으로서 가치를 지향하는 데 필요한 지식을 갖추는 것, 이것이 바로 우리가 마케팅을 꼭 배워야 하는 이유입니다.

《만화로 배우는 코틀러의 마케팅 원리》가 세상에 나오기까지 애써주신 교문사 편집부 여러분, 학문적 깊이를 놓치지 않도록 감수해주시고 만화 연출에도 조언을 해주신 연세대학교 경영대학 마케팅 전공 장대련 교수님, 세계적으로 힘든 시기에도 최고의 팀워크로 집필에 협조해준 가족에게 마음 깊이 고마움을 표합니다.

2020년 12월

조립식

감수자의 말

필립 코틀러 교수님은 흔히 '마케팅의 아버지'로 잘 알려져 있습니다. 하지만 제 생각에는 '마케팅 영혼의 수호자(guardian)'라고 표현하는 것이 더 정확하게 여겨집니다. '아버지'는 어떤 학문을 창시한 사람만으로 협의하게 인식될 수 있고 그 발전도 마치 후예들이 이룬 것처럼 오해할 수 있는데, 코틀러 교수님은 지금도 최전방에서 마케팅의 미래를 고민하고 계시기 때문입니다.

저 역시 40여 년간 처음에는 학생으로, 그다음에는 교수로서 마케팅과 함께 살아가고 있습니다. 코틀러 교수님의 책은 항상 제 곁에서 제가 하는 강의나 연구에 큰 힘이 되고 있습니다. 저는 10년 전 코틀러 교수님과 3시간 동안 강의와 대담을 할 수 있는 영광을 얻었습니다. 당시 대담을 준비하면서 강연 전날 코틀러 교수님과 하루 하고도 반나절을 함께 보냈습니다. 다음 날을 위한 질의 응답도 물론 준비했지만 코틀러 교수님의 성장 과정, 경제학자이면서도 마케팅을 택하게 된 배경, 사회적 이슈에 대한 관심, 앞으로의 계획에 대해 굉장히 다양한 이야기를 나눌 수 있었습니다. 코틀러 교수님은 마치 다섯 살 배기가 부모에게 이런저런 질문을 하듯 묻는 저를 귀찮게 여기지 않고, 제 질문 하나하나를 따뜻하게 그리고 진지하게 듣고 답변해주셨습니다. 주식의 왕 워런 버핏과 먹는 점심식사의 낙찰가가 수십억 원이 넘는다는데, 저는 코틀러 교수님이 오랫동안 쌓은 마케팅 지혜를 무료로 얻었던 것입니다.

코틀러 교수님의 저서는 항상 세 가지 특징을 가지고 있습니다. 첫째, 소비자의 만족을 지향하는 마케팅 본연의 철학이 담겨 있습니다. 둘째, 그 이념과 전략을 제일 잘 실천하는 다양한 기업 사례들을 소개합니다. 셋째, 광범위한 내용을 간단명료하게 설명합니다. 코틀러 교수님의 여러 교재 중에서도 암스트롱 교수님과 공저한 《Kotler의 마케팅 원리》는 이러한 특징을 특히 잘 보여줍니다. 이는 마케팅에 입문하는 독자에게 가장 적합한 교재라고 자신 있게 추천할 수 있습니다.

그것을 바탕으로 한 이 책은 만화를 통해 마케팅 원리를 배울 수 있어, 학문에 대한 접근성이 글로만 이루어진 책보다 한층 더 높다고 할 수 있습니다. 조립식 작가님의 그림은 굉장히 역동적이면서도 유머가 묻어납니다. 작가님은 코틀러 교수님과 암스트롱 교수님이 쓴 교재의 내용을 정확히 전달하면서도 그림을 통해 읽는 사람들의 눈높이에 더 친근감 있게 다가갈 수 있도록 만들었습니다. 제 저자 소개글에서 보셨겠지만, 본인은 최근 단편 영화를 제작하고 있습니다. 우리는 이제 멀티미디어 시대에 살기 때문에 글만 가지고는 말하고자 하는 내용을 충분히 전달하지 못합니다. 이러한 점에 착안하여 저는 단편 영화를 통해 많은 청중과 의사소통을 하고자 했습니다. 저는 이 책의 내용을 감수하면서 글의 내용뿐만 아니라 그림에 종종 매료되었습니다. 이를 통해 단편 영화의 스토리보드를 그릴 때 느꼈던 희열을 경험하게 되었습니다. 《Kotler의 마케팅 원리》의 내용과 조립식 작가님의 그림은 가히 환상의 콤비로, 독자 여러분을 마케팅이 펼쳐내는 신세계로 인솔할 것입니다. 독자 여러분, '만화로 보는 마케팅 세상'에서 그 새로운 체험을 만끽하시길 바랍니다.

연세대학교 경영대학 교수

장대련

추 천 의 말

마케팅의 목적은 무엇인가? 그 답은 소비자의 마음을 헤아리고 사로잡는 것이다. 하지만 이는 말만큼 쉽지 않다. 다수의 마케팅 교재는 복잡한 이론에 집중되어있어 마케팅 자체를 하지 못하고 있다. 하지만 본 교재는 생생한 만화와 수많은 사례를 통하여 본연의 마케팅 철학을 잘 살리고 있다. 이 책을 읽는 독자들은 재미있는 영화를 보듯 새로운 마케팅 세계에 푹 빠져들 것이다.

_ **장대련**(연세대학교 경영대학 교수)

마케팅은 항상 소비자 지향, 소비자 맞춤의 가치를 실현해야 하는데, 마케팅 분야의 최고 권위 있는 저서가 가장 소비자 지향적인 형태라고 할 수 있는 만화로 탄생했네요. 마케팅에 대한 더 쉽고 빠른 이해가 소비와 삶을 더 풍요롭고 윤택하게 만들기를 기대합니다.

_ **정연승**(단국대학교 경영학부 교수, 한국유통학회 부회장, 한국마케팅관리학회 회장)

《Kotler의 마케팅 이론》을 만화로 만든 이 책은 마케팅 원론의 마케팅화를 직접 보여준다. 영리조직부터 비영리조직까지, 대기업부터 작은 start-up에 이르기까지 마케팅은 생존 및 발전을 위한 필수가 되어버린 지금, 누구나 쉽게 마케팅을 이해하고 더 깊은 공부를 유도하는 흥미로운 만화책임이 분명하다.

_ **조원홍**(현대자동차 부사장, 고객경험본부장)

코틀러 마케팅 교재는 실전에서 고민이 생길 때 다시금 책장을 펼치게 만듭니다. '마케팅의 정답은 고객에게 있다'라는 Back to Basics의 원리를 제대로 집대성한 책이기 때문입니다. 이제는 누구나 이 책을 쉽게 접할 수 있도록 만화로 만들어져, 또 한번 고객가치 창출을 실천하게 되었네요.

_ **이병희**(쿠팡 리테일 부사장)

시대 변화가 빠를수록 근본을 돌아보는 시간이 필요합니다. 코로나19, 디지털 트랜스포메이션… 격랑의 시기에 마케팅의 본질을 꿰뚫어본 Kotler의 혜안을, 만화라는 새로운 콘텐츠로 만난다는 것은 마케팅을 고민하는 이들에게 근본을 돌아보는, 새로운 계기가 될 것입니다.

_ **김태용**(이노션월드와이드 국내비즈니스 본부장)

이 책의 활용방법

이 책은 마케팅 교재의 바이블로 불리는 《Kotler의 마케팅 원리》 18판을 바탕으로 만들어졌습니다. 책의 구성과 각 부분의 활용방법은 다음과 같습니다.

! 대단원과 소단원

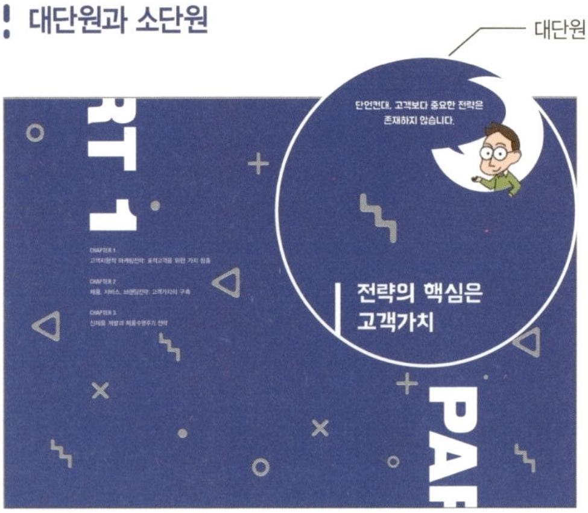

▲ 만화의 대단원과 소단원입니다. 각 단원의 목표와 핵심 키워드가 나타나 있습니다. 단원의 구성은 《Kotler의 마케팅 원리》 18판과 동일하여 원서의 중요 내용을 전부 파악할 수 있습니다. 원서에서 같은 이름의 단원을 찾아 읽어보아도 좋을 것입니다.

! 큰 주제와 세부 주제

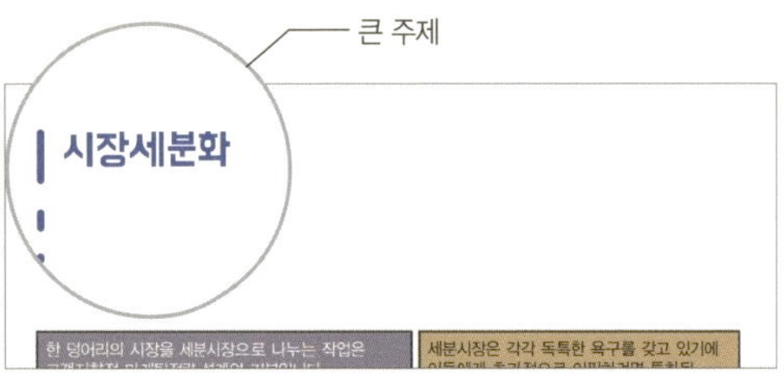

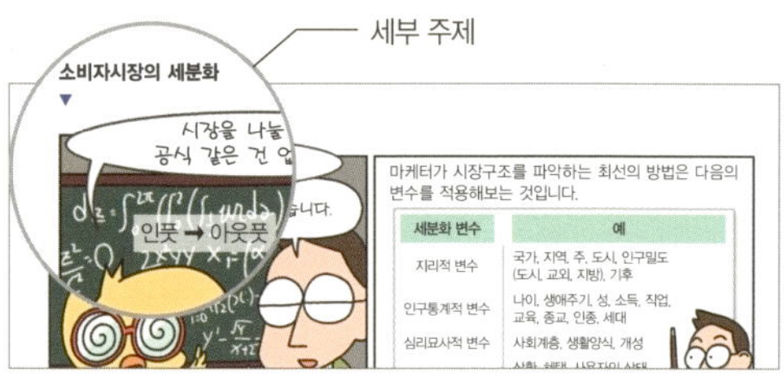

▲ 소단원에 포함된 큰 주제와 세부 주제입니다. 원서의 내용과 같은 흐름으로 전개되나 경우에 따라서는 하나의 세부 주제를 나누거나 합쳤습니다.

! 더 알아보기

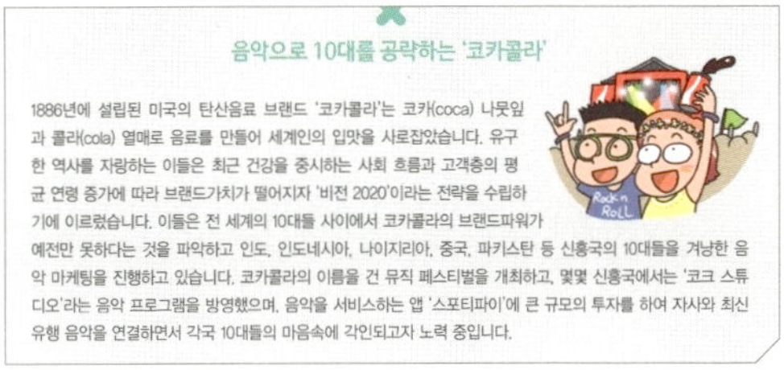
음악으로 10대를 공략하는 '코카콜라'

1886년에 설립된 미국의 탄산음료 브랜드 '코카콜라'는 코카(coca) 나뭇잎과 콜라(cola) 열매로 음료를 만들어 세계인의 입맛을 사로잡았습니다. 유구한 역사를 자랑하는 이들은 최근 건강을 중시하는 사회 흐름과 고객층의 평균 연령 증가에 따라 브랜드가치가 떨어지자 '비전 2020'이라는 전략을 수립하기에 이르렀습니다. 이들은 전 세계의 10대들 사이에서 코카콜라의 브랜드파워가 예전만 못하다는 것을 파악하고 인도, 인도네시아, 나이지리아, 중국, 파키스탄 등 신흥국의 10대들을 겨냥한 음악 마케팅을 진행하고 있습니다. 코카콜라의 이름을 건 뮤직 페스티벌을 개최하고, 몇몇 신흥국에서는 '코크 스튜디오'라는 음악 프로그램을 방영했으며, 음악을 서비스하는 앱 '스포티파이'에 큰 규모의 투자를 하여 자사와 최신 유행 음악을 연결하면서 각국 10대들의 마음속에 각인되고자 노력 중입니다.

소매업의 성공을 좌우하는 입지결정

모든 대도시와 도심에 백화점, 전문점, 은행, 극장이 있는 중앙상업지구(central business district)는 1950년대까지 중요한 소매밀집 형태였습니다. 그러나 사람들이 교외로 이주하기 시작함에 따라 중앙상업지구는 교통, 주차, 범죄 문제로 인해 계속해서 쇠퇴하고 있습니다.
소매점은 종종 소매업의 성공을 결정하는 세 가지 필수적인 요인으로 첫째도 입지, 둘째도 입지, 셋째도 입지라고 말합니다. 즉 소매점이 표적고객이 접근하기 쉬우면서 자사의 포지셔닝과 일치하는 점포위치를 선정하는 것은 매우 중요합니다. 예를 들어, Apple은 시카고의 Michigan Avenue에 있는 Magnificent Mile이나 뉴욕 맨해튼의 Fifth Avenue 같은 고급 쇼핑몰이나 최신 유행의 쇼핑가에 점포를 내지만, 반대로 Trader Joe's는 임대료가 싼 외곽에 점포를 열어 비용을 낮게 유지하고 "저가의 맛있는 음식(cheap gourme)"이라는 자사의 포지셔닝을 구축합니다.

▲ 본문의 내용과 관련된 읽을거리를 소개하는 코너입니다. 원서에 등장하는 몇몇 주요 사례와 원서에는 등장하지 않는 국내의 최신 사례를 같이 담았습니다.

! 소단원 핵심 요약 및 자기주도적 학습

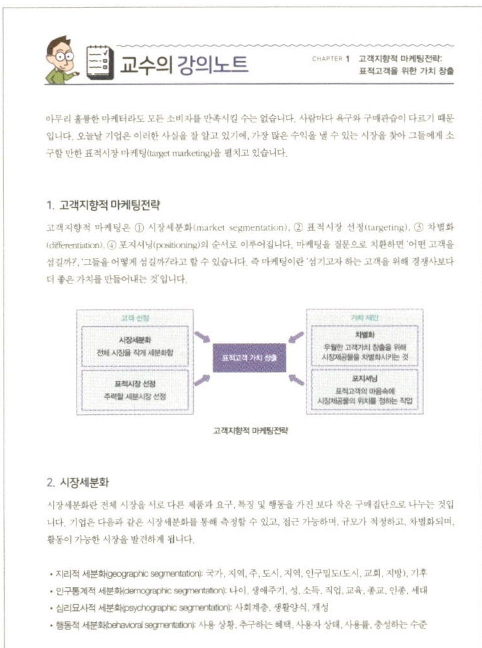
교수의 강의노트

CHAPTER 1 고객지향적 마케팅전략: 표적고객을 위한 가치 창출

아무리 훌륭한 마케터라도 모든 소비자를 만족시킬 수는 없습니다. 사람마다 욕구와 구매관습이 다르기 때문입니다. 오늘날 기업은 이러한 사실을 잘 알고 있기에, 가장 많은 수익을 낼 수 있는 시장을 찾아 그들에게 소구할 만한 표적시장 마케팅(target marketing)을 펼치고 있습니다.

1. 고객지향적 마케팅전략

고객지향적 마케팅은 ① 시장세분화(market segmentation), ② 표적시장 선정(targeting), ③ 차별화(differentiation), ④ 포지셔닝(positioning)의 순서로 이루어집니다. 마케팅을 질문으로 치환하면 '어떤 고객을 섬길까?', '그들을 어떻게 섬길까?'라고 할 수 있습니다. 즉 마케팅이란 '섬기고자 하는 고객을 위해 경쟁사보다 더 좋은 가치를 만들어내는 것'입니다.

고객지향적 마케팅전략

2. 시장세분화

시장세분화란 전체 시장을 서로 다른 제품과 요구, 특징 및 행동을 가진 보다 작은 구매집단으로 나누는 것입니다. 기업은 다음과 같은 시장세분화를 통해 측정할 수 있고, 접근 가능하며, 규모가 적정하고, 차별화되며, 활동이 가능한 시장을 발견하게 됩니다.

- 지리적 세분화(geographic segmentation): 국가, 지역, 주, 도시, 지역, 인구밀도(도시, 교외, 지방), 기후
- 인구통계적 세분화(demographic segmentation): 나이, 생애주기, 성, 소득, 직업, 교육, 종교, 인종, 세대
- 심리묘사적 세분화(psychographic segmentation): 사회계층, 생활양식, 개성
- 행동적 세분화(behavioral segmentation): 사용 상황, 추구하는 혜택, 사용자 상태, 사용률, 충성하는 수준

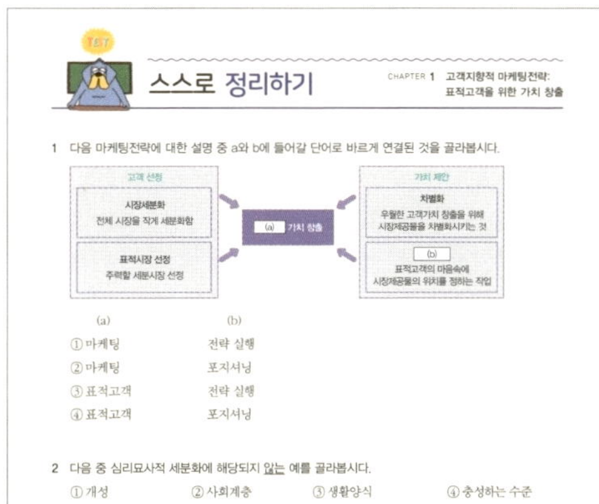
스스로 정리하기

CHAPTER 1 고객지향적 마케팅전략: 표적고객을 위한 가치 창출

1 다음 마케팅전략에 대한 설명 중 a와 b에 들어갈 단어로 바르게 연결된 것을 골라봅시다.

	(a)	(b)
①	마케팅	전략 실행
②	마케팅	포지셔닝
③	표적고객	전략 실행
④	표적고객	포지셔닝

2 다음 중 심리묘사적 세분화에 해당되지 않는 예를 골라봅시다.

① 개성 ② 사회계층 ③ 생활양식 ④ 충성하는 수준

핵심 용어

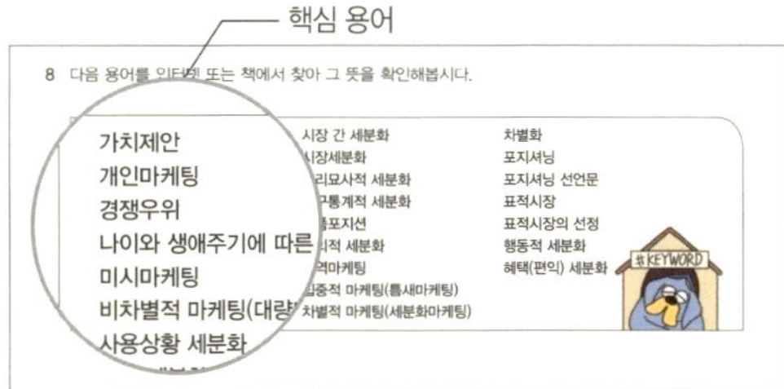
8 다음 용어를 인터넷 또는 책에서 찾아 그 뜻을 확인해봅시다.

▲ 하나의 소단원을 요약하고 정리하는 부분입니다. '교수의 강의노트'는 소단원의 내용을 단 2쪽으로 요약하고 정리합니다. '스스로 정리하기'는 지금껏 배운 내용을 테스트해보는 코너로 객관식 문제와 주관식 문제가 모두 등장하는 부분입니다. 코너 마지막에는 더 알아보면 좋을 핵심 용어들이 등장합니다. 만약 이 중에서 생소한 단어가 있다면 스스로 찾아보는 것을 추천합니다.

CONTENTS

PART 2

가격과 마케팅경로

캐릭터 소개

마케팅 원리를 내 걸로 만들고 싶어요.
108

마케팅 전공 학부생 '삐약'

마케팅? 함께 배우면 어렵지 않아요!

마케팅 전공 교수 '리원'

기업

산업재구매자

마케팅이 있는 곳이라면 어디든
출동합니다~

현장 취재 담당 '시리포터'

....

마케팅 전공 대학원 조교 '멍군'

소비자(고객)

마케터

B-to-B 마케터

프롤로그

리 교수님!
마케팅이 뭔가요?
책 한 권 추천할게요. 40개국 이상에서 24개 언어로 소개된 <Kotler의 마케팅 원리>는 마케팅이 무엇이며 어떻게 작동되는지를 친절하게 설명한 좋은 책이죠.
Principles of Marketing
원서도 좋지만 더 쉽고 재미있게 배울 수 없을까요?!
만화처럼 말이죠.
그렇다면 나와 함께 마케팅이 무엇인지 알아봅시다.
과외 시켜 주시나요?
성공적인 마케팅으로 일류기업이 된 사례를 현장에서 시리포터가 소개해줄 것입니다.
안녕~
또 조교인 멍군이 주요 내용을 정리해서 알려주고 여러분이 잘 이해했는지 테스트할 것입니다.
컨닝금지
그럼 이제 시작해봅시다!
넵!

고고!

CHAPTER 1

고객지향적 마케팅전략: 표적고객을 위한 가치 창출

CHAPTER 2

제품, 서비스, 브랜딩전략: 고객가치의 구축

CHAPTER 3

신제품 개발과 제품수명주기 전략

단언컨대, 고객보다 중요한 전략은
존재하지 않습니다.

전략의 핵심은 고객가치

LEARNING OBJECTIVE

- 고객지향적 마케팅전략의 정의와 내용을 살펴봅니다.
- 표적고객과 표적시장의 선정과 가치 창출에 관해 알아봅니다.

KEYWORD

표적고객 / 표적시장 / 포지셔닝 / 차별화

1권에서 여러분은 마케팅이 무엇인지,
고객과 시장환경을 이해하는 것이
왜 중요한지 배웠습니다. 지금부터는
마케팅전략과 전술을 본격적으로
탐구해보도록 합시다.

CHAPTER 1

고객지향적 마케팅전략:
표적고객을 위한 가치 창출 —

서남아시아권에서의 도시 간 이동은 에어아시아를 이용하는 것이 상식입니다.
이렇게 성장한 항공사의 시작은 믿을 수 없을 만큼 소소했죠.
airasia

에어아시아는 창업자 토니 페르난데스*가 망해가는 국영 항공사를 315원(1링깃)에 인수하면서 시작되어 세분화, 표적시장, 포지셔닝을 통해 큰 그림을 그렸습니다.
여객기 두 대
AirAsia
315억 원이 아니라 315원이요?
물론 125억 9,000만 원의 부채를 떠안는다는 조건이었죠.

* Tony Fernandes

에어아시아의 주요 비전은
아시아에서 가장 큰 항공사가 되어 저렴한 비용으로 수많은 고객을 연결시키는 것입니다.
AirAsia

성장의 핵심은 표적시장을 가격에 민감한 소비자들로 잡은 것이었습니다.
그냥 버스 11시간 탈까…
AIR
Luxury
항공기 이용의 허들을 낮추어 말레이시아, 태국, 인도네시아의 많은 사람을 고객으로 끌어들인 것입니다.
비싸지 않아요!
커몬!
AIR ASIA
이를 실현하기 위해 경쟁력을 확보할 수 있는 마케팅믹스와 운영방식을 개발했습니다.
예를 들면 25분 만에 항공기를 재적재하여 비용을 낮추면서도
기본 서비스 품질은 그대로 유지했습니다.
준비 끝! 탑승하세요.
이렇게 빨리?!
꼭 필요한 것만 제공하는 저렴한 단거리 노선은 비싼 가격을 부담스러워 하는 고객에게 통했습니다.
환불 No, 기내식 No, 좁은 좌석,
하지만 가격은 YES!
2002년 2대의 항공기로 사업을 시작한 에어아시아는 오늘날 160개 노선과 6,000만 명의 고객, 2020년까지 1조 원에 육박하는 매출을 올렸습니다.
아시아 1위!
ASIA
에어아시아는 새로운 도전자들의 위협과 코로나로 인한 타격에도 굴하지 않고
NEW
디지털 플랫폼을 통한 사업 확장으로 그들의 전략을 이어가고 있습니다.
매월 4,000만 명 이상의 사용자로 부터 나오는 풍부한 데이터를 바탕으로 한 핀테크와 배송서비스 진출
농장 직배송

하나의 마케팅전략이 사람들에게 효과적으로 먹힐까요?
친구들이랑 점심 메뉴 정하는 데도 의견이 갈리는데 효과적일 수는 없을 것 같아요.
야, 다같이 짜장면 먹자!
난 삼겹살
난 피자
그냥 각자 먹고 만나자...
사람들은 넓게 흩어져 있고, 욕구와 구매패턴이 너무나 다양합니다.
에어아시아처럼 자신이 가장 잘 어필할 수 있고 수익을 낼 수 있는 시장을 파악하는 것이 중요하죠.
자원파악
시장파악
$
이제 기업들은 대량마케팅에서 표적시장마케팅으로 전략을 수정하고 있습니다.
표적시장마케팅은 시장 세그먼트*를 확인하고, 표적시장을 정하고, 각 표적시장에 맞는 제품 및 마케팅 프로그램을 개발하는 것입니다.
막 뿌리는 마케팅이 아닌, 취향저격마케팅이네요.
딱콩
퓻

* segment(분류)

커피 마니아의 취향을 저격한 '블루보틀'

한국인들의 커피 사랑은 유명합니다. 연간 한 사람이 353잔의 커피를 소비(2018년 기준)하는 한국인들 덕분에, 오늘날에는 대한민국 어디서나 갓 내린 커피를 손쉽게 구매하여 마실 수가 있습니다. 세계적인 커피 체인들도 한국이라는 시장에 매력을 느끼며 점포를 개설했습니다. 한국에 진출한 여러 외국 커피 체인점 중에서, '블루보틀'은 확고한 표적시장을 타깃으로 삼아 자사를 마니아의 커피로 브랜딩하며 큰 성공을 거두었습니다. 이들은 2000년대 초 캘리포니아에 첫 점포를 연 이후, 평준화된 맛을 제공하는 다른 커피 체인점과 달리 로스팅한지 48시간이 지나지 않은 '싱글 오리진' 커피를 제공하는 것을 자사의 차별점으로 내세우며 커피맛을 좀 아는 사람들을 상대로 성공적인 영업을 이어가고 있습니다.

고객지향적 마케팅전략 설계에 대해
알아볼까요?
고객 선정
1 시장세분화
전체 시장을 작게 세분화함
2 표적시장 선정
주력할 세분시장 선정
표적고객 가치 창출
가치제안
3 차별화
우월한 고객가치 창출을 위해
시장제공물을 차별화시키는 것
4 포지셔닝
표적고객의 마음속에 시장제공
물의 위치를 정하는 작업

첫 번째와 두 번째 단계에서
기업은 자신이 만족시킬
고객을 선정합니다.
1 시장세분화는 시장을 서로 다른
제품과 마케팅믹스를 요구하는
구매자들을
욕구, 특징 및 행동에 따라
보다 작은 집단들로
나누는 것입니다.
2 그 후 각 시장의 매력도를 평가
한 뒤 진입할 세분시장을
선정하고
매력도
결정!
고객에게 가치제안을 합니다.
짠
3 가치제안에서는 경쟁사보다
우월한 고객가치를 만들기
위해 기업의 제품을
차별화하는 것
4 표적소비자들의 마음속에 경쟁제품보다 상대적으로 분명하고,
독특하며, 긍정적인 위치로 자리 잡을 제품을 계획하는 포지셔닝의
단계를 거칩니다.
어머
이름표를 붙여
네 가슴에~~
이제부터는 한 단계씩
자세히 살펴봅시다.
시장 세분화
표적시장 선정
차별화
포지셔닝

시장세분화

한 덩어리의 시장을 세분시장으로 나누는 작업은 고객지향적 마케팅전략 설계의 기본입니다.
시장
세분시장은 각각 독특한 욕구를 갖고 있기에 이들에게 효과적으로 어필하려면 특화된 제품과 서비스가 필요합니다.
소비자

소비자시장의 세분화

▼

시장을 나눌 때의 공식 같은 건 없을까요?
인풋 ➡ 아웃풋
없습니다.

마케터가 시장구조를 파악하는 최선의 방법은 다음의 변수를 적용해보는 것입니다.

세분화 변수	예
지리적 변수	국가, 지역, 주, 도시, 인구밀도 (도시, 교외, 지방), 기후
인구통계적 변수	나이, 생애주기, 성, 소득, 직업, 교육, 종교, 인종, 세대
심리묘사적 변수	사회계층, 생활양식, 개성
행동적 변수	상황, 혜택, 사용자의 상태, 사용률, 충성도의 수준

지리적 세분화
시장을 지리적 단위로 나눠보는 것입니다.
한 지역 혹은 여러 지역에서 사업을 할지
모든 지역에서 사업을 하지만 지리적 차이로 인한 필요와 욕구의 차이를 파악할 것인지 결정해야 합니다.
A 교외
도시 B

많은 기업이 각 지역의 욕구에 맞추기 위해 제품, 광고, 촉진을 지역화하고 있습니다.
PIZZA 집까지 식지않게배달
대부분의 사람들이 스마트폰을 사용하면서 지역 기반 소셜마케팅이 널리 활용되고 있습니다.
가장 가까운 매장에 미리 주문하세요!
인구통계적 세분화
시장을 연령, 성별, 가족 규모, 가족생애주기, 소득, 직업, 교육수준, 종교, 인종, 세대, 국적 등과 같은 변수들로 나누는 것입니다.
정말 다양하네요!
연령
성별
소득
인종
인구통계적 변수는 고객집단을 세분화하는 데 가장 많이 사용됩니다.
왜 그런가요?
첫 번째는 소비자의 욕구, 필요, 사용량 등이 인구통계적 변수와 밀접하게 관련되어있기 때문이죠.
여성용품
두 번째는 다른 세분화 변수에 비해 세분시장을 측정하기가 쉽기 때문입니다.
숫자가 딱딱!
다른 기준을 따르더라도 인구통계적 특징은 꼭 알아두어야 합니다.
지리적
심리적
행동적
인구통계적 세분화
기
본

연령과 생애주기
욕구는 나이에 따라 변합니다.
기업은 나이와 생애주기에 따라 각각 다른 마케팅으로 고객에게 접근합니다.
잇몸용 기능성
캐릭터와 올바른 이닦기 어플리케이션
잇몸
3분
나이와 생애주기로 세분화를 할 때는 고정관념의 영향을 받지 않도록 조심해야 합니다.
같이 묶어버려!
70세
예컨대 연령은 높지만 마음은 젊어서 소비도 그렇게 하는 사람들이 많습니다.
70세
헉
성별
성별에 따른 세분화는 의류, 화장품, 욕실용품, 잡지에서 오래전부터 사용되어왔습니다.
P&G는 '시크릿'이라는 제품에서 기업 최초로 성별 세분화를 사용했습니다.
Secret®
Secret
최근에는 남성용 화장품 시장이 두드러지게 성장하면서 여성용에 버금가는 라인이 출시되고 있습니다.
MEN
MEN
MEN
MEN
여아용 건축 관련 장난감을 판매하는 골디블럭스처럼 성별 고정관념을 뒤집으며 성공하는 사례도 있습니다.
Goldie blox

소득
자동차, 의류, 화장품, 금융서비스, 여행 같은 제품의 마케팅에는 소득 세분화가 사용됩니다.
$
$$
$$$
현대카드 프리미엄은 럭셔리한 혜택과 높은 연회비로 유명하죠.
the Purple
MY COMPANY Executive Corporate
현대카드는 이보다 더 가입조건이 까다로운 더 블랙 카드를 선보입니다.
the Black
두둥
이 카드는 소득이 높은 사람만 가입이 가능하고
연회비 250만 원
250 만원
OK
현대카드 The Black
그에 걸맞은 차별화된 혜택들이 제공됩니다. 인기 레스토랑의 특별 예약, 공연 우선 예약, 휴양 서비스 등
현대카드 The Black
하지만 소득 세분화를 이용하는 모든 기업이 부유층을 겨냥하는 것은 아닙니다.
$
$$
$$$
패밀리달러, 달러트리, 다이소 같은 체인점들은 중·저소득층 거주지역을 좋아합니다.
Dollar Tree
이런 소매점들은 자신들의 핵심시장에 효과적으로 접근하면서 빠르게 성장하고 있습니다.
다이소
매출

심리묘사적 세분화
구매자를 사회계층, 개성과 관련된 특징으로 세분화하는 것입니다.
앞서 우리는 사람들이 제품 구매에 라이프스타일을 어떻게 반영하는지 알아보았습니다.
1권의 5장에서요!
1권!
이처럼 같은 인구통계적 집단에 속해 있더라도 라이프스타일은 서로 다를 수 있습니다.
난 단정한 게 좋아.
난 화려한 게 좋아.
마케터들은 또 다른 세분화방법으로 개성이라는 변수를 사용합니다.
젊고 모험을 즐기는
성숙 실용적 유머감각
Mtn Dew
Coca-Cola
Coca-Cola ZERO
행동적 세분화
구매자를 지식, 태도, 사용 상황 혹은 제품에 대한 반응에 따라 구분하는 것입니다.
제품
행동적 세분화
행동 변수는 시장세분화의 가장 좋은 출발점이죠!
앗 마케터님
사용 상황
어떤 상황에서 제품을 사야겠다는 생각이 드는지
이 생각이 구매로 이어지는지, 구매한 물건을 사용하는지에 따라 고객의 집단을 나누어볼 수 있습니다.
펌킨 스파이스 라떼를 마셔야 비로소 가을 같다니까요!
붕어

추구하는 혜택
제품으로부터 추구하는 혜택이나 편리함에 따라 시장을 구분할 수도 있습니다.
자전거를 만드는 쉐윈은 구매자가 추구하는 편리성을 카테고리로 나누어 구매를 촉진합니다.
여가, 운동, 관광, 출근, 재미
SCHWINN
크루저, 하이브리드, 자전거도로, 마운틴, 로드, 전동, 키즈
사용자 상태
시장은 제품의 비사용자, 과거 사용자, 잠재고객, 첫 번째 사용자, 정기적인 사용자들로 구분할 수 있습니다.
정기 사용자
과거사용자
비사용자
잠재고객
첫번째
기업은 정규 사용자의 충성도를 높이고 비사용자 중에서 타깃을 찾아 그들에게 어필해야 합니다.
가치
척
가치
꾸준
과거 사용자와의 관계도 회복해야 하고요.
내가 잘할게~~!
인생의 새로운 시기를 맞은 소비자는 대량 소비자가 될 수 있는 잠재고객이기 때문에 이들에게 집중해야 합니다.
신생아 기저귀
시장 석권! = 꾸준한 매출
결혼, 출산
사용률
제품을 소비하는 양에 따라 소량, 중간, 대량 소비자로 나눠볼 수도 있습니다.
小
中
大
고객 수는 적지만 매출에서 높은 비율을 차지하는 헤비유저 덕을 많이 보는 기업도 있습니다.
Bojangle's
우리는 보쟁글스 마니아!
Bojangle's
Bojangle's
Bojangle's

충성도 수준
소비자들은 브랜드, 소매점, 기업에 대해 충성심을 가지기도 합니다.
이들을 충성도의 수준에 따라 나눠볼 수도 있죠.
충성도
SALE
애플은 최고의 고객 충성도를 자랑하는 브랜드 중 하나입니다. 애플 마니아들의 충성심은 종교에 가깝습니다.
적당한 충성도의 소비자들은 때때로 다른 브랜드를 사용하기도 합니다.
한 번 써볼까...?
A
A
B
B
충성심이 전혀 없는 소비자들은 브랜드에 관계없이 저렴한 제품을 구매하는 경향이 있습니다.
SALE
패턴을 분석해보면, 충성도가 높은 고객은 주변에까지 영향을 미쳐 소비를 증가시킵니다.
아이폰 한 번 써보세요!
기업은 충성도 높은 고객을 최우선으로 관리해야 하지만
우린 패밀리!
충성도가 낮은 고객을 연구하여 자사의 마케팅 약점을 발견하고 수정할 수 있는 기회를 얻을 수도 있습니다.
아, 이래서 떠나는구나!

세분화 변수의 복합적 사용
이런 세분화 변수들을 가능하면 다양하게 적용해야 표적고객을 예리하게 발견할 수 있습니다.
세분화 변수
세분화변수
세분화변수
닐슨, 액시엄 같은 리서치 정보기업은 여러 가지 변수로 고객을 세분화할 수 있는 시스템을 제공합니다.
Acxiom
Esri
Nielsen
액시엄의 퍼소닉스 생애주기시스템은 미국 가구를 70개 그룹으로 분류합니다.
PerSonicx lifestage SyStem
예를 들어, 카툰 & 카풀 그룹은 중산층 유자녀 커플-히스패닉, 블루컬러-미니밴, 픽업트럭소비, 다량의 의류소비, 동물원·테마파크·캠핑 같은 여가를 즐기는 소비패턴을 보여줍니다.
Cartoons&Carpools
마케터는 이 시스템을 통해 타깃으로 삼아야 할 소비자가 누구인지 선명하게 볼 수 있죠.
시장세분화는 기업이 핵심고객의 세그먼트를 발견하고, 이들을 더 잘 이해하고 효율적으로 겨냥하며, 구체적인 맞춤형 제품을 개발하는 데 큰 도움을 줍니다.
OK

소비자 데이터로 돈 버는 기업 '액시엄'

액시엄(acxiom)은 데이터로 돈을 버는 대표적인 기업입니다. 이들은 미국에서 약 3,000개의 데이터 속성을 기반으로 하여 약 7억 명의 데이터를 관리하고, 마케팅이나 부정 사용 탐지를 위한 데이터 분석 서비스를 제공하고 있습니다. 이들의 데이터 수집은 미국의 사회보장번호를 이용하고 모든 개인정보를 가명화하기 때문에 합법적입니다. 액시엄의 기업 고객들은, 이들이 제공하는 기술을 활용하여 각자가 보유한 고객의 데이터를 액시엄의 데이터와 융합하여 마케팅에 활용하고 있습니다.

B2B*의 세분화

* Business-to-Business

소비재를 다루든 산업재를 다루든 간에 시장을
세분화하는 데는 대체로 동일한 변수들이 사용됩니다.
소비재 마케터
너도 이거 쓰니?
산업재 마케터
여기에 고객의 사업 운영상 특징, 구매방식,
상황요인, 개인적 특징 같은 변수를
추가로 이용합니다.
소비재시장 세분화변수
사업 운영상 특징
구매방식
상황요인
대부분의 기업은 B2B 시장에 진출해 있습니다.
스타벅스도 예외는 아니죠.
산업재 구매자
스타벅스는 사무실용 커피와 음식서비스라는 두 가지
산업재 세그먼트에 각각 다른 마케팅프로그램을
적용하고 있습니다.
STARBUCKS COFFEE
사무용 가구 B2B 시장을 예로 들어봅시다. 이들은
각 세그먼트마다 소규모의 지역 고객들을 상대합니다.
세그먼트들
지역 고객들
대기업 고객의 경우 전국에 여러 지점이 있기
때문에 개별적인 접촉보다는 전국적인 거래
관리자가 필요합니다.
전국거래 관리자

탕비실 인스턴트커피의 강자 '동서식품'

한국 사람에게 '커피는 맥심(Maxim)'이라는 문구는 매우 친근합니다. 우리는 길거리 자판기에서, 부엌 찬장에서, 회사 탕비실에서 동서식품이 만든 '맥심' 인스턴트커피를 매우 손쉽게 즐길 수 있습니다. 아메리카노가 많이 대중화되었다고는 하지만 사람들이 정말 피곤할 때, 밤을 새서 공부할 때, 단맛을 느끼고 싶을 때는 맥심의 인스턴트커피를 찾고는 합니다. 동서식품은 기업 간 거래인 B2B 마케팅으로도 매우 유명합니다. 우리가 유명 편의점이나 커피 체인점, 비행기에서 맥심 원두를 맛보고, 온갖 공공기관과 사무실에서 맥심 인스턴트커피를 만나볼 수 있는 것은, 모두 동서식품이 B2B 채널에 대한 마케팅을 활발하게 하고 있기 때문입니다.

국제시장의 세분화

사업을 글로벌하게 확장하는 것은 기업에게 있어 새로운 도전입니다.

국경을 접하고 있는 국가라도 경제적·문화적·정치적 구성은 매우 다를 수 있습니다.

글로벌한 기업이라면 국내 시장에서 하는 것과 마찬가지로 세계 시장을 독특한 구매욕구와 행동의 세그먼트로 구분할 필요가 있습니다.

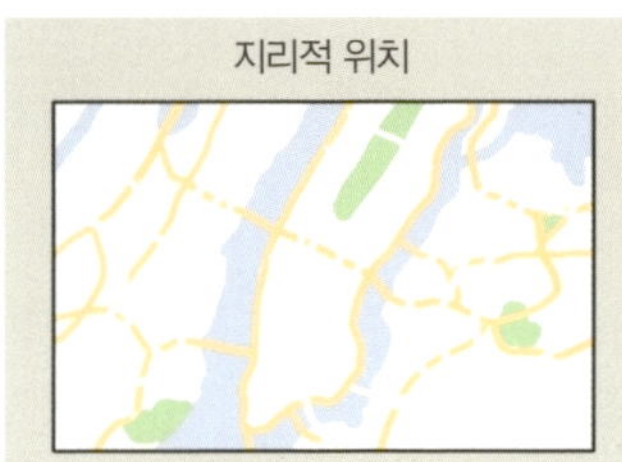
지리적 위치

경제적 요인

문화적 요인

지리적 위치
서부 유럽, 태평양 지역, 중동 지역, 아프리카처럼 서로 가까운 곳에 위치한 국가들은 공통점을 가지고 있을 것으로 가정하고 지역을 분류하는 것입니다.
유럽
아시아
북미
태평양
대서양
아프리카
인도양
오세아니아
남미

일부 마케터들은 중미나 남미 국가들을 하나의 세그먼트로 묶기도 하는데, 이는 이탈리아와 스웨덴이 다른 것처럼 도미니카공화국이 브라질과 다르다는 것을 간과하는 것입니다.
남 미

경제적 요인
경제 개발의 전반적인 수준에 따라 국가를 분류하는 것입니다.
$
$$
$$$

기업들은 브라질, 러시아, 인도, 중국처럼 급속도로 성장하는 매력적인 시장을 공략하고 있습니다.
저 인구!
저 돈!
BRICS

정부 형태와 안전성, 외국 기업에 대한 반감의 정도, 금융 규제, 관료화와 같은 정치적·법적 요인에 의해서도 세분화해볼 수 있습니다.
외국계기업은 이것도…
조건
세금
어떤 국가에 어떻게 진입할 것인지 계획할 때 꼭 고려해야 할 사항들입니다.
몰랐어요~
문화적 요인
국가를 공통 언어, 종교, 가치와 태도, 관습, 행동패턴에 따라 세분화하는 것입니다.
이 같은 세그먼트로 국제 시장을 분류하는 것은 각 세분시장이 국가별로 나누어진다고 가정하기 때문에 가능한 일입니다.
아시아
유럽
중동국가들
시장 간 세분화
위성통신과 인터넷의 보급으로 전 세계가 같은 콘텐츠를 공유하면서 어디에 살든 비슷한 기호를 갖는 세그먼트로 묶을 수 있는 시대가 되었습니다.
서로 다른 국가에 속해 있더라도 비슷한 욕구와 구매행동을 가진 소비자들을 동일한 세분시장으로 구성하는 것입니다.
뮤직페스티벌 + 코카콜라

음악으로 10대를 공략하는 '코카콜라'

Rock n RoLL

1886년에 설립된 미국의 탄산음료 브랜드 '코카콜라'는 코카(coca) 나뭇잎과 콜라(cola) 열매로 음료를 만들어 세계인의 입맛을 사로잡았습니다. 유구한 역사를 자랑하는 이들은 최근 건강을 중시하는 사회 흐름과 고객층의 평균 연령 증가에 따라 브랜드가치가 떨어지자 '비전 2020'이라는 전략을 수립하기에 이르렀습니다. 이들은 전 세계의 10대들 사이에서 코카콜라의 브랜드파워가 예전만 못하다는 것을 파악하고 인도, 인도네시아, 나이지리아, 중국, 파키스탄 등 신흥국의 10대들을 겨냥한 음악 마케팅을 진행하고 있습니다. 코카콜라의 이름을 건 뮤직 페스티벌을 개최하고, 몇몇 신흥국에서는 '코크 스튜디오'라는 음악 프로그램을 방영했으며, 음악을 서비스하는 앱 '스포티파이'에 큰 규모의 투자를 하여 자사와 최신 유행 음악을 연결하면서 각국 10대들의 마음속에 각인되고자 노력 중입니다.

효과적인 시장세분화를 위한 조건

시장을 세분화하는 방법은 다양하지만,
모든 세분화가 다 효과적인 것은 아닙니다.
노트 포인트!
세분화 체크리스트!
머리색이 소금 구매에 영향을 거의 미치지 못하는 것처럼 말이죠.
소금
SALT
SALT

시장세분화가 마케팅전략에 유용하게 사용되기 위해서는 세분시장들이 다음과 같은 조건들을 갖추고 있어야 합니다.

측정가능성

크기, 구매력, 프로파일들은 측정가능한 것이어야 합니다.

접근가능성

효과적으로 도달가능하며 만족시킬 수 있어야 합니다.

규모의 적정성

공략할 만한 충분한 규모와 수익성이 있어야 합니다.

180cm

180cm가 넘는 사람을 위한 차를 개발한다면 수익성이 있을까요?

차별가능성

개념적으로 구별이 가능하고, 다른 마케팅믹스 요소와 마케팅프로그램에 각각 다르게 반응해야 합니다.

기혼 여성, 미혼 여성이 어떤 향수에 비슷하게 반응한다면 굳이 이들을 기준으로 시장을 나눌 이유가 없겠죠.

구현가능성

효과적인 마케팅프로그램을 개발할 수 있는 대상이어야 합니다.

너무 수가 적어...
텅
세분시장

세분화된 시장의 평가와 표적시장의 선정

세분화 끝!
이제 뭘 해야 하나요?!
이제
여러 세분시장을 평가하고
얼마나 많은 세분시장을
그리고 어떤 세분시장을
가장 잘 공략할 수 있는지
결정해야 합니다.

세분시장의 평가

시장 세그먼트를 평가할 때
기업은 다음 세 가지 요인을 살펴봐야 합니다.
평가
각 세분시장의 크기와 성장성
구조적 매력도
기업의 목표와 자원
적정 크기와 성장은 상대적인 개념입니다.
가장 크고 성장속도가 빠른 세분시장이 모든 기업에게 매력적인 것은 아닙니다.
E=MC²?
세분시장
세분시장
상대성이론!?
각 세분시장의 크기와 성장성
소규모 기업에는
큰 세분시장을 공략하는 데 필요한 기술과 자원이 부족할 수도 있습니다.
배고파~~
세분 시장
매력적인 세그먼트는 경쟁이 너무 치열할 수도 있죠.
방법 없을까요?

이러한 기업에게는 객관적으로 좀 작고 덜 매력적인 시장이지만, 잠재적인 수익성이 있는 시장을 알아보려는 노력이 필요합니다.
구조적 매력도
장기적인 측면에서 세분시장의 매력도에 영향을 미치는 요인들을 점검할 필요가 있습니다.
특정 시장에 강력하고 공격적인 경쟁자가 많다거나
새로운 진입자들이 세그먼트에 진입하기가 쉽다면, 매력적인 세그먼트가 아닙니다.
here comes
NEW CHALLENGER
대체품이 흔하다면 세분시장에서 거둘 수 있는 수익이 제한적이겠죠.
대체품!
$
구매자들은 항상 더 낮은 가격과 더 나은 서비스를 요구하며 세분시장의 매력도에 영향을 미칩니다.
싸게 줘요~~~
세분시장
공급가격을 통제하거나 제품과 서비스의 품질을 좌우하는 강력한 공급업자들도 세분시장의 매력을 떨어트릴 수 있습니다.
$$$
기업의 목표와 자원
세분시장이 적정 규모와 성장가능성을 가지고 구조적으로 매력적이더라도, 기업은 자사의 목표와 자원을 고려해야 합니다.
너 자신을 알라~

이때 세그먼트들이 기업의 장기적인 목표와 부합하지 않거나
세그먼트를 장악하기에 기업의 기술과 자원이 부족할 수도 있습니다.
우린 갈길이 달라~
따라서 기업은 경쟁사보다 우월한 가치를 제공하고 경쟁우위를 확보할 수 있는 세분시장에만 진입해야 합니다.
세분시장

표적시장의 선정

▼

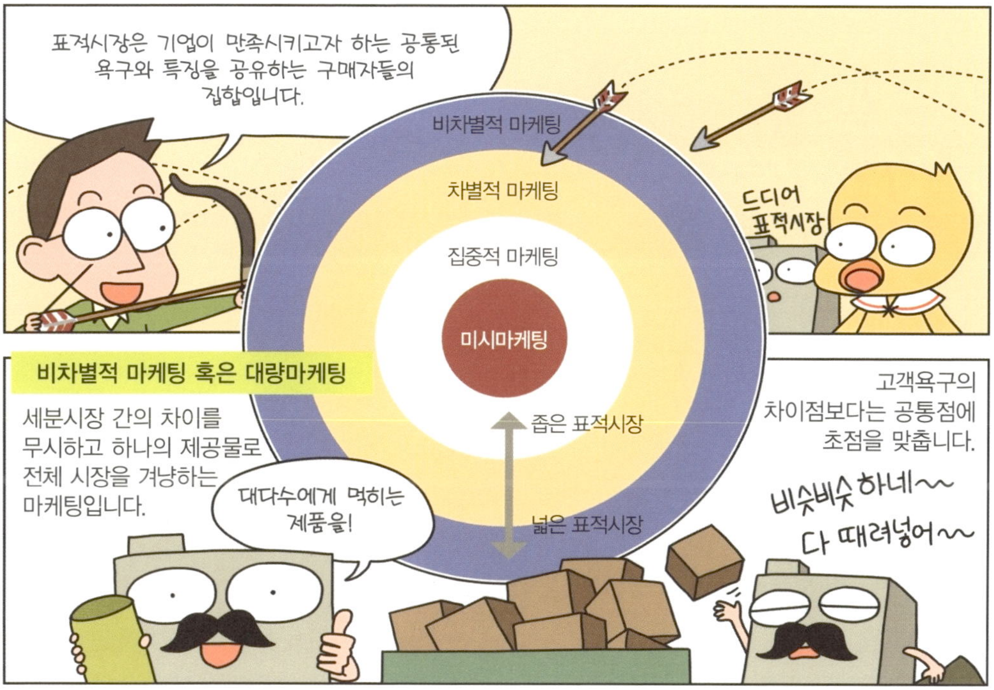
표적시장은 기업이 만족시키고자 하는 공통된 욕구와 특징을 공유하는 구매자들의 집합입니다.
비차별적 마케팅
차별적 마케팅
집중적 마케팅
미시마케팅
드디어 표적시장
비차별적 마케팅 혹은 대량마케팅
세분시장 간의 차이를 무시하고 하나의 제공물로 전체 시장을 겨냥하는 마케팅입니다.
좁은 표적시장
넓은 표적시장
고객욕구의 차이점보다는 공통점에 초점을 맞춥니다.
대다수에게 먹히는 제품을!
비슷비슷 하네~~
다 때려넣어~~

모든 고객을 만족시키는 한 가지 제품을 개발하기란 어려운 일입니다.
세부적인 시장의 욕구를 만족시키는 제품과의 경쟁에서 뒤처지기 때문입니다.
저게 먹히면 세분화는 뭐하러 하겠니?

차별적 마케팅 혹은 세분화 마케팅
여러 세분시장을 공략하기로 결정하고, 각 세그먼트별로 서로 다른 제품들을 설계하는 것입니다.
차별적 마케팅의 대표적인 예로, 홀마크 카드를 들 수 있습니다.
Hallmark
M

홀마크는 10개 이상의 구체적인 세그먼트들을 겨냥한 카드 라인을 선보이고 있습니다.

99센트의 저렴한 카드
99¢
홀마크 웜 위시
다양한 민족 명절 맞춤형 카드
CINCO de MAYO
福
격려를 위한 카드
PRIDE & JOY
얼른 나으세요
녹음이 가능하고 VR 기능이 있는 카드

여러 세분시장 내에서의 강력한 포지션 개발은 모든 세분시장들을 겨냥하는 비차별적 마케팅보다 더 많은 매출을 만들어줍니다.
Hallmark
홀마크 시장점유율 50%
그렇다면 엄청 다양한 세그먼트를 위한 제품을 만들어야겠네요!!!
그렇게 하면 사업운영비가 증가되죠.
사업운영 비용↑
각 세분시장별로 서로 다른 마케팅계획을 개발하는 일은 추가적인 마케팅조사, 판매예측분석, 촉진기획, 채널관리를 필요로 합니다.
다 돈이야!
따라서 기업은 차별적 마케팅전략을 결정할 때 그로 인한 매출과 비용의 증가를 따져봐야 합니다.
비용
매출

집중적 마케팅 혹은 틈새마케팅
틈새마케팅을 사용하는 기업은 큰 시장에서의 낮은 점유율보다는 작은 시장 또는 틈새시장에서의 높은 점유율을 추구합니다.
용꼬리보다
뱀의 머리
집중적 마케팅을 전개하는 기업은 틈새시장의 소비자 욕구에 대한 풍부한 지식과 지금껏 쌓아올린 유명세를 이용하여 강력한 시장 내 포지션을 확보할 수 있습니다.
틈새시장
질레트가 오랫동안 독점하던 시장에서 틈새시장을 예리하게 선정한 해리스가 좋은 사례입니다.
HARRY'S
6중 면도날! 진동 기능! 인체공학적 헤드 디자인! 물론 가격은 좀 비쌀 수 있습니다!
면도기가 뭐 수염만 깔끔하게 다듬으면 되지… 사러 가기도 귀찮고…
Gillette
그렇다면 가격을 낮추고 구독 형태로 접근해볼까?! 집으로 찾아가는 서비스!
HARRY'S
오 편하고! 싸고!
HARRY'S
해리스는 제품 가격을 낮추기 위해 94년의 역사를 가진 독일 면도날 기업과 제휴를 맺고 투자 유치에 성공했습니다.
HARRY'S
어라, 이것 봐라? 우리도 구독서비스 합니다!
HARRY'S
쑥
쑥

질레트도 유사한 서비스를 시작했지만, 이미 틈새시장을 장악한 해리스는 면도기 구독시장의 50% 이상을 차지했습니다.
면도기 구독서비스는 해리스죠.
Gillette
HARRY'S
100을 모두 잘할 순 없지만, 3 정도라면 우리가 정말 잘할 수 있죠!
HARRY'S
세심하게 정의된 세분시장의 욕구를 깊이 이해한다면 고객을 만족시켜 큰 수익을 낼 수 있습니다.
틈새시장전략은 소규모 기업들로 하여금 대규모의 기업들이 중요하게 여기지 않거나 간과할 수 있는 틈새에
제한된 자원을 집중시킬 수 있게 해줍니다.
조심
조심
텍사스의 저가 항공사로 시작하여 미국에서 가장 큰 항공사가 된 사우스웨스트항공처럼
#1
Southwest
틈새시장에서 시작해 넓은 시장으로 나아가는 성장모델의 사례를 찾아볼 수 있습니다.
무럭
무럭
적은 예산으로 진입할 수 있는 온라인 커머스는 매우 작은 틈새시장을 공략할 수 있는 좋은 수단으로 보입니다.
STYLE NONDA
경비↓

소규모 사업자들에게 굉장히 좋은 방법인데요?!
하지만 평균보다 위험성이 높다는 것도 무시할 수는 없죠.
작은 세분시장에 모든 것을 의존하는 것은 위험합니다. 그 세분시장이 악화되면 위기를 맞게 되니까요.
NOOOOOOOo
큰 규모의 경쟁자들이 풍부한 자원을 가지고 그 시장에 뛰어든다면 생존의 위협을 느낄 것이고요.
영양제
실제로 많은 대기업들은 틈새브랜드를 개발하거나 인수하고 있습니다.
내가 잘 키울게!
안녕
大
小
미시마케팅
특정 개인이나 지역의 기호에 제품이나 마케팅프로그램들을 맞추는 마케팅입니다. 미시마케팅은 또 다시 지역마케팅과 개인마케팅으로 구분해볼 수 있습니다.
지역마케팅
도시, 인근 지역, 특정 지역의 매장과 같은 지역 고객집단의 욕구에 브랜드와 촉진활동을 맞추는 것입니다.
르네상스호텔의 네비게이터 프로그램은 지역 전문가를 따라 호텔 주변의 숨겨진 보석 같은 장소들을 체험할 수 있게 해줍니다.
R
네비게이터
낯선 도시에서도 그 지역에 오래 산 사람처럼 먹고, 마시고, 쇼핑할 수 있어요.

지역마케팅의 단점은 규모의 경제를 감소시켜 제조 및 마케팅 비용을 상승시킨다는 것입니다.
또 지역의 요구에만 초점을 맞추면 물류에 문제가 생길 수도 있습니다.
A지역 용
지역색이 너무 강해지면 브랜드의 이미지가 변질될 수도 있고요.
지역광고
OLD & Good
NEW & Good
그럼에도 지역마케팅은 GPS 같은 기술의 발전으로 많은 사람에게 각광받고 있습니다.
개인마케팅
극단적인 미시마케팅으로 개별고객의 욕구와 선호에 제품과 마케팅프로그램을 맞추는 것입니다.
개인마케팅 = 일대일마케팅 = 대량개별(고객)화 = 개인시장마케팅
사실 개인마케팅은 새로운 게 아닙니다. 옛날부터 있어왔죠.
맞춤형 양복, 주문 가구 등
오늘날 새로운 기술은 개별화된 마케팅을 다시 촉진시키고 있습니다.
정보처리능력, 방대한 데이터, 자동생산과 인터넷을 통한 상호작용적 커뮤니케이션
대량마케팅이 20세기의 마케팅원리였다면 상호작용마케팅은 21세기의 마케팅원리가 될 것입니다.
m&m
JENNY
원하는 이미지나 문구를 넣은 M&M's

표적시장전략의 선정
표적시장전략을 선정할 때 기업은 여러 요인들을 고려해야 합니다.
어떤 전략을 택해야 할까요?

그것은 기업의 자원에 달려 있습니다.
우리에겐 양파와 돼지고기가 있어.
진지

기업의 자원이 제한적이라면 집중적인 마케팅이 합리적인 선택이겠죠.
짜장을 전문으로 하는 게 좋겠군.

가장 좋은 전략은 제품의 가변성을 고려하는 것입니다.

디자인
가변성
본질
기능
포도나 강철 같은 표준화된 제품은 비차별화마케팅으로
카메라, 자동차와 같이 디자인이나 기능에 차이가 많은 제품은 차별화 혹은 집중화마케팅을 사용하는게 적합합니다.

또 하나 고려해야 할 사항은 제품수명주기입니다.
기업이 신제품을 소개하는 단계라면 하나의 버전을 시판하는 것이 실용적이고
무한한 가능성!
NEW
성숙 단계에 들어섰다면 차별적 마케팅을 하는 것이 보다 합리적인 전략일 것입니다.
시장의 가변성도 전략을 짜는 데 있어 중요한 요인입니다.
우르르르르르
모든 소비자가 같은 취향으로, 같은 양을 사고, 같은 반응을 보인다면 비차별적 마케팅을 하면 되겠죠.
하지만 현실은 그렇지 않다는 것!
경쟁사들의 전략도 큰 변수입니다.
경쟁사에서 차별적 마케팅이나 집중적 마케팅을 사용하는 경우, 비차별적 마케팅을 하는 것은 자살행위나 다름없습니다.
반대로 경쟁사가 비차별적 마케팅을 사용한다면, 기업은 개별적 마케팅 또는 집중적 마케팅을 사용하여
특정 세그먼트의 구매자욕구에 초점을 맞추어 경쟁우위를 확보할 수 있습니다.

사회적으로 바람직한 표적시장마케팅
표적시장마케팅은 고객의 욕구를 만족시킬 수 있는 제품을 통해 특정 소비자에게 효율적으로 접근하면서 고객에게 혜택을 주는 것입니다.
하지만 이 마케팅은 때때로 논란이 되기도 합니다.
한 패스트푸드 체인은 주요 타깃인 도시의 저소득층을 대상으로 고칼로리 메뉴를 집중 광고하여 고소를 당했습니다.
트리플 패티
건강은 스스로 챙겨야죠.
유튜브는 어린이 콘텐츠에 장난감이나 테마파크 같은 어린이 대상의 광고를 내보내면서 판단력이 성숙하지 않은 아이들을 공략한다며 비난을 받았습니다.
마이 리틀 도그 최고!
마이 리틀 도그… 최고…
어린이용 제품을 만드는 수많은 기업들은 광고와 교육의 경계선에 있는 콘텐츠를 제공하고 있습니다.
아이들이 브랜드체험을 하면서 창의성과 즐거움을 얻을 수 있죠. 아이들과 마케터 모두에게 이득입니다.
100분 토론
아이들은 상업광고와 교육을 구별하지 못합니다. 이건 '도둑마케팅'이에요!
세뇌를 중단하라!
이로 인해 각국의 기관마다 아동 대상 광고에 대한 규제를 마련해두고 있습니다.
AD
개인정보 수집에 대한 논란도 점점 현실로 다가오고 있습니다.
!

기업은 소비자를 더 알고 싶어하고 개개인의 데이터를 분석하는 활동이 기업과 소비자 모두에게 도움이 된다고 주장합니다.
맞춤형 추천과 마케팅의 효율 증가! 소비자와 기업 모두의 자원을 아껴주죠.
Win Win이라구
반면 시민단체와 소비자들은 마케팅 담당자의 손에 개인정보가 들어가는 것이 꺼림칙하다고 주장합니다.
빅데이터와 하이퍼타기팅은 소비자에게 더 나은 서비스를 제공하는 것이 아니라, 스토킹처럼 느껴진다는 것이죠.
대부분의 소비자들은 더 나은 서비스나 효율적인 거래에 사용된다면 기꺼이 정보를 공유하려고 하지만, 프라이버시와 효율적인 마케팅의 대립은 여전히 뜨거운 감자입니다.
개인정보 활용VS보호
뜨거
타깃마케팅을 할 때의 문제는 누구를 표적으로 하느냐가 아니라 '어떻게, 무엇을 위해' 하느냐 입니다.
죄송~
논란은 취약한 세분시장으로부터 정당하지 않은 방법으로 수익을 얻으려고 할 때 발생합니다.
사회적으로 바람직한 마케팅을 하려면 기업뿐만 아니라 고객에게도 이익을 가져다줄 수 있는 시장세분화와 표적시장 선정이 필요합니다.
1

차별화와 포지셔닝

표적시장을 정했습니다! 이제 뭘 해야 하죠?!
이제 기업은 가치제안, 즉 표적 세그먼트들을 위해 차별화된 가치를 어떻게 만들고, 그 세그먼트에서 어떤 포지션을 점유하고 싶은지를 결정해야 합니다.
차별화된 가치
가치창출
가치제안
포지셔닝

제품포지션이란 주요 속성들을 근거로 해서 소비자들이 제품을 정의하는 방식을 의미합니다.
제품은 공장에서 만들어지지만, 브랜드는 소비자의 마음속에서 만들어지죠.
우리의 전쟁터는 '소비자들의 마음속'이야!
더 중요한 자리를 차지하고 싶어!
제품을 구매할 때 소비자의 마음속에서 어떤 일이 일어날까요?
광고가 너무 많아... 일일이 확인해볼 시간은 없고...
제품, 서비스, 기업을 카테고리로 묶어놓고 파악하자!
고지를 선점하라!!!
내가 먼저 갈거야!!!
소비자의 마음속
별로야 묶음
너무좋아! 묶음
한 번 써볼까? 묶음
그냥저냥~묶음
제품포지션은 경쟁제품들과 비교하여 해당 제품에 대해 소비자들이 갖는 지각, 인상, 느낌의 복잡한 조합입니다.

마케터는 표적시장에서 자사 제품에 가장 좋은 포지션을 기획하고
우리 제품을 어영부영하게 포지셔닝할 순 없지!
화이팅
이를 실행하기 위한 마케팅믹스를 설계합니다.
짠
마케팅믹스
와~~~
포지셔닝맵
차별화와 포지셔닝전략을 기획할 때 마케터들은 때로 지각적 포지셔닝맵을 준비합니다.
이 맵은 고객의 마음속에 해당 브랜드가 어떤 위치에 자리 잡고 있는지를 시각적으로 보여줍니다.
?
!
95
85
75
65
55
45
가격 (천달러)
고급
성능
대형 고급 SUV승용차에 대한 포지셔닝맵
Cadillac Escalade
Infiniti QX 80
Lexus LX570
Lincoln Navigator
Toyota Land Cruiser
Land Rover Range Rover
모든 원의 위치는 가격과 제품지향성이라는 각 브랜드의 중요한 포지션을 보여줍니다.
원의 크기는 브랜드의 상대적 점유율을 의미하고요.
캐딜락 에스컬레이드는 고급스러움과 성능이 조화를 이룬 중간 가격의 도심형 SUV로 시장을 점유하고 있습니다.
반면 레인지로버나 랜드크루저는 오프로드를 가리지 않는 성능을 표방합니다.

차별화전략과 포지셔닝전략의 선택

대개의 경우, 세분시장에는 경쟁기업들이 한 자리를 노리기 때문에
둥글게♪
둥글게♪
자사를 다른 기업과 차별화할 방법을 찾아야 합니다.
세그먼트 내에서 고객집단에게 어필할 수 있는 혜택의 조합을 만들어 차별화시키는 거죠.
차별적 가치와 경쟁우위의 확인
경쟁우위를 얻기 위해 기업이 무엇을 해야 할까요?
궁금
기업의 제품을 선택했을 때 약속한 품질이 실제 제품과 일치한다면 탁월한 가치가 전달되겠죠.
기업은 광고 슬로건과 태그 라인에서 자사의 포지션을 큰소리로 알리는 것보다 더 많은 것을 해야 합니다.
좋은 브랜드!
말보다 행동이라는 거죠?
말도 잘하고 행동은 더 잘해야죠.
차별화되는 요소를 찾기 위해 마케터들은 자사의 제품과 서비스에 관한 고객의 전반적인 체험을 살펴봐야 합니다.

제품을 차별화할 수 있는 구체적인 방법은 무엇일까요?
제품, 서비스, 유통경로의 차별화, 인적 차별화, 이미지 차별화를 시도해볼 수 있습니다.
시험에 나올 것 같다!
제품
기능, 성능, 스타일과 디자인으로 제품을 차별화할 수 있습니다.
BOSE
서비스
유형의 제품뿐 아니라 서비스도 차별화가 가능합니다.
3분OK
모바일을 통해 빠른 대출 심사와 편리한 서류 제출을 가능하게 한 디자인
유통경로 차별화
경로의 범위, 전문성, 성과를 설계하는 방식으로 경쟁우위를 얻을 수 있습니다.
Amazon
인적 차별화
경쟁사보다 우수한 인력을 고용하고 훈련시켜 강력한 경쟁우위를 확보할 수 있습니다.
DISNEY
이미지 차별화
자사가 경쟁사와 비슷한 포지션에 놓여있다면 구매자들은 기업이나 브랜드 이미지의 차별화를 근거로 하여 우선순위를 정할 수도 있습니다.
브랜드를 떠올리면 바로 연상되는 로고나 컬러가 바로 이미지 차별화죠.
Kakao
Google
Coke
SAMSUNG
N
I NY
나이키가 에어조던 농구화, 타이거 우즈 골프용품을 선보였던 것처럼 유명인사의 이미지를 중심으로 브랜드를 키울수도 있습니다.
이런 이미지 차별화는 브랜드의 개성을 전달하는 광고를 통해 커뮤니케이션되어야 합니다.

올바른 경쟁우위의 선정
경쟁우위가 있는 잠재적 차별화요소를 마련했다면 이제 포지셔닝전략 구축의 토대를 마련해야 합니다.
얼마나 많은 수의 차별점을 촉진할까
각 브랜드는 한 가지 특성을 정해놓고 그 분야에서 자사가 최고임을 알려야 합니다.
내가 제일 잘나가!
사람들은 정보가 넘치는 환경에서 1등 브랜드를 더 잘 기억하는 경향이 있기 때문이죠.
유통은 우리가 1등!
walmart
최고의 패스트푸드!
또 하나 이상의 차별점을 내세워 포지셔닝해야 합니다.
내가 1등이야!
나는 다른점도 1등이지롱
비슷한 브랜드가 서로 자신이 최고라고 주장한다면 차별점이 그 격차를 벌리는 데 도움을 줄 것입니다.
와 1등!
훗
'대량시장-세분시장-더 많은 세분시장'으로 나뉘는 추세에서 기업은 더 많은 세분시장들에게 먹힐 만한 여러 가지 장점을 갖추어야 합니다.
토요타 랜드크루저가 오프로드에서의 뛰어난 포지셔닝에 고급스러움을 추가한 것처럼 말이죠.
오프로드
럭셔리
이런 태그 라인은 하나의 브랜드가 럭셔리와 오프로드 성능을 모두 갖출 수 있다는 확신이 뒷받침될 때 가능한 것입니다.
오프로드의 위엄, 도시에서의 편안함과 세련된 조작감

어떤 차별점을 촉진할까
차별점을 촉진하는 데는 비용이 듭니다.
$$$
차별점
차별점은 다음과 같은 기준을 만족시킬 때 촉진할 가치가 있습니다.
차별점
중요성 OK
우월성 OK
의사소통 가능성 OK
독특함 OK
선점가능성 OK
구매가능성 OK
수익가능성 OK
중요성
표적구매자에게 매우 중요한 혜택을 제공해야 합니다.
독특함
경쟁사보다 독특한 방법으로 제안할 수 있는 것이어야 합니다.
우월성
소비자에게 동일한 혜택을 주는 다른 방법들보다 우월해야 합니다.
차별점
선점가능성
경쟁사들이 쉽게 모방할 수 없는 것이어야 합니다.
의사소통가능성
구매자들에게 의사소통될 수 있으며 눈에 띄는 것이어야 합니다.
구매가능성
구매자들이 차별점에 비용을 지불할 수 있어야 합니다.
$
수익가능성
이익을 내면서 소개할 수 있어야 합니다.

차별점 선정에 대한 역사적인 실패 사례로는 코카콜라의 흑역사가 된 '뉴코크'가 있습니다.
NEW! Coke
처음보는데!
흑역사니까요
코카콜라는 블라인드 맛테스트에서 소비자들이 더 달콤한 새로운 콜라를 선택했다는 결과를 바탕으로
A
B
A가 더 맛있어요.
더 달콤하고 순한 버전의 뉴코크를 출시했습니다.
GREAT NEW TASTE!
NEW! Coke
하지만 이 선택은 소비자들이 코카콜라를 마시는 진짜 이유를 간과한 실수였습니다.
이게 코카콜라라고?
소비자가 생각하는 코카콜라의 차별점은 맛이 아니라 미국을 상징하는 정통성이었습니다.
크, 자본주의 맛
Coca-Cola
결국 코카콜라는 3개월 후 클래식 코크를 다시 생산하기 시작했습니다.
내 코카콜라 돌려줘요~!
이렇게 기준을 맞추어 경쟁우위를 선정하는 것은 어려운 일일 수 있습니다.
브랜드 포지셔닝
경쟁우위
선점
하지만 적절한 차별점은 성공의 지름길이 될 수도 있습니다.
1

전반적인 포지셔닝전략의 선정
브랜드의 전반적인 포지셔닝을 브랜드의 가치제안이라고 부릅니다.

가치제안은 브랜드를 차별화하고 포지셔닝 하는 데 바탕이 되는 혜택들의 조합입니다.

가능한 가치제안

경쟁력 있는 가치제안들

혜택 \ 가격	더 비싼 가격	같은 가격	더 싼 가격
많음	더 비싸게 더 많이	같은 가격으로 더 많이	싼 가격으로 더 많은 혜택을
같음			더 싼 가격으로 같은 혜택을
적음			훨씬 싼 가격으로 더 적은 혜택을

경쟁력 없는 가치제안들

다시 말해, 가치제안은 소비자가 왜 이 브랜드를 사야 하는가에 대한 기업의 대답인 것입니다.
?

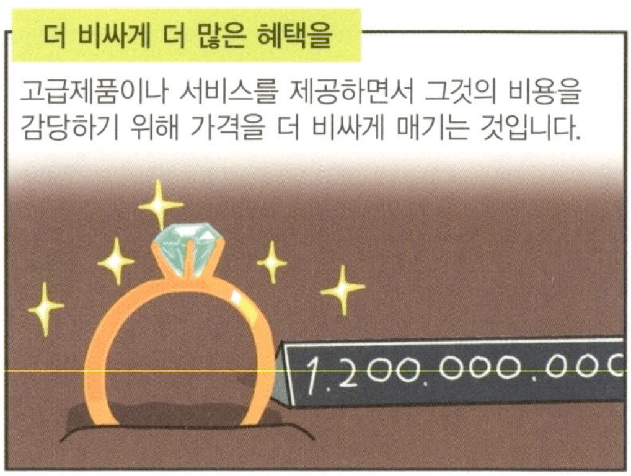
더 비싸게 더 많은 혜택을
고급제품이나 서비스를 제공하면서 그것의 비용을 감당하기 위해 가격을 더 비싸게 매기는 것입니다.
1.200.000.000

이 전략은 우월한 품질뿐 아니라 과시적 소비에 부합하는 명품 브랜드에서 많이 사용합니다.

비싸게 팔면 수익이 많이 날 것 같은데 이 전략에 약점도 있나요?

물론입니다. 이 전략은 더 저렴한 가격으로 비슷한 품질을 가진 모방제품들의 시장 진입을 유도할 수 있습니다.
어라?! 저게 잘나가네? 비슷하지만 더 싸게 만들자.
매진
경기침체는 프리미엄 브랜드들을 어렵게 만들 수 있습니다.
같은 가격으로 더 많은 혜택을
더 저렴한 가격으로 경쟁사와 비슷한 수준의 품질을
$$$
$$
혹은 같은 가격으로 더 많은 혜택을 제공함으로써 경쟁력을 갖는 것입니다.
감자칩
매운맛
타깃은 월마트와 자사를 차별화하면서 같은 가격으로 더 세련된 상품과 쾌적한 쇼핑을 제시하며 성공했습니다.
같은 가격이면 타겟
target
렉서스도 절반 가격에 비슷한 가치를 제안하면서 시장점유율을 높이고 있습니다.
72,000$의 가치가 있는 차를 36,000$에 구매하세요!
더 싼 가격으로 같은 혜택을
이 전략은 매우 강력한 가치제안이 될 수 있습니다.
싸다!
가성비 최고!
사람들은 대부분 가치 있는 제품을 좋아하기 때문입니다.
짜릿
싸게 사서 기분 좋음

이 전략은 할인점들이 주로 이용합니다.
최저가 보장!
우리가 더 싸요!
SALE
시장선도자에게서 고객들을 빼앗기 위해 유사한 제품을 더 저렴한 가격에 팔기도 합니다.
치킨이 5천 원!
Lotte
통큰 치킨
Kindle
태블릿이 반값! 아마존 킨들 파이어!!
훨씬 싼 가격으로 더 적은 혜택을
많은 소비자들이 지갑 사정에 따라 적당한 성능에 만족하고는 합니다.
통장이 아니라 텅장
이 포지셔닝은 훨씬 싼 가격으로 소비자들의 더 낮은 성능 혹은 더 낮은 품질에 대한 요구수준을 맞추는 것입니다.
이 정도면 쓸만하네…
잉크를 덜 넣었거든요.
1000₩
펜세트
다이소는 저렴한 가격으로 다양한 일용품을 판매하고
다이소
들어가면 한 시간은 기본
코스트코는 서비스수준이 낮지만 대량구매 위주로 매장을 구성하여 최저수준의 가격을 유지합니다.
싸니까 일단 사자.
더 싼 가격으로 더 많은 혜택을
그렇다면 더 싼 가격으로 더 많은 혜택을 주면 소비자들이 밀물처럼 몰려들겠죠?
더 싼 가격
더 많은 혜택
단기적으로는 가능할 수도 있지만
장기적으로 이런 포지션을 유지하는 것은 힘든 일입니다.
더 싼 가격
더 많은 혜택

더 많은 것을 제공하는 데는 보통 더 많은 비용이 들기 때문에 '더 싼 가격으로'라는 약속을 지키기가 어렵기 때문입니다.
$$↑
$
따라서 이 전략을 선택했다면 일정 시간이 흐른 후에는 품질이든 가격이든 하나의 경쟁력을 선택해야 합니다.
품질
가격
결국 각 브랜드는 표적시장의 욕구와 필요에 맞게 설계된 포지셔닝전략을 도입해야 합니다.
$$
어떤 시장에서든 서로 다른 포지션을 성공적으로 차지할 수 있습니다.
중요한 것은 차별화되는 자신만의 포지셔닝전략을 개발해야 한다는 것입니다.
포지셔닝 선언문의 개발
기업과 브랜드의 포지셔닝은 포지셔닝 선언문으로 요약되어야 합니다.
에버노트의 선언문에서 꼭 들어가야 할 내용들을 살펴볼까요?
이 제품이 어떤 제품군에 속하는지 정의합니다. 브랜드를 특정 카테고리에 넣으면 그 카테고리에서 다른 제품들과 공유할 수 있는 유사점을 제안합니다.
EVERNOTE
에버노트는 도움이 필요한 다중 작업자를 위해 컴퓨터, 전화, 태블릿, 웹을 이용해 일상의 순간이나 아이디어를 찾아내고 이를 기억하기 쉽게 만들어주는 디지털 콘텐츠관리 지원기업입니다.
그 제품군에 속한 경쟁사들과의 차이점을 보여주고 있습니다.
하지만 브랜드의 우월성은 브랜드의 차별점을 기반으로 만들어집니다.

선택된 포지션을 커뮤니케이션하고 실제로 전달하기

포지션이 설정되면 기업은 표적고객들에게 자신이 선정한 바람직한 포지션을 전달하기 위하여 실행을 해야 합니다.
말도 잘하고 행동은 더 잘해야죠
넵!
기업의 모든 마케팅믹스 노력은 포지셔닝전략을 지원해야 합니다.
마케팅 믹스
예를 들어 '더 비싸게 더 많이'라는 포지션을 추구하는 기업은 반드시 최고의 품질을 가진 제품을 생산하고
더 비싸게 더 많이
가격을 높게 책정하고, 고품질의 제품을 취급하는 딜러들을 통해 유통시키고
제품을 고품격 미디어에 광고해야 합니다.
오직 당신을 위해
또한 서비스직원들을 훈련시키고 좋은 평가를 받는 소매상을 찾고 모든 제품과 서비스를 알릴 광고 메시지를 개발해야 합니다.
광고…
포지션 구축에 꼼수란 없군요.
일단 기업이 원하는 포지션을 구축했다면 일관성 있는 성과와 커뮤니케이션을 통해 포지션 유지에 최선을 다해야 합니다.
내가 원하던 그자리
고객욕구와 경쟁사의 전략 변화에도 대응해야 하죠.
$$$
$$
정리하면 급작스러운 변화는 피하고, 시시각각 변하는 마케팅환경에 적응하면서 진화하는 것이 기업에게는 최선이라고 할 수 있습니다.
끝

아무리 훌륭한 마케터라도 모든 소비자를 만족시킬 수는 없습니다. 사람마다 욕구와 구매관습이 다르기 때문입니다. 오늘날 기업은 이러한 사실을 잘 알고 있기에, 가장 많은 수익을 낼 수 있는 시장을 찾아 그들에게 소구할 만한 표적시장 마케팅(target marketing)을 펼치고 있습니다.

1. 고객지향적 마케팅전략

고객지향적 마케팅은 ① 시장세분화(market segmentation), ② 표적시장 선정(targeting), ③ 차별화(differentiation), ④ 포지셔닝(positioning)의 순서로 이루어집니다. 마케팅을 질문으로 치환하면 '어떤 고객을 섬길까?', '그들을 어떻게 섬길까?'라고 할 수 있습니다. 즉 마케팅이란 '섬기고자 하는 고객을 위해 경쟁사보다 더 좋은 가치를 만들어내는 것'입니다.

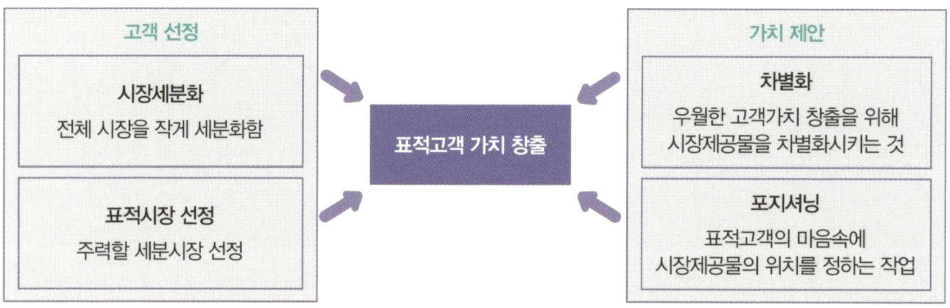

고객지향적 마케팅전략

2. 시장세분화

시장세분화란 전체 시장을 서로 다른 제품과 요구, 특징 및 행동을 가진 보다 작은 구매집단으로 나누는 것입니다. 기업은 다음과 같은 시장세분화를 통해 측정할 수 있고, 접근 가능하며, 규모가 적정하고, 차별화되며, 활동이 가능한 시장을 발견하게 됩니다.

- 지리적 세분화(geographic segmentation): 국가, 지역, 주, 도시, 지역, 인구밀도(도시, 교외, 지방), 기후
- 인구통계적 세분화(demographic segmentation): 나이, 생애주기, 성, 소득, 직업, 교육, 종교, 인종, 세대
- 심리묘사적 세분화(psychographic segmentation): 사회계층, 생활양식, 개성
- 행동적 세분화(behavioral segmentation): 사용 상황, 추구하는 혜택, 사용자 상태, 사용률, 충성하는 수준

3. 표적시장의 선정

서로 다른 표적시장을 검토한 후에는 표적시장을 선정합니다. 이때 다음의 네 가지 마케팅 방법 중 하나를 선택하게 되는데요. 어떤 마케팅전략이 가장 좋은지는 기업의 자원, 제품변동성, 제품수명주기, 시장변동성 등에 따라 달라집니다. 각 마케팅전략의 특성은 다음과 같습니다.

- 비차별적 마케팅(undiff erentiated marketing) 혹은 대량마케팅(mass–marketing): 세분시장 간의 차이를 무시하고 제품 하나로 전체 시장을 공략하는 전략입니다.
- 차별적 마케팅(differentiated marketing) 또는 세분화마케팅(segmented marketing): 여러 개의 세분시장을 겨냥하여 시장별로 다른 제품을 제안하는 전략입니다.
- 집중적 마케팅 또는 틈새마케팅: 하나 또는 소수의 세분시장 및 틈새시장에 집중하는 전략입니다.
- 미시마케팅: 특정 개인이나 세분화된 고객의 욕구 및 선호에 맞추어 마케팅을 하는 전략으로 지역마케팅(local marketing, 한 지역의 고객욕구와 선호에 맞춤)과 개인마케팅(individual marketing, 개별 고객의 욕구와 선호에 맞춤)이 여기에 해당합니다.

4. 차별화와 포지셔닝

어떤 세분시장에 진입할지 결정한 다음에 기업은 차별화와 포지셔닝 전략을 선택하게 됩니다. 차별화와 포지셔닝의 임무는 크게 ① 차별적 가치의 경쟁우위 확인, ② 올바른 경쟁우위 선정, ③ 전반적인 포지셔닝 전략 선정으로 나누어집니다. 기업은 자사 제품에 대하여 고객에게 다음과 같은 가치를 제안해볼 수 있습니다.

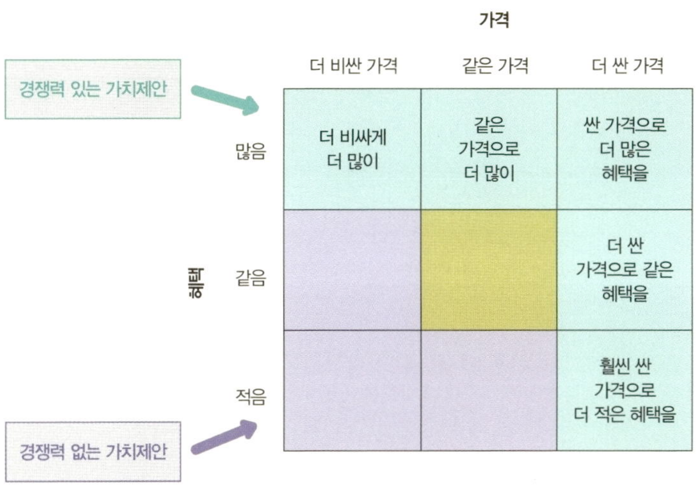

기업이 할 수 있는 가치제안

스스로 정리하기

CHAPTER **1** 고객지향적 마케팅전략: 표적고객을 위한 가치 창출

1 다음 마케팅전략에 대한 설명 중 a와 b에 들어갈 단어로 바르게 연결된 것을 골라봅시다.

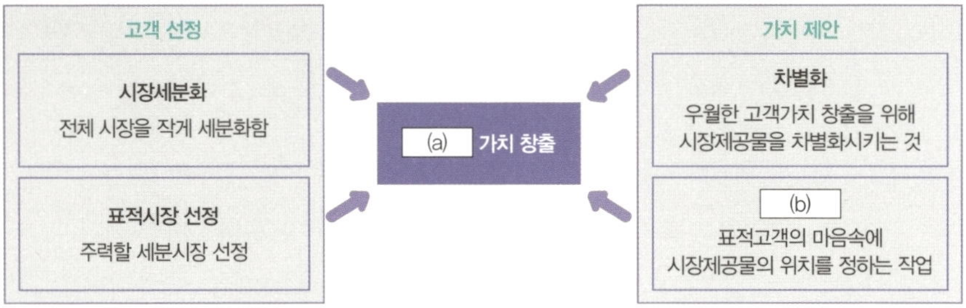

(a)	(b)
① 마케팅	전략 실행
② 마케팅	포지셔닝
③ 표적고객	전략 실행
④ 표적고객	포지셔닝

2 다음 중 심리묘사적 세분화에 해당되지 <u>않는</u> 예를 골라봅시다.

① 개성 ② 사회계층 ③ 생활양식 ④ 충성하는 수준

3 다음과 같은 마케팅전략의 명칭으로 알맞은 것을 골라봅시다.

세분시장 간의 차이를 무시하고 제품 하나로 전체 시장을 공략하는 전략

① 대량마케팅 ② 미시마케팅 ③ 세분화마케팅 ④ 차별적 마케팅

4 다음과 같은 마케팅전략의 명칭으로 알맞은 것을 골라봅시다.

특정 개인이나 세분화된 고객의 욕구 및 선호에 맞추어 마케팅을 하는 전략

① 대량마케팅 ② 미시마케팅 ③ 세분화마케팅 ④ 차별적 마케팅

정답: 1 ④ 2 ④ 3 ① 4 ②

5 고객지향적 마케팅의 순서를 간략히 적어봅시다.

6 시장세분화의 종류를 간단히 요약해봅시다.

7 기업이 어떻게 자사 제품을 차별화하는지 적어봅시다.

8 다음 용어를 인터넷 또는 책에서 찾아 그 뜻을 확인해봅시다.

가치제안
개인마케팅
경쟁우위
나이와 생애주기에 따른 세분화
미시마케팅
비차별적 마케팅(대량마케팅)
사용상황 세분화
성별 세분화
소득 세분화
시장 간 세분화
시장세분화
심리묘사적 세분화
인구통계적 세분화
제품포지션
지리적 세분화
지역마케팅
집중적 마케팅(틈새마케팅)
차별적 마케팅(세분화마케팅)
차별화
포지셔닝
포지셔닝 선언문
표적시장
표적시장의 선정
행동적 세분화
혜택(편익) 세분화

LEARNING OBJECTIVE

- 제품, 서비스, 브랜드전략과 관련된 내용을 살펴봅니다.
- 기업이 브랜드를 구축·관리하기 위해 내리는 결정들에 관해 알아봅니다.

KEYWORD

제품 / 서비스 / 브랜딩 / 고객가치

제품과 브랜드는 마케팅의 가장 기본적인 도구입니다. 마케팅은 고객과 깊이 연결되는 브랜드를 만들어가는 노력이기도 합니다. 커피업계 최고의 브랜드를 구축한 스타벅스의 이야기를 들어볼까요?
BRAND

CHAPTER 2

제품, 서비스, 브랜딩전략:
고객가치의 구축

30여 년 전 하워드 슐츠는 유럽 스타일의 커피하우스를 미국에 들여왔습니다.
미국인들은 여유가 없어... 커피 한잔하시죠.
스타벅스는 커피만 파는 것이 아니라 '체험'을 제공합니다.
스타벅스는 사람들이 집과 직장을 벗어나 커피향, 원두 가는 소리, 커피가 만들어지는 과정을 즐길 수 있는 특별한 공간입니다.
경쟁자가 없던 스타벅스는 2000년대 중반까지 크게 성장했습니다.
이제 나 없어도 잘할 수 있지?
넵
하지만 2007년, 위기가 닥쳤습니다. 과밀한 지점 개설과 경기 침체로 매출이 줄어들고
이번 스타벅스는 화장실에 생긴대.
농담ㅋ
커피의 품질도 나쁜 평가를 받기 시작했습니다.
시음 테스트 맥도날드 승!
도와줘요!

하워드 슐츠는 추락하는 브랜드를 구하기 위해 복귀하여 혁신을 일으킵니다.
나 없으면 되는 일이 없지!
HELP
그는 먼저 스타벅스의 본질인 커피맛을 회복하기 위해 7,100개에 달하는 모든 미국 매장을 잠시 닫고 13만 5,000여 명의 바리스타를 재교육시켰습니다.
바리스타 재교육으로 잠시 닫습니다.
와, 스타벅스 커피 맞아요? 진짜 좋아졌네요.
성장속도는 잠시 늦추어졌고, 실적이 낮은 지점은 폐쇄되었습니다.
군살은 빼고! 체력을 키워야죠!
스타벅스는 이런 정리 작업들로 새로운 제품, 혁신적인 매장 개발, 고객참여 플랫폼의 밑거름을 만들 수 있었다고 합니다.
티바나, 주스의 추가로 메뉴 선택 폭은 넓어졌고 스타벅스 리워드 앱은 고객과의 거리를 좁혀주었습니다.
또 세계 주요 도시에 스타벅스에 대한 궁극적인 체험을 제공하는 리저브 매장을 오픈했습니다.
SHANG HAI
STARBUCKS RESERVE ROASTERY
Gold
중국시장을 개척하여 6억 7,000여 명의 단골고객을 만드는 등 글로벌시장을 공략하는 전략으로 고객 수와 매출은 급속도로 성장했습니다.
커피와 공간에서의 체험을 통해 스타벅스와 고객 사이에서 일어나는 상호작용은 스타벅스라는 브랜드의 핵심입니다. 단순 소비를 넘어선 감정적이고 지속적인 관계가 된 것입니다.

제품이란?

스타벅스의 사례에서 볼 수 있듯 고객과 기업을 연결시켜주는 제품과 브랜드를 만들어가는 것이 마케터의 일입니다.
제품
브랜드
제품이란 무엇일까요?
제품... 돈 주고 사는 것 아닌가요?
부담...
아무 대상물이나 제품이 되는 것은 아닙니다.
"시장의 욕구를 충족시킬 수 있기 때문에 주의, 획득, 사용 혹은 소비해야 하는 대상물만이 제품으로 정의될 수 있습니다."
흔히 만질 수 있는 유형재만 제품이라고 생각하기 쉽지만
제품은 넓은 의미로 유형재, 서비스, 이벤트, 사람, 장소, 조직, 아이디어 혹은 이들의 결합물 등을 포함하는 개념입니다.
스마트폰, 자동차, 커피는 물론이고 여행, 온라인 투자, 페이스북 페이지, 진찰도 제품에 해당되는군요!
제품
제품
유형재

우리는 경제 분야에서 그 중요성이 점점 커지고 있는 서비스에 대해서도 알아두어야 합니다.
어서
오십시오

서비스는 형태가 없고 소유할 수 없다는 특징이 있습니다.
은행, 호텔, 항공, 소매업, 무선통신 서비스, 집수리 등이 바로 이 서비스에 해당됩니다.
BANK

제품, 서비스 그리고 체험

▼

제품은 시장제공물의 핵심 구성요소입니다.
제품

목표고객에게 가치 있는 제공물을 제안하는 것은 고객관계 구축의 바탕이 됩니다.
목표고객
가치있는 제공물

기업의 시장제공물은 유형재와 서비스 모두를 포함하고 있습니다.
서비스가 전혀 없는 순수한 유형재
순수 서비스
소금
비누, 치약, 소금 등
진료, 금융서비스 등
이 양극단 사이에 유형재와 서비스의 구성비율이 서로 다른 다양한 시장제공물이 존재합니다.

고만고만해 보이는 제공물 사이에서 제품을 차별화하려면 무엇을 해야 할까요?
단순히 제품과 서비스를 전달하는 것에서 한 걸음 더 나아가 자사제품 혹은 기업과의 체험을 만들어나가야 합니다.
고객에게 꿈과 희망을 드려요!
우리가 파는 건 운동화가 아니라 이걸 신고 당신이 이루게 될 목표입니다.
오늘날 기업은 유형을 막론하고 고객의 '체험'에 집중하고 있습니다.

제품 및 서비스의 수준

제품기획자라면 세 가지 수준에서 제품과 서비스를 생각해볼 필요가 있습니다.
확장제품
배달 및 신용공여
판매 후 서비스
실제제품
브랜드명
제품의 특징
품질수준
설치
디자인
보증
패키징
핵심고객가치
고객이 정말로 구매하려고 하는 것은 무엇인가?
뭐지?
뭘까?!
첫 번째 수준에 대한 대답은 핵심고객가치, 즉 핵심편익입니다.
편익*이란 소비자 입장에서는 구매한 것이 주는 '만족'을 금전으로 환산한 것입니다.
저… 편익이 뭔가요?
* benefits
마케터들은 제품을 설계함에 있어 먼저 소비자들이 추구하는 핵심적인 문제해결의 편익이나 서비스가 무엇인지 정의해야 합니다.
할리데이비슨과 함께하면 근심이 사라지죠.
=
이게 바로 제가 추구하는 핵심적인 문제해결 편익입니다.
할리데이비슨을 구입하는 사람들은 단순히 이동수단을 사는 것이 아니라 자유, 해방, 파워의 상징을 구매하는 것입니다.
MOTOR
HARLEY-DAVIDSON
COMPANY

두 번째 수준에서는 핵심편익에서 실제제품을 끌어내게 됩니다.
제품기획자
제품
이를 위해서는 제품 및 서비스의 특징, 디자인, 품질수준, 브랜드명, 패키징 등을 개발해야 합니다.
패키징
브랜드명
특징
디자인
제품
품질수준
할리데이비슨 같은 제품은 브랜드명, 부품, 스타일링, 제품 특징, 사운드 같은 속성들을 신중하게 결합해서 '자유와 해방'이라는 핵심 고객가치를 전달합니다.
MOTOR HARLEY-DAVIDSON COMPANY
FREEDOM!
마지막으로 제품기획자는 핵심편익과 실제제품을 지원하는 추가적인 서비스와 편익을 제공함으로써 확장제품을 구축하게 됩니다.
제품
예를 들어, 할리데이비슨은 고객에게 빠른 수리를 보증합니다. 또 할리오너그룹을 통해 정보와 이야기를 공유합니다.
이벤트!
커스텀정보
최신정보
HOG HARLEY OWNERS GROUP
소비자는 제품을 자신의 욕구를 충족시키는 편익의 묶음이라고 생각합니다.
편익들
요리
조리
따라서 마케터들은 제품을 개발할 때 어떤 핵심 소비자가치가 제품을 통해 만족될 수 있는지 알아야 합니다.
또 제공할 편익들의 묶음이 될 제품을 설계하고 이를 확장시킬 방법을 고민해야 합니다.
편익들
제품

제품과 서비스의 분류

소비용품

최종소비자가 개인적으로 소비하기 위해 구매하는 제품과 서비스를 말합니다.

소비용품은 소비자가 구매할 때 보이는 행동적 특징에 따라 다음과 같이 분류됩니다.

소비용품의 유형

마케팅 고려요인	편의품	선매품	전문품	미탐색품
고객 구매행동	자주, 즉시, 그리고 최소한의 비교와 노력으로 구입하는 제품과 서비스입니다.	비교적 가끔 구매되는 제품입니다. 적당한지, 품질, 가격, 스타일 등을 다른 제품과 신중하게 비교하고 구매합니다. 정보 수집과 비교에 시간과 노력을 들입니다.	두드러지는 브랜드 정체성을 가진 제품과 서비스, 쉽게 말해 명품이라고 불리는 제품군을 말합니다. 구매를 위해 노력을 아끼지 않는 일정 크기의 구매자 집단을 가지고 있습니다.	소비자들이 존재 자체를 알지 못하거나 알고 있어도 보통 구매하려는 생각을 갖지 않는 소비용품입니다. 대부분의 신제품, 혁신제품이 소비자가 인지하지 전까지 미탐색품에 속합니다.
가격	싼 가격	높은 가격	높은 가격	다양한 가격
유통	고객 접근이 쉬운 여러 가게에서 판매됩니다.	비교적 소수의 유통점만이 취급합니다.	전문품 구매자는 대안을 비교하지 않고 원하는 제품을 취급하는 딜러를 찾는 데 시간을 들입니다.	다양하게 유통됩니다.
촉진	제조업체에 의해 대량으로 촉진됩니다.	기업이 고객의 선택을 돕기 위해 충분한 판매 지원을 제공합니다.	제조업체와 유통업체에 의해 특정 고객층을 겨냥하여 신중하게 촉진됩니다.	상당한 광고, 인적판매, 마케팅 노력이 필요합니다.
예	비누, 캔디, 패스트푸드	가구, 의류, 중고차, 주요 내구재, 호텔 및 항공서비스	명품, 사치품	생명보험, 장례서비스, 헌혈

제품의 각 유형은 소비자들이 구매하는 방식과 기업이 마케팅하는 방식에서 차이를 보입니다.

산업용품

추가적인 가공을 위해 혹은 사업상의 용도로 구매하는 제품과 서비스입니다.

소비용품과 산업용품은 어떻게 구분하죠?
구매목적을 살펴보면 됩니다.
잔디깎이
정원용으로 산다면 소비용품
정원 가꾸기 사업에 쓰려고 산다면 산업용품

원자재 및 부품

원재료, 가공재, 부품 등을 말합니다.

원재료

농산품: 밀, 과일, 채소 등
천연제품: 생선, 목화, 원목, 원유, 철광석 등

가공재와 부품

원자재: 철, 원사, 시멘트 등
부속품: 소형 모터, 타이어 등

대부분의 가공재와 부품은 직접판매됩니다.

주요 마케팅도구는 가격과 서비스이며 브랜딩과 광고는 상대적으로 덜 중요합니다.

자본재

구매자의 제품 생산에 도움을 주는 산업용품입니다.

설비

건물: 공장, 사무실 등
고정설비: 발전기, 드릴용 프레스, 대형 컴퓨터, 엘리베이터 등

부속장비

이동용 생산장비 및 생산도구: 작업 공구, 리프트 트럭 등
사무용 설비: 컴퓨터, 팩스, 책상 등

설비에 비해 제품 수명이 짧으며 단순히 생산과정에서 도움을 줍니다.

소모품과 서비스

소모품의 성격은 편의품의 성격과 비슷합니다. 최소한의 구매노력이 들며 비교할만한 대안이 별로 없죠.

업무용 소모품

윤활유, 석탄, 종이, 연필 등

수선/유지용 소모품

페인트, 나사 등

비즈니스 서비스

수선/유지 서비스: 창문 청소, 컴퓨터 수리 등

경영 자문 서비스

법적 자문, 경영컨설팅, 광고 등

비즈니스 서비스는 대개 계약에 의해 제공됩니다.

조직, 사람, 장소, 그리고 아이디어

마케터들은 유형재와 서비스뿐만 아니라
조직, 사람, 장소, 아이디어 등 다양한 제공물을
확장된 제품 개념에 포함시키고 있습니다.

조직마케팅

표적소비자들의 조직에 대한 태도와 행동을 창출 · 유지 · 변경하기 위한 마케팅입니다.

기업은 이미지 개선을 통한 마케팅을 위해 공중관계활동 혹은 기업 이미지마케팅 캠페인을 합니다.

사람마케팅

사람을 마케팅하거나 사람을 이용한 마케팅입니다.

장소마케팅

지역에 대한 태도와 행동을 창출 · 유지 · 변경하기 위한 마케팅입니다.

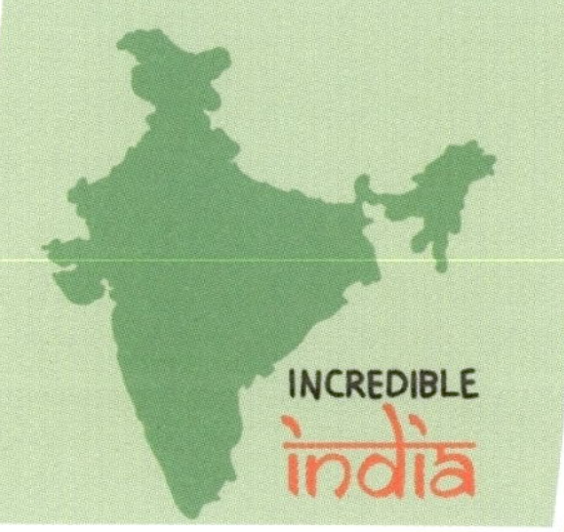

아이디어

아이디어 역시 마케팅의 대상이 될 수 있습니다.

어떻게 보면 모든 마케팅은 아이디어에 대한 마케팅일 수도 있습니다.

아이디어 가운데 사회적 아이디어에 대한 마케팅은 사회적 마케팅이라고 부릅니다. 이 마케팅은 공익이 개인의 행동에 영향을 미치도록 상업 분야의 마케팅전략과 마케팅믹스 도구를 활용하는 것입니다.

여성의 성취를 지원하는 마이크로소프트의 캠페인

디지털 혁신을 이끄는 기업, 마이크로소프트는 이공계 분야에서 여성들이 더 많은 성취를 이룰 수 있을거라고 믿습니다. 그들은 매년 3월마다 'Make What's Next'라는 세계적 캠페인을 개최하여 "여성, 새로운 날개를 펴다"라는 슬로건을 제시하고, 더 많은 여성들이 컴퓨터 과학교육의 기회를 가질 수 있도록 돕습니다. 이 캠페인에는 여성들이 컴퓨터 과학을 더 많이 경험할 수 있는 다양한 프로그램이 포함되어, 미래 여성 인재 육성을 위한 지원이 이루어집니다.

제품 및 서비스에 대한 의사결정

개별 제품 및 서비스에 대한 의사결정
▼

제품 속성 → 브랜딩 → 패키징 → 레이블링 → 제품지원 서비스

제품 및 서비스 속성
제품이 제공하는 편익은 품질, 특징, 스타일, 디자인이라는 제품 속성에 의해 전달됩니다.
품질
특징
스타일
디자인
제품
제품 품질
제품의 품질은 마케터가 제품을 포지셔닝하는 데 사용되는 주요 도구입니다.
제품품질
품질은 제품 및 서비스 성과에 직접적으로 영향을 줍니다.
품질
성과
좁은 의미로 보면 품질을 결점의 유무에 따라 분류할 수도 있지만, 고객 중심적인 기업에서는 품질의 의미를 결코 좁게 생각하지 않습니다.
불량0%
품질!
품질!
훗
그들은 품질을 고객가치와 고객만족을 창출하는 도구로 봅니다.
이것이 품질~
품질은 고객들이 다시 찾아오고, 우리 제품이 되돌아오지(반품) 않도록 해주죠.
어서오세요
안녕히가세요

전사적 품질관리*는
기업의 모든 구성원들(전사)이 제품, 서비스, 비즈니스 프로세스의 품질을 끊임없이 향상시키려는 노력입니다.
품질 향상
* total quality management, TQM
품질을 투자로 보고 품질 유지를 위한 노력을 성과지표로 삼는 것은 품질수익률이라고 합니다.
요즘 기업들은 다들 품질수익률을 쓰고 있죠!
품질 = 투자
품질유지 = 성과지표
품질수익률
제품의 품질은 또다시 품질수준과 품질의 일관성이라는 두 가지 요소로 나눌 수 있습니다.
품질
품질 수준
품질의 일관성
마케터는 제품개발과정에서 제품포지셔닝을 지원해줄 품질수준을 선택해야 합니다.
품질수준이요?
제품이 그 기능을 제대로 수행할 수 있는 능력, 즉 성능품질을 의미합니다.
퍼포먼스라고 하죠.
롤스로이스와 쉐보레 중에서는 롤스로이스가 더 나은 성능품질을 제공하는 것이 당연합니다.
성능품질
하지만 최대 역량의 성능품질수준을 제공하려고 하는 기업은 많지 않습니다. 왜일까요?
그러게요.
하얗게 불태웠어...

매우 높은 품질의 제품들은 비싸기 때문에, 구매할 수 있는 사람이 소수이기 때문입니다.
ROLEX
저도 돈 있으면 롤렉스 사고 싶죠~
따라서 기업들은 목표시장의 욕구와 경쟁제품의 품질수준에 부합되는 품질수준을 선택하게 됩니다.
품질수준
경쟁사
불량은 없게 하고, 목표로 한 성능수준을 일관되게 유지하는 것을 통틀어서 품질 일치성이라고 부릅니다.
품질 일치성
불량률 0%
성능수준
고객이 지불하는 가격과 기대에 부합하는 품질을 일관성 있게 전달한다는 점에서는, 쉐보레와 롤스로이스가 대등한 품질을 가진 것으로 볼 수도 있습니다.
제품 특성
제품은 기본모델에서 시작되어 더 많은 특성들이 추가된 고급모델로 확장될 수 있습니다.
기업은 이것을 자사 제품의 특성을 타사의 제품과 차별화하는 도구로 사용할 수 있습니다.
향기
킁킁
가치 있는 새로운 특성을 처음으로 도입하는 것은 가장 효과적인 경쟁방식 중 하나입니다.
이 바닥에서는 내가 시초야!
벨크로운동화
새로운 특성 중 어떤 것을 제품에 추가해야 할지는 어떻게 결정하나요?

제품구매자를 대상으로 정기적인 설문을 하는 것도 좋은 방법입니다.
어떻게 그 제품을 좋아하게 되었고, 가장 좋아하는 제품 특성은 무엇이고, 제품을 향상시키기 위해 어떤 특징이 추가되어야 할까요?
이때 기업은 고객이 지불하는 금액이 어떤 가치에 대한 것인지 파악하고 그 특징을 제품에 추가해야 합니다.
제품 스타일과 디자인
고객가치를 추가하는 또 다른 방법은 독특한 스타일과 디자인을 제안하는 것입니다.
디자인은 스타일을 포함하는 개념인데, 스타일은 제품의 겉모양을 지칭하는 개념입니다.
스타일
디자인
스타일로 사람들의 이목을 끌 수는 있지만, 이것이 항상 제품 성능에 기여하는 것은 아닙니다.
이와 달리 디자인은 제품의 겉모습과 성능이 모두 포함되는 개념입니다.
보기도 좋고 쓰기도 좋고!
좋은 디자인을 위해서는 기업 내부에서 고민만 할 것이 아니라 고객의 제품사용경험을 형성하는 일부터 시작해야 합니다.
브레인 스토밍
제품디자이너는 어떤 속성과 기술을 집어넣을지보다 고객이 제품을 어떻게 사용하고 어떤 편익을 얻게 될 것인지에 대해 더 많이 생각해야 합니다.
현장

핸드폰 뒤에 붙이는 팝소켓을 떠올려봅시다.
POP
이 제품은 대기업이 아니라 한 철학과 교수가 이어폰줄을 감기 위해 만들어낸 발명품입니다.
평생 모은 돈을 투자했습니다.
David Barnett
이어폰줄을 감는 것뿐 아니라 핸드폰을 안정감 있게 잡을 수 있도록 도와주고, 적당한 각도로 받쳐주기도 하죠.
팝소켓은 사용자 중심 디자인 덕에 연간 수천만 개가 팔려나가고 있습니다.
브랜딩
뛰어난 마케터들이 가진 기술 중 하나가 바로 브랜드를 구축하고 관리하는 능력입니다.
BRAND
Amazing
브랜드는 제품을 만들어 파는 것이 누구인지 파악할 수 있게 하는 이름, 용어, 사인, 심벌, 디자인 혹은 이들의 결합을 말합니다.
소비자에게 브랜드는 매우 중요합니다.
브랜드부터 확인
어디 거야?
브랜딩은 물리적 속성 그 이상의 의미를 갖고 고객과의 브랜드관계를 만들어내기 때문입니다.
제품 & 서비스
고객
브랜드

평소에는 그냥 지나칠 저가의 제품도 명품 매장 안에 있다면 비싼 가격에 기꺼이 구입하는 사례는 얼마든지 있습니다.
Alfred Hitchick
원래 3만원
역시 명품이라 묵직하구만.
브랜드의 힘이군요.
그렇습니다. 브랜드는 제품 품질의 수준과 일관성에 관한 정보 제공 등의 도움을 줍니다.
믿고사는 OO
Cerealk
기업은 브랜드명에 제품의 특징과 관련된 스토리를 담을 수 있습니다.
좋은 도구죠!
BRAND
Amazing
스토리
브랜드명, 트레이드마크는 법적인 보호를 받습니다.
따라하지 마!
TM
BRAND
법적보호
다르거든?
BRANDO
패키징
패키징은 포장을 말하는 거죠?
네, 맞습니다. 그럼 패키지의 역할은 무엇일까요?
제품을 보호하는 것?
네, 제품의 보호는 패키징의 전통적인 기능입니다. 최근에 패키지는 중요한 마케팅도구로 부상하고 있습니다.
EGG
EGG
오늘날에는 경쟁이 치열해지면서 타사보다 눈에 더 잘 띄고, 제품을 잘 설명해주며, 판매 유도 같은 기능을 꼭 담도록 진화했습니다.
사세요!
모든 소비자가 광고를 볼 수는 없겠지만 소비자는 제품을 고를 때 반드시 패키지와 상호작용을 할 수밖에 없습니다.
구매자를 설득하기 위한 마지막 수단이군요!
그럴까?
날사요

잘못된 패키지는 소비자의 화를 돋우고 매출을 감소시킵니다.
열기 어려움, 과대 포장
제품안전성 또한 패키징에서 놓치지 말아야 할 점입니다. 섭취하면 안 되는 제품류를 어린아이가 열기 어렵도록 디자인하는 것은 필수요소가 되었고
환경을 생각하는 소비자가 늘면서 친환경 패키지의 중요성도 점점 커지고 있습니다.
그린마케팅!
레이블링과 로고
이것이 바로 레이블(라벨)이죠.
레이블은 꼬리표부터 패키지의 일부까지 그 범주가 넓습니다.
Sunkist
레이블만 봐도 침이…
기본적인 기능은 자사 제품 혹은 브랜드를 소비자에게 확인시켜주는 것이죠.
제조업자, 제조처, 제조일시, 성분, 사용법, 주의사항 등도 포함
HEALTHY FOOD
레이블과 로고는 브랜드 포지셔닝을 지원하고 브랜드에 개성을 부여해줍니다.
고객의 머릿속에 강하게 각인
Sunkist
로고는 현대적인 느낌을 위해, 또 어떤 환경에서도 잘 구별되도록 지속적으로 다시 디자인되어야 하는데요. 이때 많은 주의를 기울여야 합니다.
옛 로고
Pizza Hut
SOUTHWEST
Audi
새 로고
Pizza Hut
Southwest
새로운 로고를 도입했던 패션브랜드 갭은 소비자들의 항의로 일주일만에 다시 로고를 되돌려야 했습니다.
GAP
Gap

소비자는 자신이 사랑하는 브랜드의 시각적 요소와 강하게 연결되어있기 때문입니다.
나의 갭은 이런 이미지가 아니야!
Gap
패키지는 이토록 강한 영향을 미치기 때문에 감시기관에서는 허위정보를 담은 패키징과 레이블을 규제하고 있습니다.
0.0000000001% 딸기 포함
딸기 100%
삑
또 소비자의 건강을 위해 식품의 영양정보를 자세히 적을 것을 의무화하고 저지방, 저칼로리, 고식이섬유 같은 건강 관련 용어의 무조건적인 사용을 금지하고 있습니다.
지켜야 할 게 너무 많아!
영양정보
3$ / 100g
표준 단위당 표시하는 단위가격정책
제품유효기간 표시제 몇월 며칠까지
영양성분정보 레이블링 일일권장섭취량... 나트륨, 지방.
나트륨 00mg
탄수화물 00g
당류 00g
지방 00g
트랜스지방 00g
포화지방 00g
콜레스테롤 00mg
단백질 00g
제품지원 서비스
고객서비스는 제품전략의 또 다른 구성요소입니다.
제품은 통상적으로 지원서비스를 포함하고 있습니다.
지원서비스는 고객의 전반적 브랜드체험에서 중요한 부분을 차지합니다.
지원서비스
브랜드 체험
렉서스의 사례와 같은 전폭적인 지원서비스는 장기적 관계 형성의 핵심요인입니다.
제품이 완벽해서 그럴 일은 없겠지만, 서비스를 받아야 한다면 조금도 불편하지 않도록 픽업부터 반납까지 책임지겠습니다.
렉서스
전 세계 고객 만족도 1위!
지원서비스를 설계하기 위해서는
1. 기존 서비스의 가치를 평가하고 고객 설문을 실시합니다.
2. 문제점을 개선하여 고객을 감동시키면서 기업에게도 이익이 되는 신규 서비스를 추가하려고 노력합니다.
많은 기업들은 이제 전화, 이메일, 인터넷, 모바일앱, SNS를 통해 전에는 불가능했던 지원서비스를 제공하고 있습니다.
AI
3AM
안녕하세요. 고객님 무엇을 도와드릴까요?
밥통에서 물이 나와요.
바로 처리해드리겠습니다.

제품라인의 의사결정

서로 밀접하게 관련된 제품들의 집합을 제품라인이라고 합니다.
유사한 기능을 갖거나, 동일한 고객집단에게 판매되거나, 동일한 유통경로를 통해 판매되거나 가격대가 비슷하다면 같은 제품라인에 포함시킬 수 있습니다.
기업은 제품라인의 길이를 결정해야 합니다.
추가?
제품라인이 너무 짧으면 품목을 늘리고, 제품라인이 너무 길다면 품목을 추려 이익을 키울 수 있습니다.
이 익
이를 위해서는 제품관리자가 정기적으로 제품라인 분석을 해야 되겠죠.
제품라인을 길이를 늘리는 데는 라인충원전략과 라인확대전략을 사용해볼 수 있습니다.
라인충원전략
라인확대전략
라인충원전략은 추가로 이익을 만들고 싶거나 유통업체의 요건을 충족시키기 위해
MART
생산능력이 남아돌 때
시장을 선도하기 위해 완전제품라인을 갖추어야 할 때, 경쟁자의 진입을 막기 위해 사전 봉쇄 조치를 해야 할 때 유용합니다.
뭘마실까...
자리가 없다...

하지만 너무 많은 충원은 같은 제품라인 내의 품목끼리 동일 고객을 두고 경쟁하는 '잠식'과 '고객의 혼란'을 불러올 수도 있습니다.
라인확대전략은 기존의 가격대를 달리 해서 제품라인의 길이를 늘이는 것입니다.
상향확대
하향확대
하향확대
고급시장을 대상으로 영업해온 기업들은 제품라인을 하향확대해볼 수 있습니다.
$$$
$$
경쟁업체가 중저가 시장으로 진입할 가능성을 사전에 봉쇄하기 위해, 또는 경쟁사의 고급시장 진출에 대비해서는 하향확대를 해볼 수 있습니다.
$$$
아이폰
$$
아이폰se
$$
상향확대
중저가 시장을 상대하는 기업은 기존 라인에 고급제품을 추가하여 제품라인의 품위를 높일 수 있습니다.
고오급
$$$
$$
또 고급시장의 급속한 성장 혹은 높은 마진을 노리고자 상향확대를 추진할 수도 있습니다.
$$$
UberBLACK
우버 → 우버블랙
Uber

프리미엄 승차 서비스를 지향하는 '카카오블랙'

'카카오블랙'은 편리한 승차 예약 및 결제 서비스를 자랑하는 카카오택시의 프리미엄 서비스입니다. 과거 전통적인 택시업계가 일반 택시와 모범택시를 구분해서 운행한 것처럼, 카카오 역시 프리미엄 승차 서비스를 원하는 고객시장이 존재할 것이라 보고 브랜드의 상향확대를 추진한 것입니다. 실제로 '카카오블랙'은 중요한 손님과 동행할 때, 결혼식을 올린 커플이 신혼여행을 떠날 때 등 여러 상황에서 널리 사용되고 있습니다. 이러한 프리미엄 서비스가 대중에서 널리 퍼지기는 어렵겠지만 차등화된 요금으로 높은 마진을 얻는 것이 가능하고, 브랜드 자체의 품위를 올려준다는 점에서 매우 유용한 라인확대전략입니다.

제품믹스의 의사결정

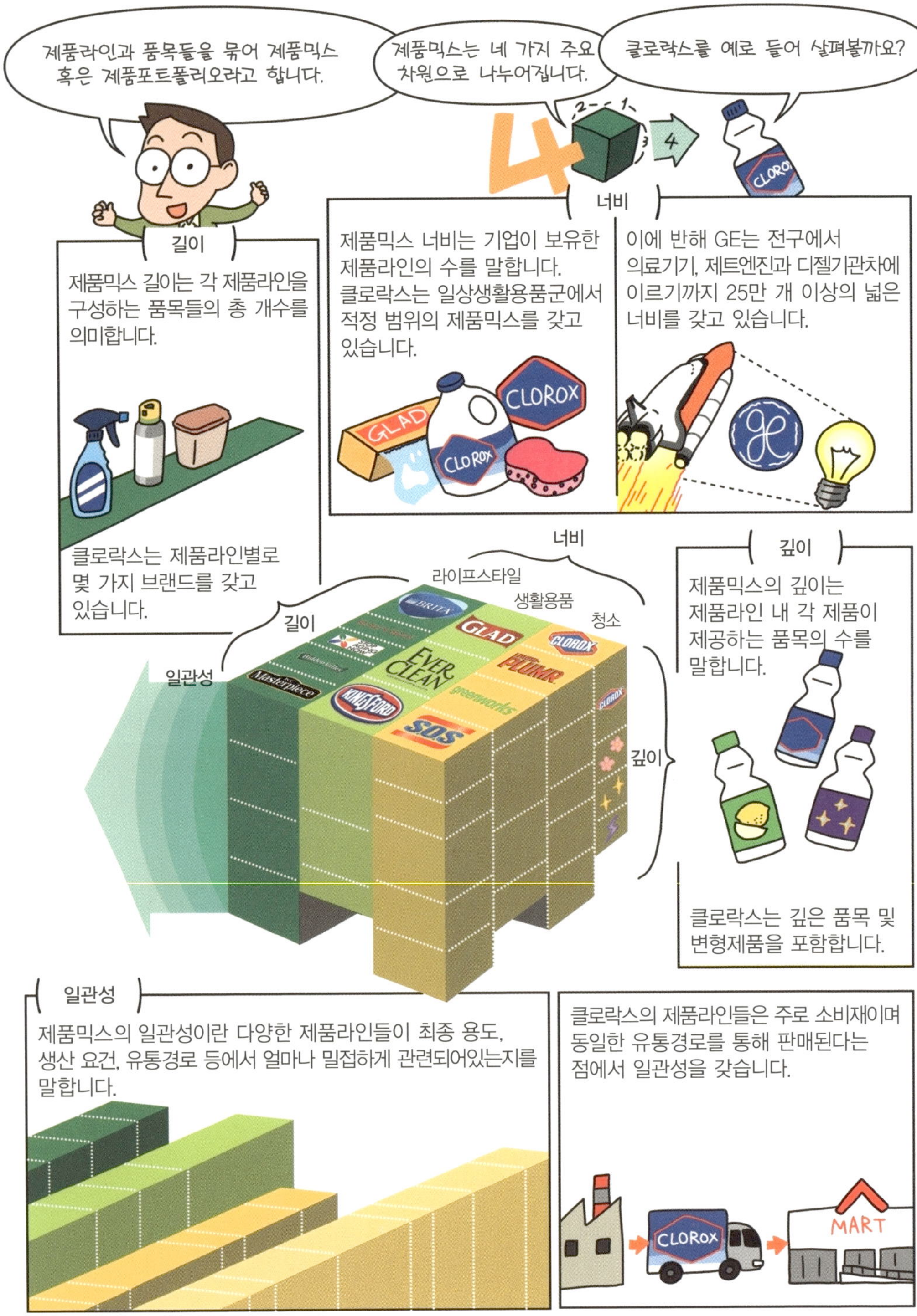

제품라인과 품목들을 묶어 제품믹스 혹은 제품포트폴리오라고 합니다.
제품믹스는 네 가지 주요 차원으로 나누어집니다.
클로락스를 예로 들어 살펴볼까요?
4
CLOROX
길이
제품믹스 길이는 각 제품라인을 구성하는 품목들의 총 개수를 의미합니다.
클로락스는 제품라인별로 몇 가지 브랜드를 갖고 있습니다.
너비
제품믹스 너비는 기업이 보유한 제품라인의 수를 말합니다. 클로락스는 일상생활용품군에서 적정 범위의 제품믹스를 갖고 있습니다.
GLAD
CLOROX
이에 반해 GE는 전구에서 의료기기, 제트엔진과 디젤기관차에 이르기까지 25만 개 이상의 넓은 너비를 갖고 있습니다.
너비
라이프스타일
생활용품
청소
길이
일관성
깊이
BRITA
GLAD
CLOROX
Masterpiece
EVER CLEAN
LIQUID PLUMR
greenworks
KINGSFORD
S.O.S
깊이
제품믹스의 깊이는 제품라인 내 각 제품이 제공하는 품목의 수를 말합니다.
클로락스는 깊은 품목 및 변형제품을 포함합니다.
일관성
제품믹스의 일관성이란 다양한 제품라인들이 최종 용도, 생산 요건, 유통경로 등에서 얼마나 밀접하게 관련되어있는지를 말합니다.
클로락스의 제품라인들은 주로 소비재이며 동일한 유통경로를 통해 판매된다는 점에서 일관성을 갖습니다.
CLOROX
MART

하지만 제품라인들이 구매자에게 제공하는 기능이 각각 다르다는 점에서는 덜 일관적이죠.
뻥
또 성과가 별로인 제품을 정리하거나 제품의 가치제안을 명확하게 만들기 위해 제품믹스를 간소화하는 전략도 필요합니다.
거품 없는 건강한 제품믹스 유지!
이러한 제품믹스 차원들은 제품전략의 기본 방향을 결정하는 기초가 됩니다.
사업 확대하는 법을 알려드릴까요?
솔깃
1. 제품믹스의 폭을 넓히기: 새로운 제품들을 추가한다.
2. 제품라인의 길이 늘이기: 완전한 제품라인을 갖춘 기업이 된다.
3. 제품믹스를 더 깊게 만들기: 보다 다양한 품목을 추가한다.
4. 제품라인들 간의 일관성을 강화하거나 완화하기: 한 사업 영역에서 압도적인 강자가 되느냐 혹은 여러 사업 영역에서 강자가 되느냐에 따라

치약을 만드는 '콜게이트 파몰리브'의 흑역사

치약을 만드는 기업으로 잘 알려진 콜게이트 파몰리브(Colgate-Palmolive)에는 여러 가지 제품라인이 존재합니다. 콜게이트 파몰리브의 제품라인은 크게 구강관리, 개인관리, 가정관리, 애완동물 영양의 네 가지로 나누어지며 각 라인마다 다양한 브랜드와 품목이 존재합니다.

이들이 판매하는 제품에는 한 가지 커다란 공통점이 있습니다. 그것은 바로 콜게이트의 제품이 자기 자신, 그리고 사랑하는 사람들을 돌보는 데 사용되는 생활용품이라는 것입니다. 콜게이트의 모든 제품은 이러한 일관성 아래 만들어지고 또 판매되기 때문에 사람들의 머릿속에 '나와 가족을 청결하게 관리하기에 최적화된 제품'으로 각인되며 성공적인 판매를 보여주고 있습니다.

이렇게 일관성 있는 제품믹스를 자랑하는 콜게이트 파몰리브에도 흑역사는 존재했습니다. 1982년 시장에 내놓은 '키친 앙트레'라는 이름의 냉동 스파게티 제품이 바로 그것인데요. 치약으로 유명한 기업에서 내놓은 이 스파게티는, 소비자들의 머릿속에 '음식에서 치약맛이 날 것 같다'는 생각을 불러일으키며 실패하고 말았습니다. 기업 담당자 입장에서는 '냉동 스파게티를 먹고 콜게이트 치약으로 이를 닦으면 좋겠다'라는 생각을 했던 것도 같습니다. 이러한 생각은 언뜻 좋은 아이디어로 보이기도 하지만, 일관성 있는 제품믹스의 중요성을 너무 간과한 것으로 보입니다.

서비스마케팅

서비스는 세계 총생산의 63%를 차지할 정도로 세계경제에서 빠르게 성장하고 있습니다.

정부

법원, 고용서비스, 병원, 군대, 경찰, 소방서, 우편, 학교를 통한 서비스

119

사설 비영리 개인조직

박물관, 자선단체, 교회, 대학, 재단, 병원

영리조직

항공사, 은행, 호텔, 보험사, 컨설팅기업, 법률기업, 병원, 엔터테인먼트, 부동산, 소매업체

HOTEL
BANK
땅
부동산

서비스의 특징

▼

서비스의 무형성
소비자가 구매하기 전에는 보거나, 맛보거나, 느끼거나, 소리를 듣거나, 냄새를 맡을 수 없다는 것을 의미합니다.
???
예를 들어 성형수술을 받는 사람은 서비스를 구매하기 전에 수술 결과를 미리 볼 수 없습니다.
항공권도 마찬가지입니다. 소비자는 돈을 지불하면서 안전하게 도착하겠다는 약속과 티켓만을 받습니다.
전자티켓
약속~
불확실성을 줄이기 위해 구매자는 서비스품질을 예상해볼 수 있는 신호를 살핍니다.
A 항공
B 항공
C 항공

그들은 눈으로 직접 목격할 수 있는 장소, 가격, 장비, 커뮤니케이션을 통해 품질을 추측합니다.
품질
따라서 서비스 제공자는 고객이 서비스를 느끼게 할 수 있는 방법 찾기와 품질에 관한 올바른 신호에 집중해야 합니다.
서비스
서비스의 비분리성
서비스와 서비스 제공자는 분리될 수 없습니다.
서비스
또 서비스가 생산되는 과정에 고객도 참여하기 때문에 서비스제공자-고객 상호 작용은 서비스 마케팅의 차별적 특징입니다.
따라서 서비스 제공자와 고객 모두가 서비스 산출물에 영향을 미칩니다.
서비스
서비스의 변동성
누가, 언제, 어디서, 어떻게 서비스를 제공하느냐에 따라 서비스품질이 달라진다는 것을 의미합니다.
HOTEL
서비스의 소멸성
서비스는 나중에 판매하거나 사용하기 위해 저장해둘 수 없습니다.
안된다구요?
서비스
소멸성은 수요가 안정적일 때는 큰 문제가 되지 않지만, 수요가 변동적일 때는 문제를 발생시킬 수 있습니다.

대중교통기업들은 출퇴근시간에 대비하여 버스의 배차간격을 조정해야 합니다.
태워줘요!
22분뒤
BUS
360
따라서 서비스기업들은 수요와 공급 간에 균형을 맞추기 위한 전략들을 설계합니다.
리조트 비수기 할인
30%
홀 서빙
급구
급여 협의
시간 토 11~10시
피크타임 직원 추가 고용

서비스기업의 마케팅전략

▼

서비스기업들도 제조업체와 마찬가지로 전통적인 마케팅믹스활동을 토대로 포지션을 만들어갑니다.
마케팅 믹스
하지만 서비스제품은 유형제품과 다른 특징을 갖기 때문에 추가적인 마케팅 접근방식이 필요합니다.
마케팅 믹스
서비스 마케팅

서비스-이익 연쇄

▼

서비스-이익 연쇄란 서비스기업의 수익성을 종업원만족 및 고객만족과 연결시키는 것입니다.
고객과 현장서비스 종업원 사이에 일어나는 상호작용을 바람직한 방향으로 이끌어나가려면 현장서비스 종업원을 잘 지원해주어야 합니다.

내부서비스품질	우수한 종업원의 선발과 훈련, 좋은 작업환경, 고객들과 접촉하는 종업원들에 대한 전폭적 지원 등은 서비스 종업원을 만족시킵니다.
만족한, 생산성이 높은 서비스 종업원	만족을 느끼고, 기업에 충성적이고, 열심히 일하는 종업원은 더 많은 서비스가치를 낳습니다.
더 큰 서비스가치	보다 효과적이고 효율적인 고객가치 창출과 서비스 전달은 고객의 만족과 충성도를 낳습니다.
만족한, 충성도가 높은 고객	만족한 고객은 기업에 충성을 보이고, 반복구매를 하고, 다른 고객에게 서비스를 추천함으로써 높은 이익을 불러옵니다.
건전한 이익과 성장	만족한 충성고객들은 뛰어난 기업 성과를 불러옵니다.

그렇기 때문에 서비스마케팅에서는 4P를 사용하는 전통적 외부마케팅 이상의 노력이 필요합니다.

내부마케팅
고객을 응대하는 직원들이 고객만족을 위해 하나로 뭉치도록 동기를 부여하려는 노력입니다.
화이팅
기업
내부마케팅
외부마케팅
종업원
고객
상호작용마케팅
사실 내부마케팅이 외부마케팅보다 먼저 이루어져야 합니다.
경쟁과 비용이 증가하고 생산성과 품질이 감소하는 요즘에는 보다 세련된 서비스마케팅이 필요합니다.
수신제가 치국평천하
상호작용마케팅
제품의 품질은 고객이 제품을 얻는 과정에 별다른 영향을 받지 않습니다.
하지만 서비스의 품질은 서비스인력의 대응에 영향을 많이 받습니다.
매우중요!
따라서 기업은 고객과 상호작용하는 종업원들을 매우 신중하게 교육시킵니다.
고객만족을! 최우선으로!
고객충성도 훈련프로그램 이수
서비스기업의 세 가지 주요 마케팅목표는
목표
서비스 차별화의 강화
서비스품질의 증대
서비스생산성의 증대
입니다.
서비스 차별화의 관리
고객이 여러 기업의 서비스를 비슷비슷하게 느낀다면 가격에 따라 구매를 결정할 것입니다.
다 거기서 거기인데 싼 걸로 고르지 뭐 ~
A 항공
B 항공
C 항공
출혈적인 가격 경쟁을 피하려면 차별화된 서비스 제공물, 서비스전달, 이미지 등을 개발해야 합니다.
아웃도어 전문점 REI 매장에서 제품을 테스트 해볼 수 있는 환경을 제공하는 것처럼 말이죠.
방수 테스트
서비스 제공물의 차별화
기업은 단순히 제품을 진열하고 판매하는 것이 아니라 그 이상의 것을 제공하면서 자사를 차별화할 수 있습니다.

서비스 전달의 차별화
더 능력 있고 믿을 수 있는 고객접촉 담당자를 채용하고, 뛰어난 물리적 환경의 개발, 뛰어난 서비스 전달의 설계를 통해 자사를 차별화할 수 있습니다.
주문
이미지 차별화
레이블과 로고를 만드는 것처럼 심벌과 브랜딩으로 자사를 차별화할 수 있습니다.
N
서비스품질의 관리
고품질의 서비스를 일관성 있게 전달하는 것만으로도 차별화가 가능합니다.
서비스품질은 누가 판단하죠?
헤어드라이어의 품질을 판단하기는 쉽지만, 헤어커트의 품질을 판단하기는 어렵죠.
따라서 고객 유지는 서비스품질을 측정하는 최고의 척도가 될 수 있습니다.
수 목 금 토 일
오늘날 기업은 서비스품질의 표준을 만들고 100% 무결점 서비스를 지향하고 있습니다.
100%라니! 98% 정도만 되어도 괜찮지 않을까요? 너무 높은 목표가 아닌지…
100% 무결점
맞아요
너무해!
하지만 98%의 표준을 채택한다면 미국우편서비스는 시간당 44만 건의 우편을 오배송하게 되고, 미국의 약사들은 매주 7,530만 건의 약을 잘못 전달하게 될 것입니다.
UNITED STATES POSTAL SERVICE
APhA
2%
98%
to
제조업과 달리 서비스품질은 종업원과 고객 간의 상호작용에 따라 항상 달라질 수 있는 가능성을 품고 있습니다.
서비스품질

기업이 최선을 다하더라도, 소비자들은 서비스에 만족하지 못하거나 심지어 분노할 수도 있습니다.
이때 필요한 것이 바로 서비스회복입니다.
서비스 회복
훌륭한 서비스회복은 분노한 고객을 충성고객으로 바꾸어줄 수 있습니다.
서비스회복
사우스웨스트항공의 능동적인 고객커뮤니케이션팀은 뛰어난 대처를 통해 아무 문제가 없던 운항보다 문제가 있던 운항에서 더 높은 사후 평가점수를 받아냈습니다.
★★★
★★★★★
정시
연착
서비스생산성의 관리
서비스기업들은
서비스생산성을 향상시키기 위한 방법을 고민합니다.
종업원 교육?
신규 채용?
제조업체와 마찬가지로 서비스기업에게도 기술은 생산성을 높이는 데 도움이 될 수 있습니다.
하지만 생산성을 높이는 데만 집착하면 서비스품질이 저하될 수도 있습니다.
자동응대 받자고 돈 내고 호텔 묵나…
쌩
어떤 상황에서도 기업들은 고객가치를 창출·전달하는 방법을 염두에 두어야 합니다.
고객가치
서비스품질을 높이기 위해 서비스생산성을 의도적으로 낮추기도 하는데 이것은 오히려 이익을 유지하는 데 도움이 될 수 있습니다.
품질 제일
손해가 아니네~!
짝 짝 짝

브랜딩전략: 강력한 브랜드의 구축

브랜드자산과 브랜드가치

브랜드는 기업의 자산 중 수명이 가장 긴 주요 자산이 될 수 있습니다. 그만큼 신중하게 개발·관리되어야 하죠.
돈 벌어 왔다~
BRAND
나에게 유형자산(토지, 설비)과 브랜드 중 하나를 선택하라면 브랜드를 택하겠어!
OLD FASHIONED QUAKER OATS
퀘이커오츠 공동 창업주 존 스튜어트(john stuart)
브랜드는 고객과의 관계 구축의 핵심요소입니다.
제품 = 브랜드
제품은 공장에서 만들어지지만 브랜드는 마음에서 만들어지죠!
BRAND
브랜드자산은 브랜드명이 제품 혹은 서비스에 영향을 미치는 긍정적인 차별효과를 말합니다.
이왕이면 이 브랜드로!
반대로 소비자가 브랜드가 없는 제품을 선택한다면 그것은 부정적 브랜드 자산이라고 할 수 있습니다.
이 브랜드를 사느니...
홱

브랜드자산은 소비자 선호도와 충성도를 얻는 브랜드능력의 한 척도입니다.
BRAND

우리에게 익숙한 브랜드들은 독특한 제품이나 신뢰성 있는 서비스를 제공해서 잘 나가는 것이 아니라
고객들과 깊은 상호관계를 구축했기 때문에 잘 나가고 있는 것입니다.
BRAND

브랜드자산의 평가는 차별성, 관련성, 지식, 존경의 소비자 지각 차원을 토대로 측정할 수 있습니다.

차별성	브랜드가 다른 제품보다 두드러져 보이게 하는 것	지식	소비자들이 브랜드에 대해 얼마나 많이 알고 있는지 여부
관련성	브랜드가 자신의 욕구를 얼마나 잘 충족시킨다고 느끼는지 여부	존중	소비자들은 브랜드를 어느 정도 존중하는지 여부

강력한 브랜드자산을 가진 브랜드는 이 모든 항목에서 높은 평가를 받습니다.

한 마디로 다른 브랜드와 차별되면서 그 차별점이 소비자의 욕구와 관련되어있어야 하고, 소비자들이 그 브랜드를 존중하고 잘 알아야 한다는 것입니다.
할 수 있겠니.
해보죠.
BRAND

긍정적 브랜드자산은 소비자가 브랜드에 갖는 느낌과 브랜드와의 관계로부터 형성됩니다.

브랜드가치는 브랜드가 가진 재무적 가치의 총합입니다. 즉, 기업에게 매우 가치 있는 무형자산이죠.
완전소중~
브랜드가치

브랜드가치의 측정은 어려운 작업입니다.
Apple
3,160억 달러
Amazon
2,790억 달러
Google
3,130억 달러

강력한 브랜드는 높은 수준의 브랜드인지도와 소비자 충성도를 갖습니다.
BRAND
BRAND
BRAND
유통업체와 거래조건을 협상할 때도 우위를 차지하고 있습니다.
그 브랜드… 있어요?
네… 네, 그럼요.
MART
계약서
강력한 브랜드를 가진 기업은 신규 제품라인과 브랜드 확장 제품을 출시했을 때 성공할 확률이 높겠죠.
오케이!
NEW
내 친구야
BRAND
강력한 브랜드는 기업의 보호막이군요!
BRAND
브랜드자산 형성의 기초에는 고객자산이 있는데, 이는 브랜드에 의해 창출된 고객관계의 가치를 말합니다.
브랜드자산
고객자산
파워브랜드는 이익을 낳는 충성고객집단을 끌고다닙니다.
POWER BRAND
마케팅이 전력을 기울여야 할 영역은 브랜드관리를 마케팅수단으로 삼아 고객자산을 구축하는 것입니다.
브랜드관리
튼튼
고객자산
제품 포트폴리오를 관리할 때가 아니라 고객 포트폴리오를 관리해야 한다구!
제품 포트폴리오
고객 포트폴리오

강력한 브랜드의 구축

▼

브랜드전략에서의 주요의사결정

브랜드포지셔닝	→	브랜드명 선정	→	브랜드 소유권자 결정	→	브랜드개발
속성 편익 소비자 신념 및 가치		선정 법적인 보호		제조업체 브랜드 사적 브랜드 라이선싱 공동브랜딩		라인확장 브랜드확장 복수브랜드 신규브랜드

브랜드포지셔닝
마케터들은 표적고객의 마음속에 자사 브랜드를 명확하게 포지셔닝할 필요가 있습니다.
가장 하위수준에서 이루어지는 브랜드포지셔닝은 제품 속성을 바탕으로 한 것입니다.
Pampers
빠른 흡수! 쉬운 처리! 팸퍼스
하지만 제품 속성 기반의 포지션은 가장 매력도가 떨어지는 브랜드포지셔닝이기도 합니다.
경쟁사들이 쉽게 모방할 수 있기 때문입니다.
우리 기저귀가 더 많이 빨리 흡수하지롱!
...
HUGGIES
고객들이 진짜 관심 있는 것은 제품 속성이 아니라 그 속성이 고객에게 어떤 걸 해줄 수 있느냐입니다.
보다 나은 브랜드포지셔닝은 브랜드명을 고객이 바라는 편익과 연결시키는 것입니다.
Pampers
이를 통해 팸퍼스는 기술적 측면에서 한 걸음 더 나아가 빠른 흡수와 보송보송한 피부를 강조할 수 있었습니다.
Pampers

최고의 파워브랜드들은 여기에 머무르지 않고 강력한
소비자신념과 가치를 근거로 하여 포지셔닝을 합니다.
BRAND
신념
가치
이러한 포지셔닝에는 정서적 요소가 차지하는
비중이 큽니다.
팸퍼스는 행복한 아기, 부모-자녀 관계, 총체적
베이비케어를 언급하며 '사랑, 수면 그리고 놀이'라는
문구로 브랜드를 포지셔닝했습니다.
Love sleep & play
Pampers
이성적인 선호 이상의 충성을 얻는 기업의 비결은,
고객과 강한 정서적 유대를 갖는 것입니다.
BRAND
마케터는 브랜드의 비전을 설정하여 브랜드사명과
브랜드가 가야 할 방향을 제시해야 합니다.
브랜드비전
BRAND
브랜드는 곧 약속입니다.
제품의 특성, 편익, 서비스, 체험을
일관성 있게 전달할게요!
그 약속은 단순하면서 정직해야 합니다.
브랜드명 선정
좋은 브랜드명은 제품이
성공하는 데 크게 기여할 수 있습니다.
크 이름 끝내주네!
궁금...
이름을 짓기란 쉽지 않은 작업입니다.
OO
작명소
사주
궁합
택일
관상
꿀꺽

먼저 제품, 제품편익, 목표시장, 제안된 마케팅전략 등을 세밀하게 검토해야 합니다. 브랜드명에 다음과 같은 특징이 있는지 체크해야겠죠.
작명 꿀팁!
브랜드명이 가져야 할 바람직한 특징
1. 제품의 편익과 품질을 전달할 수 있어야 합니다.
2. 발음하거나 떠올리기 쉬워야 합니다.
3. 두드러져야 합니다.
4. 다른 제품 영역으로 확장될 수 있어야 합니다.
5. 외국어로 쉽게 옮길 수 있어야 합니다.
6. 등록과 법적 보호가 가능해야 합니다.
기발한 표현이나 단어의 조합으로 브랜드명을 짓던 시대는 지나가고
Google
야후! 구글
YAHOO!
accenture
novatis
엑센추어, 노바티스
VERY VANILLA SOY Silk
smartwater
method
실크, 메소드, 스마트워터, 스냅챗
단순하고 직관적인 브랜드명이 선호되고 있습니다.
하지만 브랜드가 많아지면서 새로운 이름 짓기는 점점 어려워지고 있습니다.
문샷?
있어.
티클?
있어.
바닐라?
있어.
어지간한 건 다~있어~
특허청
부루스타, 목캔디, 대일밴드, 바셀린, 퐁퐁, 미원 같은 브랜드명은 해당 제품 범주 자체를 의미할 정도로 크게 성공했습니다.
퐁퐁 하고 목캔디도 사와
알았어
하지만 브랜드가 대명사화된다는 것이 좋은 일만은 아닙니다.
효자상품
대일화학공업
대일밴드
사람들이 너무 많이 사용하는 이름은 브랜드로서의 기능이 사라질 수도 있기 때문입니다.
대일밴드 주세요.
정확히 어떤 걸로 드릴까요?
대일화학공업

브랜드 소유권자의 결정
제조업체 브랜드와 유통업체 브랜드
제조업체 브랜드만이 마트에 진열되던 시대는 가고, 유통업체 자체 브랜드*를 도입하는 추세가 계속되고 있습니다.
MART
PB
길어지는 불경기를 등에 업고 유통업체 브랜드는 빠르게 성장하고 있습니다.
브랜드는 상관없고 더 저렴한 상품을 사요.
PB
* PB(Private Brand)상품
상표 없는 브랜드로 알려졌던 유통업체 브랜드는 제조업체 브랜드의 짝퉁이라는 이미지를 벗고 있습니다.
따라하지 마!
소비자가 판단하겠지.
PB
유통업체 브랜드의 품질이 오히려 더 나을 때도 있어요!
훗
PB
이 브랜드전쟁에서 유통업체들은 유리한 위치를 점하고 있습니다.
제품 선정, 진열, 가격 책정, 광고에 대한 결정권을 가지고 있기 때문입니다.
우 유
잘보이는 자리
내 맘이지롱~
MART
PB
유통업체 브랜드는 기반을 구축하기 어렵고 진열과 촉진에 비용이 들 수 있지만, 유통업체에게 더 많은 마진을 가져다줄 수 있습니다.
MART
PB
고생한 보람이 있군
다른 마트에서 구입하기 어려운 독점적 제품을 제공하면 점포 방문빈도와 충성도를 높일 수도 있죠.
독점!

이런 위협에 대처하기 위해 제조업체는 가치제안에 더욱 열중해야 합니다.
윽
PB
하… 할인 해드려요!
단기적으로는 가격 할인과 쿠폰 제공으로 이를 방어할 수 있겠지만 장기적인 관점에서는 차별화에 기반한 경쟁을 하는 것이 바람직합니다.
신제품 개발, 품질 향상, 브랜드 인지도 재고, 브랜드선호도를 위한 광고
넣어둬 넣어둬
네.
라이선싱
대부분의 제조업체들이 브랜드명을 만드는 데 많은 시간과 비용을 들입니다.
전문가
드… 드리겠습니다.
하지만 이미 유명한 이름, 캐릭터, 유명인의 이름을 라이선스하는 방법도 있습니다.
수수료만 지불하면 인지도를 즉각 올릴 수 있어요.
쩝
미키마우스다!
오늘날 패션 제조업체에서는 유명 디자이너의 이름과 이니셜을 라이선싱하고, 어린이 대상 제품에서는 유명 캐릭터를 라이선싱합니다.
DKNY
BOSS
다양한 캐릭터들을 소유하고 있는 디즈니는 세계에서 가장 큰 라이선스를 판매하는 기업입니다.
줄을 서시오!!!
라이선스좀 어떻게 안될까요?
WALT DISNEY
공동브랜딩
서로 다른 기업들이 소유하는 두 가지 기존 브랜드명을 한 제품에 함께 사용하는 것입니다.
BRAND
각 브랜드가 서로 다른 제품의 범주의 영향력을 합쳐 더 넓은 소비자들에게 어필할 수 있기 때문입니다.
재미있고 친근해요!
KitKat

하지만 복잡한 계약서와 함께 한계점도 분명합니다.
계약서

공동브랜딩을 하는 쌍방은 서로 신뢰를 가져야 합니다. 어느 한쪽의 명성이 나빠진다면 공동브랜드에게도 타격을 입힐 수 있습니다.
BRAND

브랜드 개발

브랜드전략 개발

		제품범주	
		기존	신규
브랜드명	기존	라인확장	브랜드확장
	신규	복수브랜드	신규브랜드

라인 확장

앞서 살펴본대로 라인 확장이란 제품 범주 내에서 새로운 형태, 컬러, 사이즈, 원료, 향의 신제품에 기존 브랜드명을 함께 사용하는 것입니다.

불닭볶음면
까르보 불닭볶음면
불닭볶음면

이 전략은 신제품을 출시할 때 원가와 위험도를 낮추기 위해 사용합니다.
안전빵!
불닭
까르보 불닭

하지만 지나친 라인 확장은 독이 될 수도 있습니다.
도리토스는 너무 많은 맛을 추가한 나머지 새로운 맛의 출시가 경쟁자의 매출을 빼앗는 것이 아니라, 자사의 매출을 잠식하는 지경에 이르렀습니다.
NEW 도리토스
OLD 도리토스
NEW 도리토스

라인 확장은 자사의 다른 제품의 매출을 잠식하지 않고, 경쟁브랜드의 매출을 빼앗아올 때 가장 효과적인 전략입니다.
가랏!
NEW
경쟁브랜드

브랜드 확장

브랜드명을 새로운 제품 범주의 신제품으로 확장하는 전략입니다.

콜게이트는 치약의 인기에 힘 입어 같은 브랜드의 치실이나 전동칫솔로 브랜드를 확장해나갔습니다.
브랜드 확장을 이용하면 신제품을 출시하자마자 바로 소비자들에게 인지시킬 수 있다는 장점이 있습니다.
새로운 브랜드명을 알리는 데 드는 광고비를 아낄 수도 있고요.
Colgate
기존 제품과 일관성 없는 지나친 브랜드 확장은 실패하는 경우가 많습니다.
치약맛이 날 것 같아...
콜게이트 스파게티
웩
Colgate 비프 라자냐
잘못된 브랜드 확장은 개별 제품의 타격에서 끝나는 것이 아니라, 같은 브랜드명을 사용하는 다른 제품들에게도 부정적 영향을 줄 수 있습니다.
스파게티맛이 날 것 같아...
파스타
윽...
복수브랜드
동일 제품 범주 내에서 여러 개의 브랜드 제품을 도입하는 경우입니다.
이브랜드
저브랜드
BRAND
펩시는 상당히 많은 수의 브랜드를 갖고 있습니다.
최소 8개 이상의 청량음료 브랜드, 3개의 스포츠 에너지 음료 브랜드, 티와 커피 브랜드, 2개의 생수 브랜드, 9개의 주스 브랜드
LIPTON
KEVITA
PURE LEAF
AQUAFINA
PRESSED
COLD BREW
propel
bubly
pepsi
복수브랜딩은 서로 다른 구매동기를 가진 세분시장에 맞추어 서로 다른 특성과 소구점을 가진 제품을 제공하고

판매점에서 더 넓은 진열공간을 차지하여 더 높은 점유율을 노리는 방법입니다.
낄자리가 없다.
펩시에서 콜라 하나만 판매하는 것보다는 복수의 청량음료를 판매할 때 점유율이 훨씬 높아집니다.
PURE TEA
Mtn DEW
AQUAFINA
하지만 각 브랜드가 낮은 시장점유율을 차지하거나 수익성이 매우 낮을 수 있습니다.
A B C D E F G H I
잘되는 브랜드 하나에 집중하지 못하고 노력이 분산되는 결과를 초래할 수 있는 것입니다.
아이고~~
만약 이런 결과를 얻었다면, 기업은 기존 브랜드의 수를 줄이고 신규 브랜드 출시를 좀 더 깐깐하게 해야 합니다.
신규 브랜드
기존 브랜드가 빛을 잃고 있다면 새로운 브랜드를 출시할 수 있습니다.
토요타가 렉서스라는 브랜드를 만든 것처럼 말이죠?
신규 브랜드의 단점은 복수 브랜드의 단점과 비슷합니다.
너무 많은 신규 브랜드를 도입하는 것은 기업의 한정된 자원을 분산시키는 결과를 불러올 수 있습니다.
비슷비슷한 게 너무 많아!
NEW
이에 따라 대형 소비용품 기업들은 메가브랜드 전략을 추구하고 있습니다.
경쟁력이 약한 브랜드는 철수하고 유망한 브랜드에 마케팅비용 올인!
MEGA BRAND
뻥

기업은 소비자들에게 브랜드포지셔닝을 지속적으로 커뮤니케이션해야 합니다.
BRAND
높은 브랜드인지도를 얻기 위해 기업은 엄청난 광고비를 지출하고 있습니다.
높은 브랜드인지도
브랜드지식
브랜드선호도
BRAND
하지만 기업들이 알아야 할 사실은, 브랜드를 유지시켜주는 것은 광고가 아니라 고객참여와 브랜드체험이라는 것입니다.
BRAND
광고뿐 아니라 브랜드에 얽힌 개인적인 체험, 입소문, 기업의 계정 등은 브랜드와의 접촉점이 됩니다.
!
BRAND
브랜드는 생명력을 가지고 흥망성쇠에 따라 수천 가지 작은 일들이 누적되어 만들어집니다.
BRAND
디즈니 전 CEO
기업의 모든 구성원이 브랜드를 생활화하고 내부 브랜드를 종업원들이 주지하고 있어야만 브랜드포지셔닝이 유지될 수 있습니다.
BRAND
나부터!
기업은 브랜드의 강점과 약점을 정기적으로 살펴보아야 합니다.
BRAND
브랜드파워 측정
자사 브랜드가 소비자들이 진정으로 가치 있게 생각하는 편익을 잘 전달하고 있는지

브랜드의 포지션이 적절한지, 소비자 접촉점에서 브랜드 포지셔닝을 지원하는지
BRAND
BRAND
BRAND
BRAND
브랜드관리자가 브랜드의 의미를 이해하고 있는지
BRAND?
브랜드 관리자
브랜드가 적절하고 지속적인 지원을 받고 있는지 등을 스스로 물어봐야 하는 것입니다.
쑥 쑥
BRAND
이를 통해 더 많은 지원이 필요한 브랜드, 퇴출해야 할 브랜드, 고객 선호도의 변화와 경쟁자로 인해 브랜드를 출시해야 하는지를 파악할 수 있습니다.
BRAND
내 분량이 적었어...
끝

1. 제품의 정의

제품(product)이란 소비자의 욕구를 충족시킬 수 있는 대상물로 주의 유발, 획득, 사용, 혹은 소비 등의 목적을 가지고 있습니다. 제품의 종류에는 물리적 대상물, 서비스, 이벤트, 사람, 장소, 조직, 아이디어, 혹은 이들의 조합이 포함됩니다.

제품과 서비스는 이것을 사용하는 소비자 유형을 근거로 하여 크게 소비용품과 산업용품으로 나누어집니다.

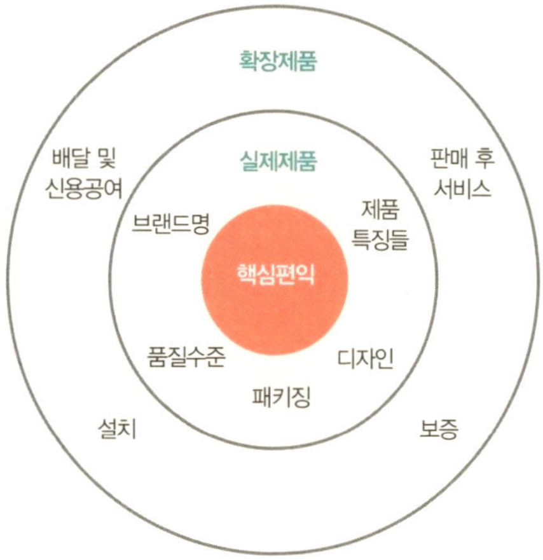

제품의 세 가지 수준

- 소비용품: 최종소비자가 구매하는 제품입니다. 소비자의 습관에 따라 편의품, 선매품, 전문품, 미탐색품으로 분류됩니다.
- 산업용품: 추가 가공 또는 사업을 영위하는 데 사용하기 위해 구매하는 제품입니다. 원자재, 부품, 자본재, 소모품, 서비스 등이 여기에 포함됩니다.

2. 제품 및 서비스에 대한 의사결정

제품 및 서비스에 대한 의사결정은 크게 ① 개별 제품에 대한 의사결정, ② 제품라인에 대한 의사결정, ③ 제품믹스에 대한 의사결정으로 나누어집니다.

- 개별 제품에 대한 의사결정: 제품의 속성, 브랜딩, 패키징, 라벨링, 제품지원서비스와 관련된 의사결정이 이루어집니다.
- 제품라인에 대한 의사결정: 제품라인(product line)이란 서로 밀접하게 연관된 제품의 집합을 의미합니다. 이와 관련된 주요 의사결정 내용으로는 제품라인의 품목 수에 관한 결정, 라인 충원전략(품목을 추가하는 전략), 라인 확대전략(하향확대: 고급라인에 일반적인 제품 추가, 상향확대: 일반적인 제품에 고급라인 추가)이 있습니다.
- 제품믹스에 대한 의사결정: 제품 포트폴리오라고도 부르는 제품믹스는 특정 판매업자가 시장에 제공하는 제품라인과 품목을 합한 것을 의미합니다. 이와 관련된 주요 의사결정 내용으로는 제품믹스 너비(기업이 보유한 제품라인의 수), 제품믹스 길이(각 라인을 구성하는 품목의 합), 제품믹스 깊이(라인 내 각 제품이 제공하는 품목의 수), 제품믹스의 일관성(다양한 라인의 용도, 생산요건, 유통경로 등이 얼마나 밀접하게 연관되어있는지 여부)이 있습니다.

3. 서비스마케팅

서비스는 ① 무형성(구매하기 전에 보고, 맛보고, 듣고, 냄새를 맡을 수 없음), ② 비분리성(서비스 제공자와 분리될 수 없음), ③ 변동성(품질이 누가, 언제, 어디서, 어떻게 제공하느냐에 따라 달라짐), ④ 소멸가능성(저장될 수 없음)이라는 특징을 갖고 있습니다. 마케터는 서비스의 네 가지 특성을 보완하기 위한 여러 가지 방안을 강구해야 하는 사람입니다.

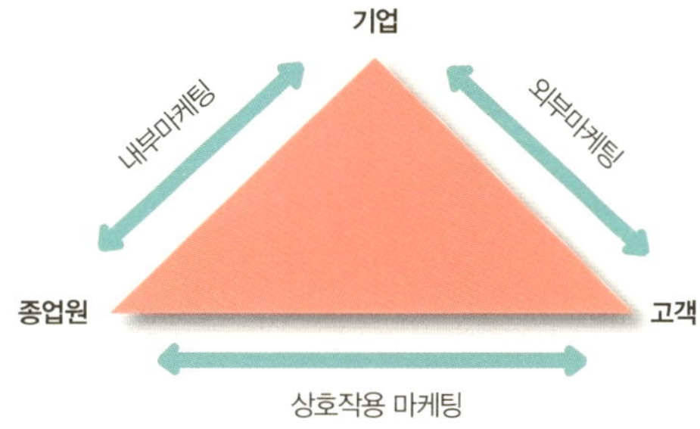

서비스마케팅의 유형

훌륭한 서비스기업은 자신들의 이익이 종업원의 만족과 고객만족에 의해 얻어진다는 사실을 이해하여 종업원과 고객 모두에게 주의를 기울어야 합니다. 또 소비자를 대상으로 하는 외부마케팅뿐만 아니라, 종업원의 동기부여를 위한 내부마케팅(internal marketing) 및 서비스 전달기술과 관련된 상호작용마케팅(interactive marketing)에도 신경을 써야 합니다.

4. 브랜딩전략

브랜드는 기업에게 매우 가치 있는 무형 자산입니다. 우리에게 널리 알려진 코카콜라, 나이키, 디즈니, 맥도날드 등이 바로 훌륭한 브랜드자산(brand equity)의 예입니다. 기업이 강력한 브랜드를 구축하기 위해서는 브랜드포지셔닝, 브랜드명 선정, 브랜드 소유권자의 결정, 새로운 브랜드개발 등에 관한 의사결정이 필요합니다.

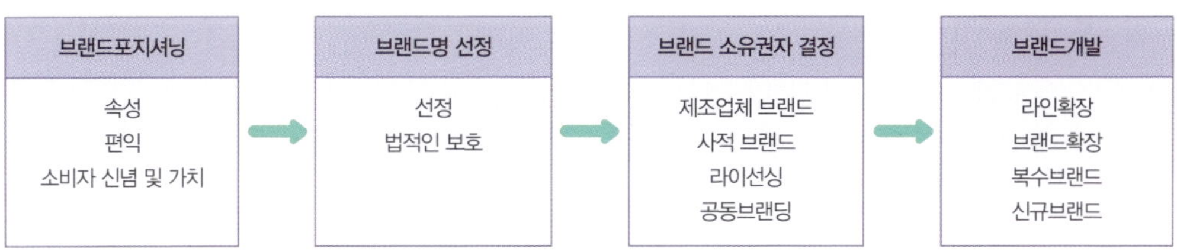

브랜드전략에서의 주요 의사결정

브랜드는 소비자들과 지속적으로 커뮤니케이션해야 합니다. 이때 광고가 도움이 될 수 있습니다. 그런데 실제로 브랜드가 유지되게 해주는 요인은, 광고가 아닌 소비자의 브랜드체험일 때가 많습니다. 많은 이들이 브랜드와의 광범위한 접촉과 상호작용을 통해 한 브랜드를 인식하게 됩니다. 따라서 기업은 광고 제작뿐만 아니라 고객과의 브랜드 접촉점을 관리하는 데도 신경을 써야 합니다.

스스로 정리하기

CHAPTER 2 제품, 서비스, 브랜딩전략: 고객가치의 구축

1 다음 내용에서 설명하고 있는 단어로 알맞은 것을 골라봅시다.

- 최종소비자가 구매하는 제품
- 소비자의 습관에 따라 편의품, 선매품, 전문품, 미탐색품으로 분류

① 생활용품 ② 소비용품 ③ 산업용품 ④ 공업용품

2 다음 중 개별 제품에 대한 의사결정에 해당되지 않는 단어를 골라봅시다.

① 제품 속성 ② 브랜딩 ③ 패키징 ④ 제품라인

3 제품믹스에 대한 주요 의사결정의 명칭과 그 내용이 잘못 연결된 것을 골라봅시다.

① 제품믹스 너비 – 기업이 보유한 제품라인의 수

② 제품믹스 길이 – 각 라인을 구성하는 품목의 합

③ 제품믹스 깊이 – 라인 내 각 제품이 제공하는 품목의 질

④ 제품믹스 일관성 – 다양한 라인의 용도, 생산요건, 유통경로 등이 연관된 정도

4 오른쪽 서비스마케팅의 유형에 관한 그림 중 빈칸에 들어갈 단어가 바르게 연결된 것을 골라봅시다.

	(a)	(b)	(c)
①	내부마케팅	상호작용마케팅	외부마케팅
②	외부마케팅	내부마케팅	상호작용마케팅
③	내부마케팅	외부마케팅	상호작용마케팅
④	외부마케팅	상호작용마케팅	내부마케팅

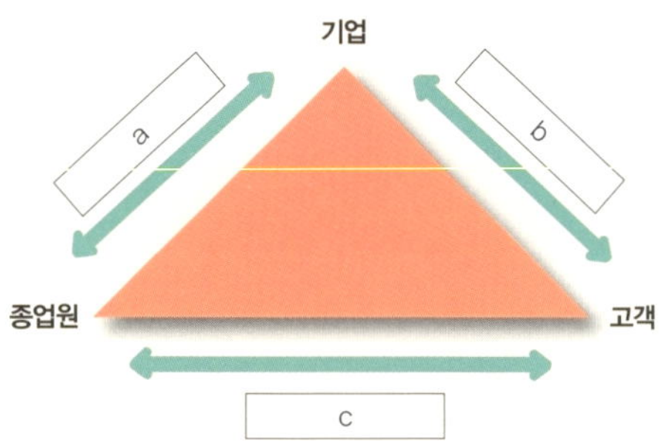

5 기업의 브랜딩과정에서 브랜드포지셔닝 이후에 거쳐야 할 단계로 알맞은 것을 골라봅시다.

① 라인 선정 ② 브랜드명 선정 ③ 브랜드개발 ④ 소유권자 결정

정답: 1 ② 2 ④ 3 ③ 4 ③ 5 ②

6 서비스의 정의를 정리해봅시다.

7 서비스 제공자가 자신의 서비스를 경쟁자와 차별화할 수 있는 방안을 간단히 적어봅시다.

8 브랜드의 정의와 기업이 활용할 수 있는 브랜드후원의 유형을 적어봅시다.

9 다음 용어를 인터넷 또는 책에서 찾아 그 뜻을 확인해봅시다.

공동브랜딩	산업용품	소비용품
내부마케팅	상호작용마케팅	유통업체 브랜드(사적 브랜드)
라인확장	서비스	전문품
미탐색품	서비스 무형성	제품
브랜드	서비스 변동성	제품라인
브랜드가치	서비스 비분리성	제품믹스(제품 포트폴리오)
브랜드자산	서비스 소멸성	제품품질
브랜드확장	서비스-이익 연쇄	패키징
사회적 마케팅	선매품	편의품

LEARNING OBJECTIVE

- 기업이 신제품을 어떻게 개발하고 시장에 내놓는지 알아봅니다.
- 제품수명주기별 마케팅전략을 알아봅니다.

KEYWORD

신제품 / 제품수명주기 / 아이디어

신제품은 어떻게 개발해야 할까요?
제품수명주기의 여러 단계에 따라 제품을
어떻게 관리해야 할까요?
기업성장의 원동력이면서 동시에
모험이 될 수도 있는 신제품을 어떻게
탄생시키고 키워야하는지
함께 알아봅시다.

CHAPTER 3

신제품 개발과 제품수명주기 전략

오늘날에는 구글이 전 세계 온라인 검색을 독점하고 있다고 해도 과언이 아닙니다.
Google
구글해 = 검색해
이 막강한 시장 지배의 바탕에는 혁신이 있습니다.
보통 기업의 신제품 개발은 조심스럽게 순차적으로 이루어져서 보통 몇 년씩 걸리는 데 반해
세상에 완벽하게 내놓아야 해!
10년
Apple
구글은 새로운 서비스들을 빛의 속도로 시장에 선보이고 있습니다.
일단 내놓고 완성시키면 되지!
구글의 폭풍 같은 혁신은 소프트웨어 시장을 넘어
Gmail
Google play
Android
Chrome
Google Photos
Google map
스마트폰, 태블릿, IoT를 이용한 스마트홈, VR, 카메라 같은 첨단 하드웨어시장에서도 그들을 강자로 만들어주었습니다.
Google home
Pixel
Daydream VR
Chromecast
Google nest

하지만 구글은 더 먼 미래를 바라보고 있습니다. 프로젝트 X를 통해서요.
사이버 범죄가 발생하기 전에 예측할 수 있는 시스템 '크로니클'
극지에 와이파이를 뿌려주는 비행기구 '룬'
광선을 통한 고속 데이터 전송 '타라'
콘택트렌즈만 착용해도 암을 진단할 수 있는 기술 '베릴리'
X란 인류의 미래를 바꿀 거대한 아이디어를 실현하는 장기 프로젝트입니다. 구글의 연구소에서는 공상과학영화에나 나올 법한 여러 가지 프로젝트가 진행되고 있습니다.

프로젝트의 성공을 확신할 수는 없지만, 인류가 직면한 문제들을 해결해야죠.

* 구글 X 감독 Astro Teller

프로젝트를 실현하기 위해서는 획기적인 기술이 뒷받침되어야 합니다.
이 프로젝트는 엄격한 요구조건으로 아이디어의 99% 이상이 탈락됩니다.

모든 프로젝트의 목적은 새로운 구글을 탄생시키는 것입니다.

구글에게 혁신은 수단이 아닌 DNA입니다.
자꾸 다시 태어나~

신제품 개발전략

구글의 사례에 나타난 것처럼 기업은 지속을 위해 신제품을 개발하고 그 제품으로 수익을 얻을 수 있도록 관리해나가야 합니다.
신제품
아장 아장
귀여워!
기업이 신제품을 개발하는 방법에는 두 가지가 있습니다.
두 가지요?! 기업이 스스로 개발하는 것 말고 다른 방법이 있나요?
기업은 우리가 떠올리는 신제품 개발 외에도, 인수를 통해 신제품을 선보일 수 있습니다.
특허나 라이선스를 구입해서 말이죠.
NEW
하지만 여기서는 자체 신제품 개발에 대해서만 알아보기로 합시다.
휴~ 시험 범위가 줄었어...
신제품이란, 기업이 자체적인 연구개발 노력으로 만들어낸 독자적인 제품을 말합니다.
신제품
개량제품, 보완제품, 새로운 상표를 포함
소비자에게 신제품은 생활을 다채롭게 만들어주고 문제를 해결해주는 수단입니다.
바로 저거야!
빠르게 작용하는 감기약!
싹나아F

기업에게 신제품은 성장의 원동력입니다.
NEW
날이 갈수록 빠르게 변화하는 시장환경에서 기업은 성장의 대부분을 신제품에 의존합니다.
너만 믿는다
응애
애플의 대표상품인 아이폰과 아이패드는 애플이라는 기업을 완전히 바꿔놓았습니다.
애플 전체 매출의 63%가 아이폰에서 나옴
하지만 신제품으로 미래를 준비하는 게 쉬운 일은 아닙니다.
기업이 선보이는 신제품 중 66%가 2년 내에 실패하는 것으로 나타났습니다.
뼈를 깎는 고통!
나름 열심히 개발한 신제품들이 왜 실패하는 건가요?
괜찮아?
아이디어는 좋았지만 시장 규모를 과대평가했거나, 실제로 출시된 제품이 수준 이하였거나, 출시 시기가 적합하지 않았을 수도 있습니다.
객관적인 데이터가 부정적인 데도 위에서 밀어붙이기도 해요!
내부고발!
이걸로 하지?
이런 복병을 물리치고 신제품을 성공적으로 잘 만들기 위해서는 소비자, 시장, 경쟁자를 이해해야 하고
소비자
시장
경쟁자
소비자에게 더 나은 가치를 제공할 수 있는 제품을 개발해야 합니다.
소비자
까륵

신제품 개발과정

아이디어 생성

아이디어 생성	아이디어 선별	콘셉트 개발과 테스팅	마케팅 전략 개발	사업 분석	제품 개발	테스트 마케팅	상품화

신제품의 개발은 수천, 수백 가지의 아이디어를 체계적으로 살펴보는 데서 시작됩니다.
우르르르
아이디어
아이디어는 기업 내부와 외부의 다양한 원천에서 나옵니다.
기업 내부의 아이디어 원천
신제품에 대한 아이디어는 연구개발부서 같은 내부원천에서만 나오는 것이 아닙니다.
R&D
많은 기업들은 경영진부터 제조 담당자까지 전 직원에게 아이디어를 구상하고 발전시키라고 독려합니다.
사내 SNS,
사내 기업가 프로그램
한 예로 구글은 '에어리어120'이라는 사내 혁신 인큐베이터를 운영합니다.
부서와 관계없이 아이디어가 채택되면 해당 직원이 차출되어 팀을 꾸리고 실제 사업으로 발전됩니다.
기존 업무와 병행해야 하는 부담이 없어서 더 많은 아이디어가 나오겠네요!

IT 기업에서는 정기적으로 해커톤을 개최합니다.
해커대회
대회에는 큰 상금이 걸려 있어서 온갖 번뜩이는 아이디어가 쏟아집니다.
이 대회는 직원의 사기 진작과 참여 유도에 도움이 됩니다.
페이스북의 '좋아요' 버튼과 '친구 태그' 같은 혁신도 바로 이 해커톤에서 나온 결과물입니다.
기업 외부의 아이디어 원천
난 유통업자! 시장과 밀접해서 소비자 문제와 신제품 가능성에 대한 정보를 줄 수 있지!
MART
난 공급업자! 기업에게 신제품 개발에 활용할만한 새로운 콘셉트, 기술, 재료를 알려줄 수 있지!
난 경쟁자! 존재 자체가 동기 유발이고 아이디어야.
때로 기업은 경쟁업체의 제품에서 신제품에 대한 실마리를 얻기도 합니다. 경쟁제품을 분해하고 파헤쳐서 신제품전략을 세우기도 하고요.
오, 여기를 이렇게 했구나
트레이드쇼, 웹, 세미나, 대학연구소, 리서치기업에서 아이디어를 얻을 수도 있습니다.
NEW
하지만 무엇보다 가장 중요한 외부 아이디어 원천은 바로 소비자입니다.
기·승·전·소비자

기업은 고객의 불만족을 파악하여 개선할 신제품 아이디어를 떠올릴 수 있습니다.
소비자를 초대하여 의견을 물을 수도 있습니다.
크라우드소싱
오늘날 기업들은 크라우드소싱 또는 개방형 혁신 신제품 아이디어 프로그램을 사용하고 있습니다.
다양한 사람들로 이루어진 커뮤니티를 신제품 혁신과정에 포함시킴으로써 혁신의 문을 활짝 열어두는 것이죠.
자~
내부 직원, 전문가, 일반 대중
오늘날 어떤 기업도 모든 연구를 기업 내부에서만 할 수는 없습니다.
벤앤제리는 온라인게임 형태로 소비자들이 원하는 아이스크림 맛 조합을 수집했고
BEN&JERRY'S
클릭
언더아머는 크라우드소싱 대회를 후원하여 전국 기업가 및 발명가의 아이디어를 끌어모았습니다.
UNDER ARMOUR
혁신기업은 가능한 한 모든 원천에서 영감을 얻기 위해 정보를 수집하는 채널을 점점 넓혀가고 있습니다.

아이디어 선별

아이디어 생성 > **아이디어 선별** > 콘셉트 개발과 테스팅 > 마케팅 전략 개발 > 사업 분석 > 제품 개발 > 테스트 마케팅 > 상품화

이렇게 수집한 아이디어에서 옥석을 가려내는 것은 기업의 역량입니다.

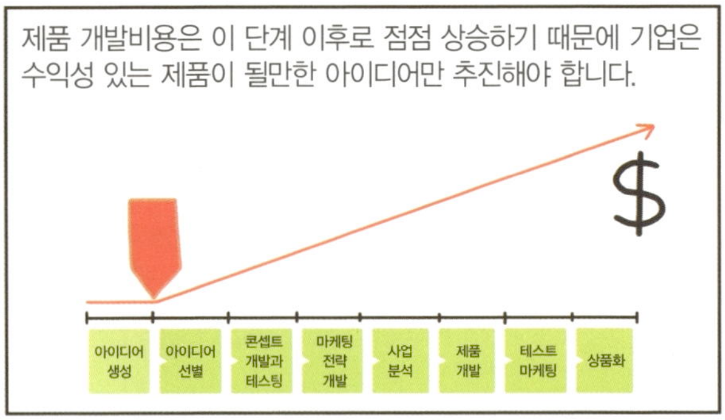
제품 개발비용은 이 단계 이후로 점점 상승하기 때문에 기업은 수익성 있는 제품이 될만한 아이디어만 추진해야 합니다.
$
아이디어 생성
아이디어 선별
콘셉트 개발과 테스팅
마케팅 전략 개발
사업 분석
제품 개발
테스트 마케팅
상품화

효율적인 아이디어를 선별하고자 의견을 정해진 양식에 맞추어 보고서 형태로 작성·관리하는 기업들도 많습니다.

이 보고서에는 소비자 가치제안, 목표시장, 경쟁사 정보, 시장 규모, 제품가격, 개발 소요시간과 비용, 제조비용, 수익률 정보까지 수많은 자료가 포함되어 있습니다.

이렇게 모인 아이디어 보고서를 선별하는 방법 중 하나가 바로 R-W-W 방식입니다.
R
W
W
Real 현실적인가? 제품에 대한 필요와 욕구가 실제로 존재하고 소비자가 그것을 구입할지, 명확한 제품 콘셉트가 있고 시장을 만족시킬지를 고려하는 것입니다.
Win 이길 수 있는가? 제품에 지속가능한 경쟁적 이점이 있는지, 기업이 제품을 성공시킬 자원을 갖고 있는지를 생각해보는 것입니다.
Worth doing 할만한 가치가 있는가? 제품이 기업의 전반적인 성장 전략과 부합하는지, 잠재수익은 충분한지 고려하는 것입니다.
GO
이 세 가지 질문에 'OK'라고 대답할 수 있다면 신제품 아이디어 개발에 파란불이 들어오는 거죠.

콘셉트 개발과 테스팅

아이디어 생성 | 아이디어 선별 | **콘셉트 개발과 테스팅** | 마케팅 전략 개발 | 사업 분석 | 제품 개발 | 테스트 마케팅 | 상품화

매력적인 아이디어는 제품 콘셉트로 발전되어야 합니다.
제품 아이디어, 제품 콘셉트, 제품 이미지는 구별되는 개념입니다.
제품 아이디어
기업이 시장에 내놓을 수 있다고 판단한 제품의 아이디어
제품 콘셉트
의미 있는 소비자용어로 작성된 더 자세한 제품 아이디어
제품 이미지
소비자가 갖고 있는 제품에 대한 실제 또는 잠재적 이미지

콘셉트 개발
전기차를 예로 들어볼까요?
어떤 기업이 매력적인 디자인의 오픈카 모델에 1억 원 정도의 가격을 책정했다고 칩시다.
T사가 떠오르네요.
100% 전기차로 5.6초 내에 96km까지 가속. 한 번 충전으로 482km 이상 주행. 45분 내 충전

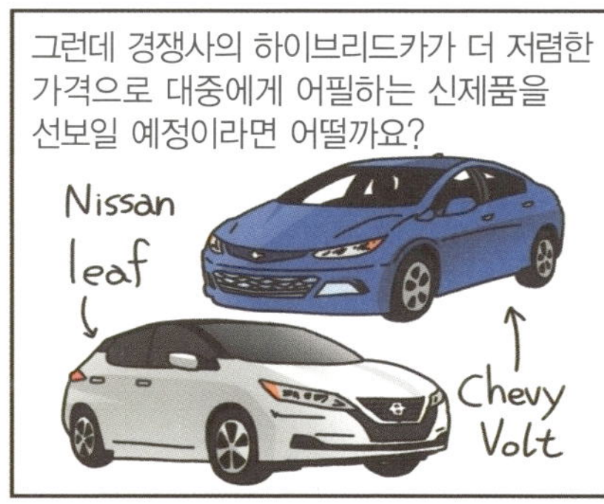
그런데 경쟁사의 하이브리드카가 더 저렴한 가격으로 대중에게 어필하는 신제품을 선보일 예정이라면 어떨까요?
Nissan leaf
Chevy Volt

마케터는 이에 대비하여 대안을 제시하는 제품 콘셉트를 작성하고 이 중에서 소비자에게 가장 잘 어필할 수 있는 것을 선택해야 합니다.

콘셉트 1 시내 주행용으로 사용할 저렴한 중형차

콘셉트 2 젊은 싱글이나 커플을 겨냥한 중간 가격대의 스포티한 소형차

콘셉트 3 실용적인 저공해 자동차를 원하는 사람을 겨냥한 친환경차

콘셉트 4 널찍한 실내를 좋아하지만 좋아하지만 형편 없는 연비를 걱정하는 사람들을 위한 실용적인 중형차

콘셉트 테스팅
콘셉트 개발이 끝났다면 목표 소비자 그룹을 대상으로 신제품 콘셉트를 시험해보아야 합니다.
콘셉트 테스팅은 주로 문장이나 실물로 제시됩니다.

앞의 '콘셉트 3'을 콘셉트 테스팅으로 풀어볼까요?

실용적인 저공해 자동차를 원하는 사람을 겨냥한 친환경차

↓

효율적이며 운전하기 좋은 4인용 소형차. 100% 전기로 움직이는 이 놀라운 제품은 실용적이고 성능은 믿을만하다. 한 번 충전으로 482km를 주행하며 운행 시 km당 180원이 소요된다. 공해를 유발하는 자동차에 대한 합리적이고 책임감 있는 대안이다. 가격은 풀옵션에 3,200만 원이다.

이처럼 글이나 그림으로 콘셉트 테스트를 할 수 있는데, 이것은 형태가 구체적일수록 신뢰도가 높아집니다.
콘셉트에 노출된 소비자는 다음과 같은 질문에 답하게 됩니다.
배터리식 전기차 콘셉트 테스트를 위한 질문은 다음과 같습니다.
1. 배터리식 전기자동차 콘셉트를 이해하십니까?
2. 차의 성능에 대한 주장이 사실이라고 생각하십니까?
3. 일반 자동차에 비해 배터리식 전기차의 주된 이익은 어떤 것이라고 생각하십니까?
4. 하이브리드 자동차와 비교할 때 이점은 무엇이라고 생각하십니까?
5. 차 모양을 개선하고자 한다면 어떤 점을 제안하시겠습니까?
6. 일반 자동차보다 좋다면 그 이유는 무엇입니까?
7. 전기차 충전비는 얼마가 적당하다고 생각하십니까?
8. 누가 이 차의 구입을 결정합니까? 누가 운전합니까?
9. 이런 차를 (확실히/아마도/아마도 안/절대로 안) 살 의향이 있으십니까?

질문의 마지막은 소비자에게 제품을 살 의향이 있는지 묻는 것입니다.
?

소비자 중 2%가 '확실히 살 것'이라고, 5%가 '아마도 살 것'이라고 대답했다면, 기업은 이를 토대로 판매량을 계산해볼 수 있습니다.
사람들은 말과 행동이 다르니까 너무 믿지는 마세요~

마케팅전략 개발 | 아이디어 생성 | 아이디어 선별 | 콘셉트 개발과 테스팅 | **마케팅 전략 개발** | 사업 분석 | 제품 개발 | 테스트 마케팅 | 상품화

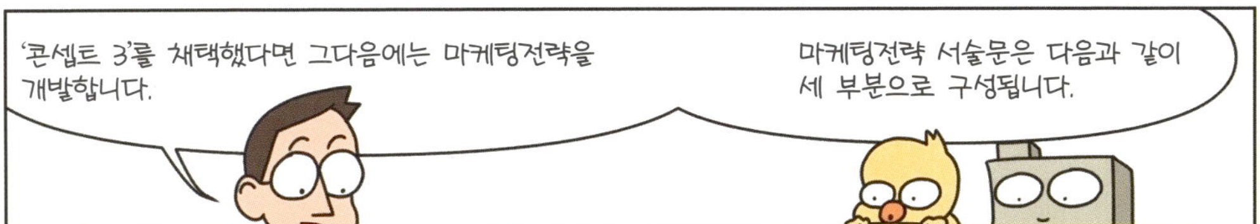

'콘셉트 3'를 채택했다면 그다음에는 마케팅전략을 개발합니다.
마케팅전략 서술문은 다음과 같이 세 부분으로 구성됩니다.

1. 목표시장을 서술합니다. 여기에는 **계획된 제품 포지셔닝과 매출**, **시장점유율**, **이윤 목표** 등이 포함됩니다.

목표시장은 실용적인 친환경 차량을 원하는 젊고 학력수준이 높은 중산층 이상의 싱글, 부부, 소가족이다. 이 차량은 운전하기에 즐겁고 일반적인 내연 차량이나 하이브리드 자동차보다 환경 오염이 적다는 것으로 포지셔닝될 것이다. 첫해에는 50,000대를 판매하고 손실이 1,500만 달러를 넘지 않는 것을 목표로 삼는다. 두 번째 해에는 90,000대를 판매하고 2,500만 달러의 이익을 달성하는 것을 목표로 한다.

2. **제품의 예정가격**, **유통**, **첫해 마케팅예산의 개요**를 서술합니다.

배터리식 전기차의 색상은 빨간색, 흰색, 파란색의 세 가지로 하며 풀옵션을 기본으로 출시된다. 25,000달러에 판매될 예정이며, 자동차 딜러에게는 정가에서 15% 할인된 가격으로 공급한다. 한 달에 10대 이상을 판매하는 딜러에게는 그 달에 판매하는 차량마다 5% 추가 할인을 제공한다. 5,000만 달러의 마케팅예산은 전국 공중파 광고와 지역행사 마케팅에 50 대 50으로 할당된다. 광고, 웹사이트, 다양한 디지털 콘텐츠에서는 차가 주는 즐거움과 낮은 배기량을 강조할 예정이다. 첫해에는 누가 차량을 구매하며, 구매자의 만족수준은 어떠한지 파악하기 위한 마케팅조사에 10만 달러가 소요될 예정이다.

3. **장기 매출계획**, **수익목표**, **마케팅믹스전략** 등을 서술합니다.

우리는 장기적으로 전체 자동차 시장에서 시장점유율 3%를 달성하고, 세후 투자수익률 15%를 실현할 것이다. 이를 달성하기 위해 제품 품질을 출시부터 높은 수준으로 설정하고, 시간이 갈수록 향상되도록 한다. 경쟁 및 경제 상황이 허용한다면, 가격을 2년 또는 3년 째에 인상할 것이다. 총 광고 예산은 1년에 약 10%씩 상향할 예정이다. 마케팅조사예산은 첫해 이후 매년 60,000달러씩 감소시킬 예정이다.

사업 분석

아이디어 생성 → 아이디어 선별 → 콘셉트 개발과 테스팅 → 마케팅 전략 개발 → **사업 분석** → 제품 개발 → 테스트 마케팅 → 상품화

제품 콘셉트와 마케팅전략이 정해지면 제안된 시제품의 사업 매력도를 평가해볼 수 있습니다.
시제품
사업 분석이란 신제품의 예상 판매량, 소요비용, 이익이 기업의 목적에 맞는지 검토해보는 것입니다.
긍정적인 평가를 받은 제품은 제품 개발 단계로 넘어갈 수 있습니다.
OK 통과
제품개발
기업은 판매를 추정하기 위해 비슷한 제품의 판매 추이를 분석하고 설문조사를 실시하기도 합니다.
이를 근거로 제품이 출시되었을 때의 최저 판매와 최고 판매량을 추정해볼 수 있습니다.
최고
잘 팔리게 해주세요
최저
판매 예측자료가 준비되었다면 경영진은 총 제품비용과 예상 이익을 저울질해볼 수 있습니다.
위험한 지출인지 아닌지…
회수할 수 있는지 없는지…
예상 이익
회계
재무
제조 공정
마케팅 비용
R&D 비용
총제품 비용
신제품의 재무 매력도를 평가해보는 것입니다.
NEW

소비자 아이디어로 제품을 만드는 '레고 아이디어스'

덴마크의 장난감 기업 레고는 소비자들의 의견을 제품개발에 반영하기 위해 '레고 아이디어스' 플랫폼을 오픈했습니다. 많은 기업이 기술이나 신제품 아이디어 문제를 해결하는 방법으로 크라우드소싱을 이용하고 있는데, 크라우드소싱(Crowd sourcing)이란 제품생산과정에 대중을 참여시켜 제품과 서비스를 향상하고, 수익을 참여자와 공유하는 방식을 말합니다. 레고 역시 레고 애호가들을 신제품 개발과정에 참여시켜 가치 있는 작품은 실제 출시하기도 했으며, 추천을 통해 순이익의 1%를 지불하기도 했습니다.

제품 개발

아이디어 생성 | 아이디어 선별 | 콘셉트 개발과 테스팅 | 마케팅 전략 개발 | 사업 분석 | **제품 개발** | 테스트 마케팅 | 상품화

사업 분석 결과, 제품 콘셉트가 매력적이라면 제품 개발 단계로 넘어갑니다!
오예!
이 단계에서는 손에 잡히는 시제품을 만들어봅니다. 여기서는 많은 비용이 들어갑니다.
워~
R&D 부서에서는 제품 콘셉트에 맞는 실제 모형을 개발하고 테스트합니다.
기업은 소비자를 만족시키고, 예산 안에서 신속하게 시제품을 만들어보고자 합니다.
이때 제품의 안전성과 소비자 접근성을 확인하기 위해 내외부적인 검사를 실시합니다.
테스트에는 위탁업체나 실제 소비자가 참여하기도 합니다.
의류 브랜드 파타고니아는 '파타고니아 브랜드 대사'를 선발하여 시제품 체험을 의뢰했습니다.
patagonia
기업의 신제품은 기능이 좋아하는 것은 기본이고, 기업이 의도한 심리적 특징도 잘 전달하는 것이어야 합니다.
NEW
만약 이 제품이 전기차라면 완성도 있고, 편안하며, 안전하다는 인식을 심어주어야 합니다.

소비자가 품질을 판단하는 포인트는 뭘까?
충돌테스트를 유심히 본대요.
문 닫을 때 꽉 찬 소리가 나면 안전하다고 느낀대요!
시험주행을 요청하고 의견을 들어야겠군.
자동차 속성에 관한 설문을 해야겠어요.

테스트마케팅

아이디어 생성 → 아이디어 선별 → 콘셉트 개발과 테스팅 → 마케팅 전략 개발 → 사업 분석 → 제품 개발 → **테스트 마케팅** → 상품화

제품이 테스트 단계를 통과했다면, 테스트마케팅이 이루어집니다.
내 차례군!
뒷일을 부탁해
테스트마케팅은 좀 더 실제적인 시장 상황에 부딪혀보는 단계인데요. 제품이 정식으로 출시되기 전에 실제로 마케팅을 해볼 수 있는 기회이지요.
신제품 한 번 써보세요.
테스트마케팅을 하는 동안 기업은 마케팅 전체를 시험 운영해볼 수 있습니다.
타깃팅, 포지셔닝전략, 광고, 유통, 가격, 브랜드와 포장, 예산...
NEW
00$
테스트마케팅은 얼마나 해야 할까요?
제품의 종류에 따라 다릅니다. 신제품 출시에 막대한 투자가 요구될 때
$
위험도가 높을 때, 혹은 경영진이 확신을 가지지 못할 때는 테스트마케팅을 수차례 실시합니다.
아는 길도 물어 가라...
스타벅스의 인스턴트커피는 위험에 대한 부담으로 개발에 20년을 투자하고

출시 전 소수 매장에서 테스트를 실시했습니다. 테스트 결과는 성공적이었고 이 제품은 출시 후 높은 매출을 올리고 있습니다.
VIA
VIA
하지만 테스트마케팅 자체에 비용이 많이 들 수 있고, 테스트를 하다가 기회를 놓치게 될 수도 있습니다.
먼저 출시해야지!
인스턴트커피와 달리 스타벅스의 모바일 결제 앱은 테스트마케팅을 전혀 진행하지 않았습니다.
출시 후 6개월 동안 앱을 보완해나간 것이죠.
$
신제품 개발과 출시에 비용이 적게 드는 모바일이기 때문에 가능했어요.
호. 모바일
빠르게 변하는 시장에서 기업은 테스트마케팅을 약식으로 하거나 때로는 생략하기도 합니다.
시간이 없어!
단순히 라인을 확장하거나 경쟁사의 훌륭한 제품을 베낄 때도 이 단계를 생략합니다.
똑같네

테스트마케팅은 크게 표준시험시장법, 통제시험시장법, 모의시험시장법으로 나누어집니다. 기업은 시간이 오래 걸리고 비용이 많이 드는 표준시험시장법 대신, 통제시험시장법이나 모의시험시장법을 사용하기도 합니다.

통제시험시장법
통제된 소비자 및 매장 패널에게 테스트
모의시험시장법
임의로 시장을 만들고 소비자의 반응을 측정
REC

상품화

아이디어 생성 → 아이디어 선별 → 콘셉트 개발과 테스팅 → 마케팅 전략 개발 → 사업 분석 → 제품 개발 → 테스트 마케팅 → **상품화**

테스트마케팅은 경영진이 신제품 출시에 대한 최종 결정을 내리는 데 필요한 정보를 제공해줍니다.
CEO
테스트 마케팅 결과
상품화를 위해서는 제조공장을 짓거나 빌려야 하고, 신제품 출시 후에는 마케팅에 많은 돈이 지출됩니다.
닌텐도 스위치는 출시 첫 한 달 동안 광고비용으로 20억 원 지출
신제품을 출시하기로 결정되었다면 도입시기를 결정해야 합니다.
지금 출시하면 우리 기업 다른 제품이 타격을 입을 것 같은데... 경기가 너무 안 좋으니 내년으로 미루자...
NEW
시장
미루거나
당기거나
엇, 경쟁업체에서 비슷한 제품을 개발한다고? 일정 당겨!
NEWS
어디서 출시할지도 정해야 하죠.
지역, 전국, 세계
세계적인 유통시스템을 갖춘 기업이라면 신제품을 세계 시장에 신속하게 선보일 수 있을 것입니다.
아이폰X를 55개국에 동시 출시!

신제품 개발관리

▼

소비자 중심의 신제품 개발
신제품 개발에서 가장 중요한 것은 무엇일까요?
소비자요!
소비자 중심의 신제품 개발이란 소비자의 문제를 해결할 방법을 찾고, 더 큰 소비자만족을 추구하는 데 중점을 두는 것입니다.

소비자를 가장 잘 아는 것은 소비자 자신일 확률이 큽니다. 신제품 혁신과정에서 소비자가 직접 참여한 기업이 세 배로 성장했다는 연구 결과도 있습니다.
15년 전만 해도 레고는 인터넷과 비디오 게임 탓에 위기를 맞았습니다.
LEGO
레고 그룹은 열성팬들이 운영하는 아이디어스 사이트를 만들어 인기 있는 아이디어를 실제 제품으로 출시했고 사람들은 이에 열광했습니다.
LEGO IDEAS
SPACE STATION
레고 아이디어스 우주정거장
오늘날 혁신적인 기업들은 R&D 연구소에서 벗어나 소비자와 직접 대화하고 있습니다.
팀 기반의 신제품 개발
어떤 기업은 아이디어 창출부터 상품화까지 매뉴얼대로 신제품을 개발합니다.
아이디어 생성
아이디어 선별
콘셉트 개발과 테스팅
마케팅 전략 개발
사업 분석
제품 개발
테스트 마케팅
상품화
이런 제품 개발방식에서는 각 부서가 개별적으로 일하고, 작업이 단계별로 진행됩니다.
이러한 질서정연하고 단계적인 과정은 복잡하고 위험한 프로젝트를 통제하는 데 도움이 됩니다. 하지만 진행이 엄청나게 느려질 수 있습니다.
언제나와...
아이디어 생성
아이디어 선별
콘셉트 개발과 테스팅
마케팅 전략 개발
사업 분석
제품
상품화
빠르게 변하는 시장에서 신제품을 느리게 개발하는 것은 기업이 이익을 내는 데 커다란 장애물입니다.
드디어 출시... 앗?
소비자 어디감?
NEW

많은 기업에서는 신제품을 시장에 좀 더 빨리 내놓기 위해, 팀 기반의 신제품 개발방식을 이용합니다.
기업 내 부서가 복합적인 기능을 하는 팀으로 구성되어 시간을 효율적으로 사용하는 것입니다.
짜잔
이 팀에는 마케팅, 재무, 디자인, 제조, 법률, 공급, 판매 기업에 관련된 사람들이 포함되기도 합니다.
기동성! 멀티태스킹!
한 번에 두 단계 이상 처리!
마케팅
디자인
재무
제조
팀 기반 개발의 단점도 있나요?
이 접근법은 때로 순차적 접근법보다 많은 조직적 긴장과 혼란을 일으킬 수 있습니다.
하
핫
핫
하
하지만 갈수록 제품수명주기가 짧아지는 시장에서, 빠르고 탄력적인 제품 개발을 할 수 있다는 것의 장점은 위험성보다 훨씬 큽니다.
팟
고객 중심의 접근과 팀 중심의 신제품 개발을 모두 할 수 있는 기업은 신제품 출시에서 경쟁우위를 점할 수 있습니다.
TEAM
1
체계적인 신제품 개발
신제품 개발이 주먹구구식으로 진행된다면 새로운 아이디어 한두 개는 건질 수 있을지 몰라도, 가능성 있는 많은 아이디어들이 사라져버릴 것입니다.
어디 뒀더라?
이러한 상황을 방지하기 위해 기업은 신제품 아이디어를 수집, 검토, 평가, 관리하는 혁신제품 관리시스템을 운영할 수 있습니다.

기업은 시스템 운영을 통해 혁신 지향적인 기업문화를 만들고
혁신 파이팅!
경영진
수많은 아이디어 중 뛰어난 것을 골라낼 수 있게 됩니다.
이런 환경에서 좋은 아이디어를 체계적으로 발전시켜나갈 수 있습니다.
정리하면, 아이디어 수집, 선별부터 제품 발매까지
TEST
NEW
가치 있는 고객체험을 만들기 위해 노력하는 기업이 통합적이고 체계적인 시스템을 갖출 때, 성공적인 신제품이 나온다는 것입니다.
고객 체험
좋은 예로 삼성은 25년 전 일본 제품을 살 여력이 안 되는 사람들이 어쩔 수 없이 구입하던 메이커에서 벗어나, 누구나 갖고 싶어하는 전자제품 브랜드가 되었습니다.
꿩 대신 닭...
SONY
SAMSUNG
SAMSUNG
이들은 1993년을 기점으로 젊은 디자이너와 관리자를 대거 고용하여 선두 제품을 따라가는 것이 아니라 세련되면서도 대담한 신제품을 선보였습니다.
왜 안따라하니?
SONY
흥! 마이웨이!
소비자를 혁신 운동의 중심에 두고, 이들이 좀 더 나은 체험을 하도록 하여 사람들의 삶을 진정으로 변화시키고자 한 것입니다.

삼성은 체계적인 신제품 개발을 통해 경쟁사였던 소니 매출의 3배를 달성하고, 애플과 어깨를 나란히 하는 스마트기기의 대표 브랜드가 되었습니다.
부럽...
SONY
삼성의 가전제품은 IoT 연결을 통한 확장성까지 갖추고 있는데요. 신제품에 대한 오랜 연구와 투자의 결과물입니다.
냉장고 내부 카메라로 재고와 레시피 확인
격변기의 신제품 개발
불경기가 닥쳐와 기업이 위기를 맞으면 경영진은 신제품 개발에 대한 지원을 가장 먼저 끊으려 할 수 있습니다.
돈을 아껴야 하는데...
헉
NEW
하지만 이는 매우 근시안적인 결정입니다.
당장 돈이 급해서...
미안.
지원중지
어려운 시기에는 신제품 개발에 더욱 많은 투자를 하는 것이 하나의 돌파구가 될 수도 있습니다.
어이쿠 그렇군요.
대부분의 혁신은 손실을 불러오기보다 기업의 경쟁력을 강화하고 미래의 우위를 점하는 데 도움이 되고는 합니다.
애플은 15년 전 가장 어려웠던 시기에도 아이팟, 아이폰, 아이튠즈를 론칭하는 혁신을 이루어 냈습니다.
iPhone
환경이 어떻게 변하든 기업이 성장하기를 원한다면 신제품 개발과 혁신은 계속되어야 합니다.
혁 신

제품수명주기 전략

오랫동안 잘 팔리게 해주세요!
본전은 뽑아야죠!!!
신제품 출시

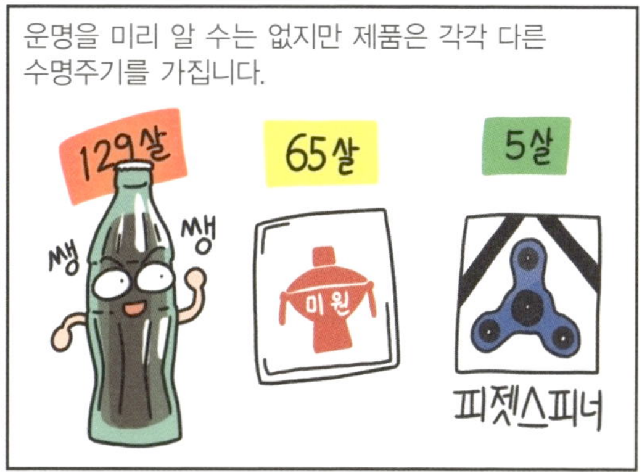

운명을 미리 알 수는 없지만 제품은 각각 다른 수명주기를 가집니다.
129살
쌩
쌩
65살
미원
5살
피젯스피너

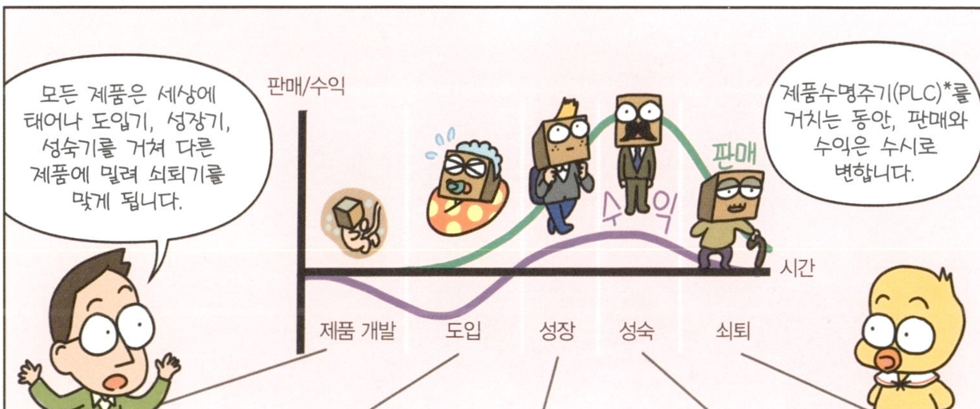

모든 제품은 세상에 태어나 도입기, 성장기, 성숙기를 거쳐 다른 제품에 밀려 쇠퇴기를 맞게 됩니다.
판매/수익
판매
수익
시간
제품 개발
도입
성장
성숙
쇠퇴
제품수명주기(PLC)*를 거치는 동안, 판매와 수익은 수시로 변합니다.

제품 개발	도입	성장	성숙	쇠퇴
기업이 신제품 아이디어를 떠올리고 개발하는 것에서 출발합니다. 개발 중에는 매출이 발생하지 않고 기업의 투자금액만 늘어납니다.	시장에 제품이 소개되어 서서히 매출이 늘어나는 시기입니다. 제품의 시장 도입에 막대한 비용이 들어가기 때문에 순이익이 발생하지 않습니다.	시장에서 제품 수용이 급격히 증가하여 순이익이 발생하는 시기입니다.	제품이 많은 잠재고객에게 이미 받아들여진 상태로, 매출이 주춤해지는 시기입니다. 경쟁에서 살아남기 위해 마케팅비용은 증가하고, 이로 인해 순이익은 현 상태를 유지하거나 감소되기 시작합니다.	매출이 떨어져서 순이익이 감소되는 시기입니다.

* product life cycle

모든 제품이 이 다섯 단계를 따르는 것은 아닙니다.
어떤 제품은 태어나자마자 사라지고,
어떤 제품은 성숙기에 오랫동안 머무릅니다.
100년째 성숙기
전이만~
어떤 제품은 쇠퇴기에 들어섰다가 강력한 촉진정책이나 리포지셔닝을 통해 다시 성장기로 돌아갑니다.
리포지셔니이이이잉!
이 제품수명주기 콘셉트는 각 제품군(휘발유차), 제품 형태(SUV), 브랜드(포드에스케이프)에도 적용이 가능합니다.
제품군
휘발유
전기
디젤
제품형태
픽업트럭
세단
SUV
컨버터블
브랜드
제품군은 수명주기가 가장 깁니다.
많은 제품군의 매출이 성숙기에 오랫동안 머무릅니다.
제품군
반면 제품 형태는 표준적인 PLC 형태를 보입니다.
이제는 사라진 제품들을 떠올려보면 그 시점을 유추할 수 있을 것입니다.
00년대생
저게뭐지?
비디오테이프
다이얼 전화기
특정 브랜드의 수명주기는 브랜드 간 경쟁 상황에 따라 수시로 변합니다.
100년 전에?
한때는 내가 날렸는데…
Fels Naptha
Tide
세제
Fels Naptha
Tide
PLC 콘셉트는 스타일, 패션, 일시적 유행에도 적용해볼 수 있습니다.
스타일은 주택(한옥, 아파트), 복장(정장, 캐주얼), 미술품(사실주의, 초현실주의, 인상파) 등에서 나타납니다.
스타일
한 번 등장한 스타일은 유행을 넘나들면서 세대를 넘어 지속됩니다. 스타일은 몇 번의 주기를 통해 사람들에게 새롭게 관심을 불러일으킵니다.

패션은 특정 분야에서 현재 받아들이고 있거나 인기가 있는 스타일을 의미합니다.
패션
패션은 천천히 성장하고 한동안 인기를 유지하다 천천히 사라집니다.
1990년대까지는 사무직 복장으로 '비즈니스 정장'이 유행했고, 2000년대에는 '비즈니스 캐주얼'이 대세인 것처럼 말이죠.
1990'S
2000'S
일시적 유행이란 소비자의 열광과 즉각적인 제품, 브랜드의 인기에 힘 입어 비정상적으로 높은 매출을 기록하는 것을 말합니다.
일시적 유행
다들 사니까 나도!
'피젯스피너'가 전형적인 예입니다.
누가 요즘 피젯스피너 돌려?
마케터는 PLC 콘셉트를 제품과 시장이 어떻게 움직이는지 설명하는 유용한 툴로 사용할 수 있습니다.
다음의 사항을 유념한다면 말이죠.
각 PCL 단계에서의 매출이나 머무르는 기간 등을 예측하는 것은 힘든 일입니다.
트, 틀릴 수도 있죠.
예측
실제
마케팅전략은 제품수명주기가 생기는 원인이기도 하지만, 결과이기도 합니다.
마케팅전략
제품수명주기
한 제품의 현재 PLC에서의 위치는 가장 좋은 마케팅전략의 지침이 될 수 있습니다.
꾸꾸
OK

이렇게 세워진 마케팅전략은 다음 단계에서도 제품의 성과에 영향을 미칩니다.
오케이 전략대로 되고있어!
마케터는 제품수명주기를 따라가는 것이 아니라 그것을 개척해야 합니다.
수익
+
–
만들어가는 것!
의외의 방식으로 제품을 포지셔닝한다면, 성숙기나 쇠퇴기에 있는 제품이 성장기로 돌아갈 수도 있습니다.
젊어지는 묘약!
포지셔닝
꿀꺽
회
춘!
도입기에 있는 제품을 빠르게 성장기로 진입시킬 수도 있습니다.
제품수명주기의 교훈은 명료합니다. 기업은 끊임없이 혁신해야 하고, 그렇지 않으면 멸종된다는 것입니다.
왜 저렇게 됐대?
혁신을 안 했대, 글쎄~
지금 잘나가는 기업이라고 해도 항상 미래를 준비해야 합니다. 소비자에게 새로운 가치를 가져다줄 새로운 제품을 동력으로 삼아 전진해야겠죠.
이를 위해 기업은 제품수명주기의 단계별로 전략을 세워야 합니다.
지금부터는 각 단계에 알맞은 전략을 알아봅시다.

도입기

신제품이 처음 시장에 출시될 때부터 시작됩니다.
응 애!
제품이 시장에 알려지는 데는 시간이 걸리고, 판매량은 서서히 늘어납니다.
다른 단계와 달리 도입기에서는 낮은 판매량, 높은 유통비용과 홍보비용 때문에 순이익이 적자이거나 낮은 편입니다.
제품개발
도입기
0
유통라인과 재고를 확보하는 데 추가비용이 들기도 하죠.
새로운 제품을 알려야 하기 때문에 광고비도 상대적으로 많이 듭니다.
유통라인
광고비
이 단계에서 기업은 주로 구매할 가능성이 가장 높은 소비자에게 기본형의 신제품을 판매합니다.
NEW
시장 개척자가 주의해야 할 사항은 제품 포지셔닝과 일치하는 출시전략을 세워야 한다는 것입니다.
제품의 전체 수명주기 동안 펼쳐질 마케팅의 중요한 첫걸음이니까요.
척
처음부터 정확한 전략을 세운다면, 시장에서 선두를 사수할 가능성이 높아집니다.

성장기

신제품이 시장에서 인정을 받으면 성장기로 접어든 것입니다.
쑥
쑥
매출은 성장기에 급격히 올라갑니다.
얼리어답터는 계속해서 제품을 구매하고, 그 뒤를 이어 일반 소비자들이 제품을 구매하기 시작합니다. 특히 입소문이 좋을 경우 이런 현상이 두드러집니다.
얼리 어답터
장사가 잘된다는 소문이 나서 새로운 경쟁업체가 시장에 뛰어드는 시기이기도 하죠.
돈냄새가 나는데~
경쟁업체가 새로운 제품 특징을 소개하면, 시장은 더욱 확대됩니다.
경·쟁·업·체
제품이 유통되는 매장 수가 늘어나고 재고 보유량 또한 늘어나기 때문에 매출이 큰 폭으로 올라갑니다.
MART
SALE
판매촉진에 드는 비용은 유지되거나 올라가기도 합니다.
시장에 제품을 더 알려야 하겠지만 경쟁에도 대비해야 하기 때문입니다.
성장기에는 홍보비용이 늘어나지만 생산량이 늘면서 규모의 경제로 인해 이윤은 증가합니다.
이윤
제작비 단가

기업은 이 좋은 시기를 오래 유지하기 위해 제품의 품질을 높이고, 새로운 제품 특징과 모델을 추가합니다.
짠
UP↑
간편소형
다른맛
다이어트
신규 세분시장과 새로운 유통경로로 진출하기도 합니다.
신규세분시장
도입기에는 광고에서 제품을 알리는 데 집중했다면 성장기에는 제품에 대한 확신과 구매를 유도하는 쪽으로 광고의 방향이 바뀝니다.
믿고 쓰는 제품!
더 많은 소비자가 제품을 구매할 수 있도록 가격을 낮추기도 합니다.
지금 구매하시면 놀라운 가격!
12$
9.99$
성장기에 기업은 선택의 기로에 서게 되는데요.
더 많은 투자로 시장에서 지배적인 포지션을 차지하느냐...
VS
현재 수익을 높이느냐...
기업이 다음 단계에서 최대의 이윤을 얻으려면 현 단계에서 최대의 이윤을 포기해야 합니다.
더 큰 이윤을 위해!

성숙기

▼

제품의 매출이 더 이상 늘어나지 않는 시기입니다.
판매
수익
후... 성장판 닫혔다...
이 시기는 대체로 전 단계보다 오래 유지되는 경향이 있습니다.
사람의 일생과 비슷하네요.
청장년

성숙기 제품 관리가 제일 까다로워요.
마케팅 관리자
우리가 아는 대부분의 제품이 성숙기에 놓여있으며, 대부분의 마케팅관리자들은 성숙기의 제품을 취급합니다.
매출 성장률의 둔화는 많은 생산자에게 재고 해결이라는 숙제도 남깁니다.
재고
이때 경쟁자들은 가격을 할인하고, 광고 예산을 늘리고, 여러 버전을 출시하며 공격을 하기에 제품의 수익은 감소됩니다.
약육강식
아이고...
강자만 살아남는다!
우리에게 익숙한 성숙기의 수많은 제품은 오랜 시간 동안 변치 않았던 것 같지만, 사실 소비자의 요구에 부응하기 위해 계속 진화해가며 살아남은 것입니다.
베지밀
제품관리자는 이미 성숙한 제품을 수동적으로 방어하는 것을 넘어, 시장과 제품, 마케팅믹스의 수정을 고려해야 합니다.
시장수정전략은 새로운 사용자나 시장 영역을 찾아내어 소비를 증가시키는 것입니다.
여성용 브랜드에서 남성용 제품을 출시하는 것처럼요.
로레알의 남성용 제품
L'OREAL
MEN EXPERT

기업은 새로운 사용자를 유인하거나 사용빈도를 높이기 위해 품질이나 특성, 스타일, 포장, 기술 플랫폼 같은 것들을 바꾸는 **제품수정전략**을 시도해볼 수 있습니다.
개선
개선
삼성은 셰프 컬렉션에 스마트홈 기기를 탑재했습니다. 앱으로 모든 가전을 통제할 수 있게 한 것입니다.
오븐
20m
마케팅믹스요소를 바꿔 매출을 키우기 위해 **마케팅믹스 수정전략**을 생각해볼 수도 있습니다.
마케팅 담당자
마케팅 믹스
가격을 내리거나, 더 좋은 광고를 만들거나, 중간상 판촉, 가격 할인, 경품, 콘테스트 등의 적극적인 판매촉진을 시도해보는 것입니다.
1등 상품
2등
5명
황금 20돈
3등
200명
140년 전통의 퀘이커 오트밀은 아침식사로 오랫동안 사랑받아왔지만 최근 몇 년 동안 '오트밀 실험'을 통해 확장된 제품으로 진화했습니다.
SIMPLY GRANOLA
GRITS
QUAKER OATS
Chewy DIPPS
이들은 젊은층에게 제품이 더 노출되도록 마케팅 채널을 모바일과 소셜미디어로 확장시켰습니다.
Quaker

쇠퇴기

▼

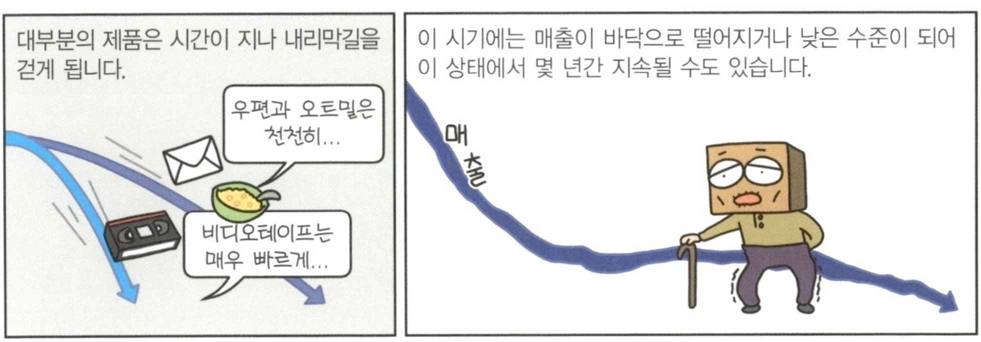
대부분의 제품은 시간이 지나 내리막길을 걷게 됩니다.
우편과 오트밀은 천천히...
비디오테이프는 매우 빠르게...
이 시기에는 매출이 바닥으로 떨어지거나 낮은 수준이 되어 이 상태에서 몇 년간 지속될 수도 있습니다.
매출

매출은 기술의 진보, 소비자 취향의 변화, 치열한 경쟁 등의 이유로 감소됩니다.
시장에서 퇴출되는 기업도 있죠.
쇠퇴기에는 너무 작은 세분시장과 그다지 이익을 내지 못하는 유통경로를 포기하거나, 촉진예산을 삭감하고 가격을 더 내려보기도 합니다.
줄이고
줄이고
시장성이 떨어진 제품을 계속 유지하는 것은 비용 면에서 부담이 되기 때문입니다.
잘나가는 제품을 밀어줘야지, 쇠퇴기 제품 유지에 광고와 영업력을 낭비하면 안 됩니다.
꺼억
배고파요~~
꼬르륵
쇠퇴기 제품의 추락은 기업과 다른 제품의 이미지에도 악영향을 끼칠 수 있습니다. 시장성이 떨어진 제품을 계속 유지하면
대체품을 탐색하는 시점이 늦어지고, 제품믹스의 균형을 망치고, 기업의 미래 거점 확보에도 나쁜 영향을 줄 수 있습니다.
그럼 어떻게 해야 할까요?

쇠퇴기의 제품은 다음과 같은 선택이 가능합니다.

제품 유지

쇠퇴기의 제품을 성장기로 되돌릴 수 있다는 희망으로 리포지셔닝함으로써 브랜드를 유지하기로 결정할 수 있습니다. 앞서 살펴본 레고 그룹의 재기처럼 말이죠.

리포지셔닝

제품 수확

판매가 유지될 것이라는 희망으로 비용을 삭감할 수도 있습니다. 성공한다면 짧은 기간 동안 이윤을 얻을 수 있습니다.

제품 포기

제품을 다른 기업에 통째로 팔아버리는 것입니다. 구매 기업을 찾기 전까지 제품을 축소하지 않고 유지합니다.

제품과 서비스에 있어 추가적인 고려사항

제품 결정과 사회적 책임

마케터는 제품의 인수나 포기를 둘러싼 문제, 특허, 제품의 품질과 안전, 품질보증과 같은 공공정책 관련 내용과 규제에 각별한 주의를 기울여야 합니다.
법!
우리 합병해서 신제품을 팔아보자!
독과점!!
우리 합병하면 점유율 90%야
아, 이 제품은 포기할 거야~
우리는 어쩌고!
판매자
공급자
소비자
고소 할꺼야
잘 팔리네? 베껴서 만들자.
특허법 위반!
카피!
제조사 역시 제품의 품질과 안전에 대한 규정을 숙지해야 합니다.
육류가공업 위생법!
섬유, 화학약품, 자동차, 장난감, 의약품의 경우 안전을 위한 테스트도 받아야 하죠.
안전한가?!
모발 쑥쑥
한해에도 수많은 제조물 책임 소송이 일어납니다.
아이고, 이 제품 때문에 다쳤어요!
너! 고소
쾅

소송을 통해 제조사의 책임이 인정될 확률은 낮지만, 만약 유죄가 결정된다면 엄청난 손해배상금액이 청구될 것입니다.
아이고
한 예로 폭스바겐은 디젤 배출가스 테스트 조작으로 미국에서만 40억 달러의 벌금을 내야 했습니다.
집단소송을 통해 250억 달러를 배상하고 60만 대의 디젤 차량을 리콜해줘야 했습니다. 가장 큰 타격은 소비자의 신뢰를 잃은 것이지만요.
이런 사건은 제조물 책임보험금 액수를 크게 높였고, 늘어난 비용은 소비자에게 전가되기도 했습니다.
또 올랐네...
보험비 좀 대신 내줘...
보험비용
따라서 기업은 위험도가 큰 제품라인은 폐기 처분하고 제품관리인을 고용하기도 합니다.
너무 위험하다... 닫자...

제품과 서비스의 글로벌마케팅

글로벌마케터는 세계 시장에 진출할 때 어떤 나라에 어떤 제품과 서비스를 소개할지 결정해야 합니다.
제품을 얼마나 표준화할지, 혹은 현지화할지를 결정해야 하는 것이죠.
기업 입장에서는 제품의 표준화를 선호합니다.
그냥 똑같이 공급하지 뭐
세계적으로 동일한 브랜드 이미지를 유지하는 데 도움이 되고 지역에 따라 달라지는 사항이 적어서 비용도 아낄 수 있기 때문입니다.
1석2조

하지만 나라마다 선호하는 형태가 다르기 때문에,
개별 시장에 맞도록 변형시키면 시장 간 차이점을
극복할 수 있습니다.
과자를 만드는 기업 레이스는 중국 시장에
진출하면서 중국 소비자의 입맛을 연구하고 오이맛,
레몬티맛, 구운 야채맛, 마라맛 등의 제품을
출시하여
好吃
거대한 중국 시장에서 성장할 수 있었습니다.
전통적으로 은행산업은 세계에 지점을 두고
성장해왔습니다.
전문 경영서비스산업 또한 국제화되고 있습니다.
BANK
소매상은 해외 시장에 가장 늦게 진출한
서비스 중 하나입니다.
MART
포화상태인 자국 시장에서 눈을 돌려
해외 시장을 노린 것입니다.
MART
월마트는 27개국에 진출했고 까르푸는 유럽, 브라질,
아르헨티나에서 최고의 소매점으로 자리 잡았습니다.
1
Carrefour
외국마트 1위
끝

교수의 강의노트

1. 신제품 개발전략

기업은 크게 두 가지 방법으로 신제품을 개발합니다. 첫 번째는 다른 기업의 인수를 통한 것이고, 두 번째는 자체적으로 신제품을 개발하는 것입니다. 여기서는 기업이 신제품을 개발하는 방법에 대해 살펴보도록 할 텐데요. 실제로 많은 신제품 아이디어가 기업 내부에서 나오고 있습니다.

기업은 경쟁사의 제품을 관찰하고 소비자의 불편 사항, 유통업자 및 공급업자로부터 아이디어를 흡수합니다. 때로는 소비자의 아이디어 및 제안을 받아들이거나 그들을 신제품 개발 프로세스에 직접 참여시키기도 합니다. 오늘날 많은 기업이 크라우드소싱(crowdsourcing) 또는 개방형 혁신 신제품 아이디어 프로그램을 개발하여 매우 다양한 사람들을 신제품 개발에 참여시키고 있습니다.

2. 신제품 개발과정과 관리

기업의 신제품 개발은 크게 다음 그림과 같은 순서로 이루어집니다. 아이디어 생성부터 선별 등을 거친 신제품은 최종적으로 테스트마케팅을 통해 더욱 구체화되고, 상품화되어 마침내 시장에 출시됩니다.

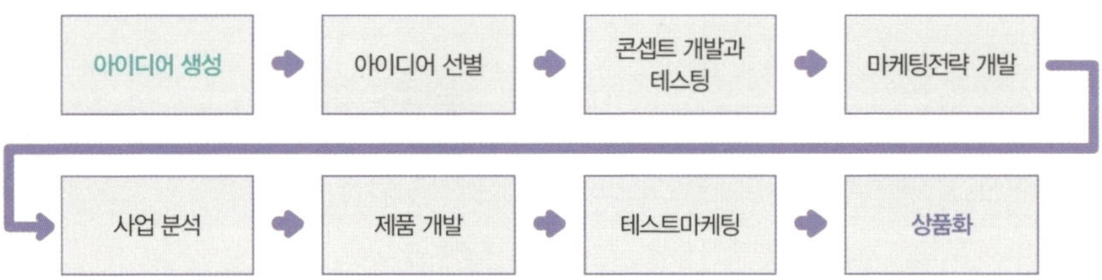

신제품 개발의 주요 단계

성공적인 신제품 개발을 위해서는 단순히 이러한 과정을 거치는 것뿐만 아니라, 추가적인 관리가 필요합니다. 기업은 신제품 개발에 있어 소비자의 만족을 우선으로 해야 하며(소비자 중심의 신제품 개발), 사내 각 부서가 협조하여 개발이 효율적으로 진행되게 해야 하고(팀 기반의 신제품 개발), 혁신제품 관리시스템과 같은 체계를 갖추어야 하며(체계적 신제품 개발), 대내외적으로 큰 어려움이 찾아오더라도 혁신의 끈을 놓지 말아야 할 것입니다(격변기 신제품 개발).

3. 제품수명주기 전략

한 제품은 고유의 제품수명주기(poduct life cycle, PLC)를 갖고 있습니다. 제품수명주기별로 나타나는 특징을 살펴보면 다음과 같습니다.

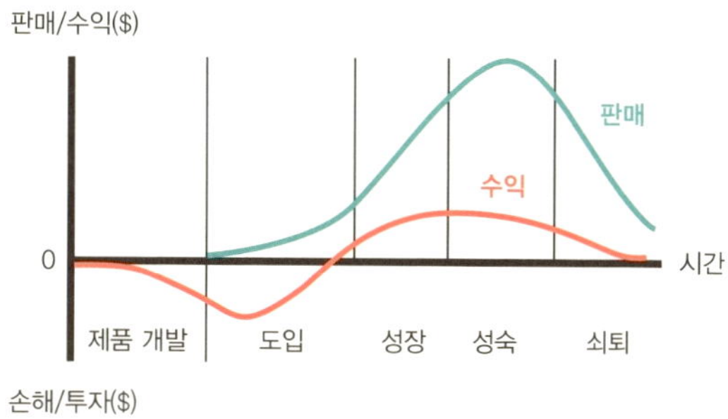

제품수명주기

- 제품 개발: 기업이 신제품 아이디어를 발견하고 개발시키는 것에서 출발합니다. 매출은 일어나지 않고, 투자만 일어납니다.
- 도입: 시장에 제품이 소개되면서 매출이 서서히 일어납니다. 도입 자체에 큰 비용이 들어가기 때문에 순이익이 발생하지는 않습니다.
- 성장: 시장에 제품이 수용되면서 순이익이 발생합니다.
- 성숙: 잠재고객이 제품을 받아들인 상태로, 매출이 주춤합니다. 경쟁 때문에 마케팅비용이 늘고 순이익은 상태를 유지하거나 줄어듭니다.
- 쇠퇴: 매출이 떨어지면서 순이익이 줄어듭니다.

제품수명주기별 특징과 전략

구분	도입기	성장기	성숙기	쇠퇴기
판매율/비용	낮음/고비용	빠른 성장/평균	최대/저비용	감소/저비용
소비자 유형	혁신소비자	조기수용자(얼리어답터)	다수의 중간층	최후수용자
마케팅 목표	제품 인식 및 시험 사용 유도	시장점유율의 극대화	시장점유율 방어 및 수익 극대화	지출 감수 및 브랜드 회수

4. 제품과 서비스의 추가 고려 사항

기업과 마케터는 제품과 서비스를 출시할 때 다음과 같은 내용을 고민해야 합니다.

- 제품에 대한 사회적 책임: 마케터는 기업의 합병 및 인수 시 제품의 처리 문제, 특허권이나 품질 및 안전에 관한 문제, 제품 보증 등과 관련된 정책 및 규제에 관해 고려해야 합니다.
- 제품과 서비스의 글로벌 마케팅: 오늘날 마케터는 어떤 나라에 어떤 제품과 서비스를 판매할지 결정해야 합니다. 보통 기업은 하나의 표준화된 제품을 세계 각국에 출시하는 것을 선호하는데요. 경우에 따라서는 개별 시장에 맞추어 제품을 변형시켜야 할 수도 있습니다.

TEST

스스로 정리하기

CHAPTER 3 신제품 개발과 제품수명주기 전략

1 다음 그림의 빈칸 a에 들어갈 내용으로 알맞은 것을 골라봅시다.

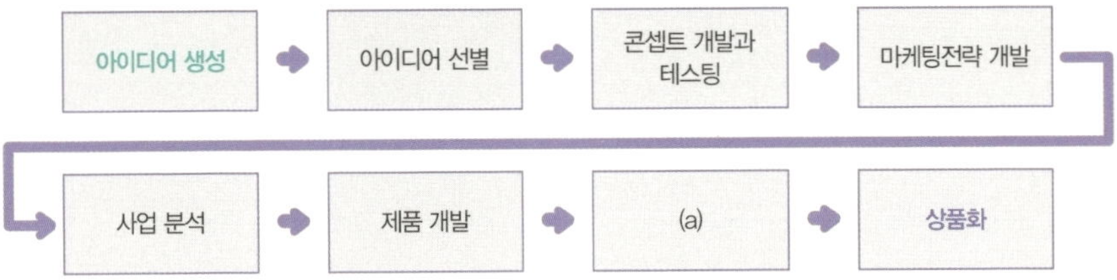

① 제품 소개 ② 제품 테스트 ③ 소셜 마케팅 ④ 테스트마케팅

2 다음 글에서 설명하는 제품수명주기로 알맞은 것을 골라봅시다.

- 투자비용이 들어간다.
- 매출이 발생하지 않는다.

① 도입 ② 쇠퇴 ③ 제품 개발 ④ 아이디어 발상

3 다음 글에서 설명하는 제품수명주기로 알맞은 것을 골라봅시다.

- 매출이 떨어진다.
- 순이익이 줄어든다.

① 도입 ② 성장 ③ 성숙 ④ 쇠퇴

4 제품의 수명주기 중에서 주로 성장기에 제품을 계속해서 구매하는 소비자의 유형으로 알맞은 단어를 골라봅시다.

① 혁신소비자 ② 얼리어답터 ③ 최후수용자 ④ 다수의 중간층

정답: 1 ④ 2 ③ 3 ④ 4 ②

5 혁신적인 신제품과 서비스를 만들어내는 일에서 소비자가 할 수 있는 역할을 적어봅시다.

6 신제품 개발과정에서 사업 분석 단계가 중요한 이유를 정리해봅시다.

7 상품이나 서비스가 쇠퇴기에 들어섰을 때, 기업이 어떤 선택을 할 수 있는지 생각해봅시다.

8 다음 용어를 인터넷 또는 책에서 찾아 그 뜻을 확인해봅시다.

도입기
마케팅전략 개발
사업 분석
상품화
성숙기
성장기
소비자 중심의 신제품 개발
쇠퇴기

스타일
신제품 개발
아이디어 생성
아이디어 선별
일시적 유행
제품 개발
제품수명주기
제품 콘셉트

콘셉트 테스팅
크라우드소싱
테스트마케팅
팀 기반의 신제품 개발
패션

RT 2

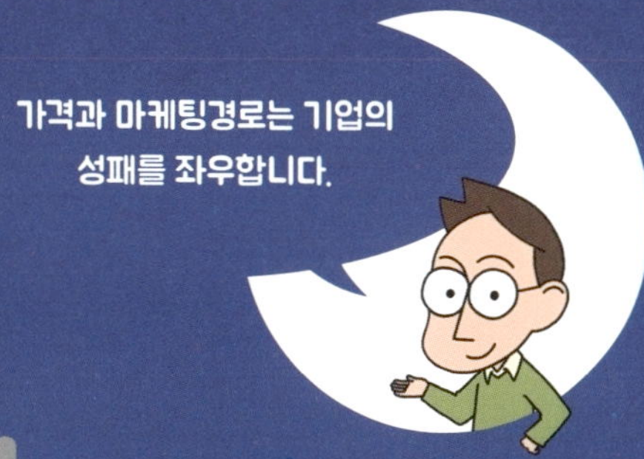
가격과 마케팅경로는 기업의
성패를 좌우합니다.

가격과 마케팅경로

PA

LEARNING OBJECTIVE

- 마케팅에서 가격을 결정하는 것의 중요성에 관해 알아봅니다.
- 주요 가격결정전략을 학습하고, 기업의 가격결정에 영향을 미치는 요인들을 살펴봅니다.

KEYWORD

가격 / 가격결정 / 가격탄력성

가격은 마케팅믹스 4p 중 두 번째로 주요한 도구입니다. 효과적인 제품개발, 촉진, 유통이 사업성공을 위해 씨를 뿌리는 것이라면, 효과적인 가격결정은 수확을 거두는 것입니다.

CHAPTER 4

가격결정: 고객가치의 이해와 포착

와, 아이폰은 이렇게 비싼데도 신제품이 출시될 때마다 난리네요.
999$
1등이다!!!
애플은 업계 평균가격보다 3배 높은 프리미엄가격정책으로 유명합니다.
이렇게 비싼데 날개 돋친 듯 팔리는 이유가 뭘까요?
왜?!
가격표만 들여다보면 인기의 이유를 알 수 없죠.
짠~
저희가 중요하게 생각하는 것은 가격이 아니라 사용자가 제품을 통해 더 나은 생활을 할 수 있느냐입니다.

대부분의 기술 기반 기업들이 사용자환경을 꽉 채워 출시하는 반면, 애플은 첨단기술이 사용자의 일상에 쉽게 접목되도록 노력하며
고객의 취향을 저격하는 제품을 선보이고 있습니다.
그래, 내가 원하던 게 바로 이거였어!
그 결과, 애플이라면 기꺼이 지갑을 여는 열렬한 추종자들이 나타났죠.
믿습니다!
프리미엄가격전략에 힘 입은 애플의 세계 시장 점유율은 15%에 불과하지만, 매출은 51%에 달하는 성과를 일구어냈습니다.
사상 최대 이익 590억 달러,
6년 연속 가장 가치 있는 브랜드 선정
이런게 실속이지.
쩝...
SAMSUNG
SAMSUNG
하지만 최근 애플 매출의 고공행진은 위협에 직면해 있습니다.
아이고~
스마트폰 시장이 포화상태이고 경제불황으로 인해 스마트폰 판매가 둔화되고 있는 데다
NEW
경쟁사들이 비슷한 성능의 스마트폰을 반도 안 되는 가격에 선보이고 있기 때문입니다.
애플 999$
화웨이와 샤오미 150$
Xiaomi
HUAWEI
아이폰은 한때 중국에서 가장 많이 팔리던 스마트폰이었지만 요즘에는 저가 경쟁업체에 밀려 고전하고 있습니다.
큰 차이도 없는 것 같은데 돈을 몇 배나 주고 사야 하나?
999$

애플이나 삼성 폰을 살 돈 없는 소비자들도 최신 기술과 디자인을 누릴 수 있습니다.
샤오미
아시아의 큰 시장에서 애플의 입지는 점점 흔들리고 있습니다.
중국 스마트폰 시장 5위
인도의 애플 점유율 2%
만약 애플이 저가형 제품 출시로 이에 대응한다면 기존의 프리미엄 포지셔닝과 충돌할 것입니다.
저가 모델
프리미엄
따라서 애플은 높은 마진을 포기하지 않고, 보상판매나 약간의 가격 인하로 타협점을 찾고 있습니다.
하, 우리 정말 이런 거 안 하는데... 12년 동안 두 번째야...
질끈
가격 인하
아니?! 애플이 가격인하를?
그러지 말고 저가 모델 좀 출시해주세요~
끙~
맞아
999$라니 너무 비싸요
애플이 프리미엄가격정책을 유지하려면 혁신에서 다시 최고가 되어야겠네요.
혁신만이
혁신
살길이다!!!

전통을 파는 하이엔드 시계 '파텍 필립'

파텍 필립(Patek Philippe)의 슬로건인 'Begin your own tradition'에는 브랜드의 정신이 담겨있습니다. 제품이 아닌 전통을 판다는 파텍 필립은 180년이 넘는 긴 역사에도 창립 이래 지금까지 매출보다는 기술력과 브랜드가치에 중점을 두고 있습니다. 파텍 필립의 시계는 최고의 재료를 사용해 스위스 시계 제작자가 손으로 직접 만들며, 만드는 데 1년 이상의 기간이 걸립니다.

이들은 자신들이 만든 시계가 한 사람의 생애 동안만 유지되는 것이 아니라 가보처럼 다음 세대로 이어진다고 말합니다. 이로 인해 높은 가격에도 불구하고 이 브랜드는 사치품이 아닌 마니아층의 '문화'로서 인정받고 있습니다.

1억

가격이란?

가격이 뭘까요?
물건 값이죠!
네, 가장 좁은 의미에서 가격은 제품에 부과된 화폐량을 말합니다.
조금 더 넓은 의미에서 보면, 가격은 제품의 소유나 사용으로 얻게 될 편익을 위해 고객이 포기하는 모든 가치의 합을 의미합니다.
포기
돈을 여기 쓰면 저걸 못 사지...
습득
기회비용
가격은 소비자의 선택에 큰 영향을 주는 요인입니다.
점점 비가격적 요인의 영향력이 커지고 있긴 하지만
가격은 여전히 기업의 시장점유율과 수익성을 좌우하는 가장 중요한 요소입니다.
가격
수익
마케팅믹스 가운데 가격만이 수익으로 회수되기 때문입니다.
나머지는 돈이 들죠.
배고파요
수익
유통 경로
촉진
제품

가격은 마케팅믹스 요소들 중에서 가장 유연합니다.
제품특성과 유통경로를 바꾸려면 시간이 오래 걸리고 복잡한데, 가격은 즉시 조정할 수가 있습니다.
5$
3$
가격결정은 정말 골치 아픈 과정이에요.
맞아 맞아
하지만 그렇다고 해서 가격결정을 미뤄두고 다른 마케팅믹스 요소들로만 전략을 세울 순 없습니다.
마케팅전략
가격은 기업의 재무 성과에 직접적인 영향을 미칠 뿐만 아니라 전반적인 가치제안의 한 부분을 차지해서
!
고객가치 창출과 고객관계 수립의 핵심적인 역할을 하기 때문입니다.

가격, 이렇게 정합니다

기업은 원가 이하로 제품의 가격을 정하면 수익을 얻지 못합니다. 그래서 원가는 가격을 정할 때 중요합니다. 그러나 모든 마케팅이 그렇듯, 좋은 가격을 정하는 것은 고객으로부터 시작됩니다.

가치기반 가격결정

고객욕구와 가치지각의 평가 → 고객이 지각하는 가치에 상응한 목표가격의 책정 → 발생가능한 원가의 결정 → 바람직한 가치를 목표가격에 전달하기 위한 제품의 설계

주요 가격결정전략

제품원가는 가격의 하한선이 됩니다.
원가 이하의 가격을 책정하면 기업은 이익을 내지 못합니다.
고객의 제품가치지각은 가격의 상한선이 됩니다.
고객이 생각하는 제품가치보다 비싸다면 제품은 팔리지 않습니다.
돈이 안되네
너무 비싸
제품원가
다른 내외부 고려요인
전반적 마케팅전략, 목표
마케팅 믹스 시장과 수요의 성격
경쟁사의 전략과 가격
고객의 가치지각
$
$$
$$$
가격을 정할 때는 내외부의 고려요인들, 즉 전반적인 마케팅전략, 마케팅믹스, 시장과 수요의 성격, 경쟁사의 전략과 가격 등을 고려해야 합니다.

고객가치 기반 가격결정

▼

제품가격이 적당한지 누가 판단할까요?
바로 우리 소비자!
싸
비싸
적당
적당
심사위원
다른 마케팅믹스와 마찬가지로, 가격 역시 고객가치를 염두에 두고 결정되어야 합니다.
고객가치
?
소비자는 제품을 사용함으로써 얻는 편익, 즉 가치를 위해 가격을 지불합니다.
감사
샤워젤
이때 기업은 소비자가 이 편익에 어느 정도 가치를 부여하는지 파악하고 그 가치를 획득하는 수준에서 가격을 책정합니다.
중요
매우중요
덜중요
2$
5$
1$

이를 고객가치 기반 가격결정이라고 합니다.
고객가치기반가격결정
중요
매우중요
덜중요
원가보다는 소비자가 생각하는 가치에 중점을 두어 가격을 책정하는 것이죠.
원가
가치
여기서 잠깐 문제! 마케터는 제품과 마케팅프로그램을 먼저 설계한 다음 가격을 매기면 될까요?
그렇다?
마케팅 프로그램
제품
땡! 가격은 마케팅프로그램이 개발되기 전에 제품의 가치에 영향을 미치는 다른 요소들과 함께 고려해야 합니다.
땡
틀렸네

원가 기반 가격결정

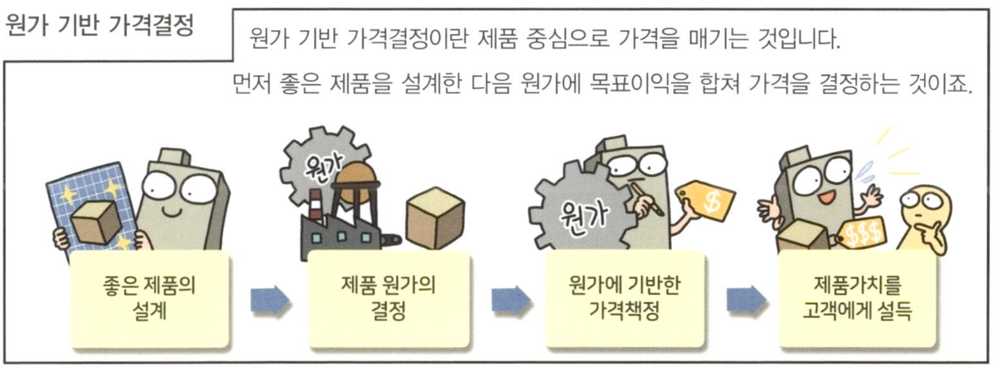
원가 기반 가격결정이란 제품 중심으로 가격을 매기는 것입니다.
먼저 좋은 제품을 설계한 다음 원가에 목표이익을 합쳐 가격을 결정하는 것이죠.
원가
원가
좋은 제품의 설계
제품 원가의 결정
원가에 기반한 가격책정
제품가치를 고객에게 설득

그 후 마케팅을 통해 값어치가 있는 제품이니까 구매할 만하다고 소비자에게 어필하는 것입니다.
제품가치를 고객에게 설득
가격이 소비자에게 너무 비싸게 느껴진다면 기업은 이익을 줄이거나 매출이 줄어드는 것을 받아들여야 합니다. 두 가지 방법 모두 수익이 줄어들게 만듭니다.

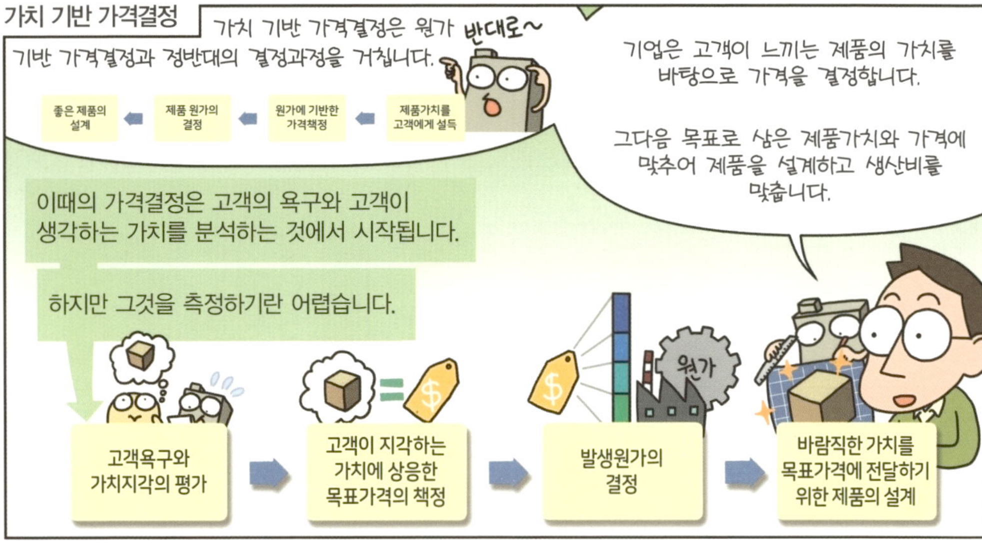
가치 기반 가격결정
가치 기반 가격결정은 원가 반대로~ 기반 가격결정과 정반대의 결정과정을 거칩니다.
좋은 제품의 설계
제품 원가의 결정
원가에 기반한 가격책정
제품가치를 고객에게 설득
기업은 고객이 느끼는 제품의 가치를 바탕으로 가격을 결정합니다.
그다음 목표로 삼은 제품가치와 가격에 맞추어 제품을 설계하고 생산비를 맞춥니다.
이때의 가격결정은 고객의 욕구와 고객이 생각하는 가치를 분석하는 것에서 시작됩니다.
하지만 그것을 측정하기란 어렵습니다.
원가
고객욕구와 가치지각의 평가
고객이 지각하는 가치에 상응한 목표가격의 책정
발생원가의 결정
바람직한 가치를 목표가격에 전달하기 위한 제품의 설계

한 예로 고급 식당에서 메뉴 하나에 들어가는 재료비를 계산하는 것은 쉬운 일입니다.
하지만 음식의 맛, 환경, 기분 전환, 대화 등에서 나오는 만족도를 숫자로 계산하기란 어렵습니다.
소비자들은 측정하기 어려운 주관적 가치를 토대로 가격을 평가하기 때문에 기업은 이를 측정하기 위해 노력해야 합니다.

기업은 조사를 통해 소비자들이 얼마를 지불할 의향이 있는지, 이런 저런 가치를 추가하면 얼마를 더 낼 수 있는지 파악하거나
$
$$

실험을 통해 소비자가 생각하는 가치를 알아볼 수 있습니다.

소비자가 생각하는 가치보다 비싼 가격을 매기면 매출이 오르지 않을 것이고
안사!
싼 가격을 매기면 판매는 잘 되더라도 수입은 줄어들 것입니다.
싸다
사자!!
저렇게 팔려도 돈이 안되네...
우수한 가치에 상응한 가격결정
계속되는 불경기로 인해 소비자들은 같은 값이라도 더 가치 있는 제품을 원하고 있습니다.
가성비
따라서 마케터들은 합리적인 가격과 좋은 품질, 좋은 서비스를 적절히 조합하는 가격결정전략을 채택하고 있습니다.
합리적가격+좋은품질
이 정도면...
이러한 전략을 우수한 가치에 상응한 가격결정*이라고 부릅니다.
이 전략은 대부분 유명 브랜드에서 상대적으로 저렴한 제품을 시장에 선보일 때 사용됩니다.
NEW
벤츠 준중형 세단인 CLA 클래스의 합리적인 가격
가치상응 가격결정방식이 이용되는 다른 경우는 같은 가격에서 더 나은 품질을 추가 제공하는 경우나 더 저렴한 가격에 같은 품질을 제공하는 것입니다.
대표적인 예로는 알디 슈퍼마켓 체인의 항시저가가격정책*을 들 수 있습니다.
ALDI

* good-value pricing

* everyday low pricing, EDLP

항시저가가격정책은 세일을 거의 하지 않고 항상 저렴한 가격으로 판매하는 것을 말합니다.
No 세일
No 광고
오로지 싼 가격!
ALDI
반면, 고–저 가격정책*은 특정 세일 상품을 판촉하며 소비자를 끌어들입니다.
그밖의 제품은 좀비싸지만...
5$
3$
오늘의 특가!!! 선착순 100명!!!
백화점들이 주로 이 전략을 많이 사용하고 세일, 선착순 특가, 신용카드 할인을 제공합니다.
부가가치 가격결정
저희가 더 저렴해요!
우리도 가격을 낮춰야 하나?
솔깃
경쟁사
이때 기업은 부가적 특성과 서비스를 추가하여 제품을 차별화하고 경쟁사보다 비싼 가격을 납득시키는 방법을 택하기도 합니다.
가격은 같지만 더 좋은걸 줄게!
이것을 부가가치가격결정*방식이라고 합니다.
AMC 영화관이 불황에도 입장료를 낮추거나 서비스를 줄이는 대신 고급 서비스를 제공하는 프리미엄 상영관을 선보인 것처럼요.
여기서 영화 보면 딴 데선 못보실걸요?
amc

* high-low pricing

* value-added pricing

원가 기반 가격결정

▼

고객이 생각하는 가치를 가격의 상한선으로 하고 원가를 제품가격의 하한선으로 정하는 것입니다.
가치
원가
$
$$$
원가 기반 가격결정에서는 제품을 생산·유통·판매하는 데 드는 비용에 기업의 노력과 위험부담비용을 더하여 가격을 매깁니다.
원가
$

낮은 원가를 실현해낸다면 경쟁제품보다 낮은 가격을 제시하여 높은 판매량과 이익을 얻을 수 있습니다.
우르르~~
와싸다~
원가
원가
하지만 애플, BMW, 스타인웨이 같은 기업들은 의도적으로 원가를 높게 잡고 더 높은 가격과 마진을 추구합니다.
원가
최고의 부품으로
장인이 한땀 한땀
우리는 수작업으로 만들기 때문에 생산비용이 많이 든다고.
8,700$
납득되네…
소비자가 높은 가격에 납득하는 것은 기업이 제품원가와 가격 간 차이를 잘 관리했기 때문입니다.
이 정도라면 비쌀 만하지!
원가 유형
총원가는 주어진 생산수준을 실현하는 데 드는 고정비와 변동비를 합한 것입니다.
변동비
고정비
총원가
고정비(간접비)는 생산량 혹은 매출 수준에 따라 변하지 않는 비용을 말합니다.
임대료
광열비
이자
월급
변동비는 생산 수준에 따라 달라지는 비용입니다.
총비용은 생산량이 늘어남에 따라 달라집니다.
비용
변동비
고정비
총비용
생산수준
생산원가가 경쟁사보다 높다면 가격이 상대적으로 비싸질 수 밖에 없고, 이러한 제품을 경쟁사와 같은 가격으로 판다면 기업의 이익이 줄어 들겠죠.
메롱
원가

생산수준에 따른 원가 변동
LG전자가 하루 1,000대의 태블릿을 생산할 공장을 건설했다고 가정하고, 생산량과 원가의 관계를 알아봅시다.
LG
그래프에 나타난 것처럼 적은 생산량에서는 한 대당 원가가 높지만, 생산량이 늘어나 1,000대를 생산할 때까지 생산비용이 계속 낮아집니다.
단위당 원가
1,000
하루생산량
한정된 규모를 가진 공장의 원가 변화
왜죠?
고정비가 더 많은 생산량에 배분되어 일정한 양을 생산할 때까지는 고정비가 차지하는 비중이 낮아지기 때문이죠.
고정비
개당 고정비 = 1 / 생산량
하지만 하루 생산량이 1,000대가 넘어가게 되면 공장의 효율성이 떨어져 평균비용이 올라갑니다.
1,000
하루생산량
앙...
1,000대
기계가 돌아갈 때 작업자들이 할 일이 없거나, 많은 생산으로 기계가 고장나거나 하는 문제로 효율성이 떨어지기 때문입니다.
윽 생산량 소화가 안돼...
이를 한 눈에 보여주는 것이 바로 단기평균비용곡선*입니다.
외우자.
SRAC
한 예로 태블릿의 인기가 높아져 하루 2,000대는 팔릴 것으로 예상된다면 더 큰 규모의 공장을 건설해야 합니다.
1,000대
2,000대
이렇게 하면 보다 효율적인 설비와 작업과정이 갖춰져 하루 2,000대를 생산하는 데 드는 단위당 비용이 하루 1,000대를 생산할 때보다 낮아집니다.
속시원...
1,000대
2,000대
비용
비용

* short-run average cost, SRAC

3,000대를 생산할 수 있는 공장이 더 효율적이라면 4,000대를 소화할 수 있는 공장은 어떨까요?
더 효율적이지 않을까요?!
1,000
2,000
3,000
4,000
공장의 규모가 너무 커지면 규모의 비경제성으로 인해 관리해야 할 인력이 너무 많아지고 많은 서류 작업으로 인해 실제 작업이 지체되면서 효율성이 오히려 떨어집니다.
가상의 생산공장에서는 수요가 보장된다면 하루 3,000대의 생산을 하는 공장이 최적의 규모라고 할 수 있습니다.
3,000
규모의 경제
규모의 비경제
단위당 원가
1
2
3
4
SRAC
LRAC*
1,000 2,000 3,000 4,000
하루 생산량
서로 다른 규모를 가진 공장들의 원가 변화
이것도 외우자
* 장기 평균비용 그래프(long-run average cost)
생산경험과 원가의 관계
3,000대의 태블릿을 생산하는 공장을 운영할 경우 시간이 지나면서
공장 직원들의 숙련도가 올라가 작업이 효율적으로 이루어집니다.
이건 이렇게 저건 저렇게 이젠 눈 감고도 하지!
따라서 평균 원가도 하락합니다.
10만 대의 태블릿을 만드는 데 드는 비용이 한 대당 10달러라면, 생산량이 20만 대, 40만 대가 되면서는 평균 원가가 7달러까지 내려갑니다.
어리버리
단위당 원가
10달러
8달러
6달러
4달러
2달러
10만 20만 40만 80만
누적 생산량
능숙
이렇게 생산경험이 누적되면서 평균 원가가 하락하는 현상을 경험곡선*이라고 합니다.
평균 원가
* 학습곡선

그래프처럼 생산량이 많을수록 원가가 빠르게 내려갑니다.
물론 만드는 족족 팔린다는 전제가 있어야 하죠.
원가
진짜 저렇게 다 팔리면 얼마나 좋을까.

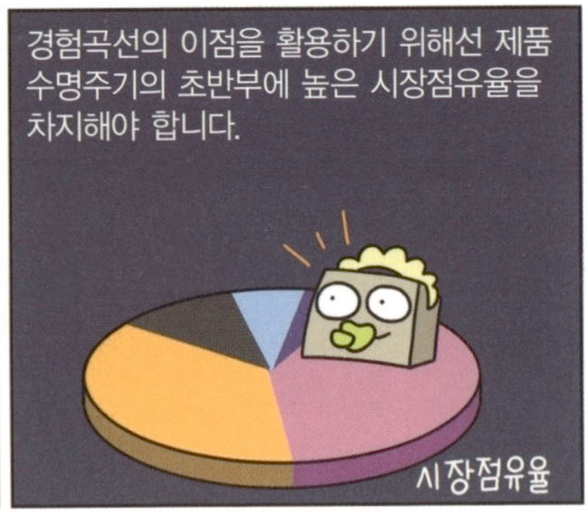
경험곡선의 이점을 활용하기 위해선 제품 수명주기의 초반부에 높은 시장점유율을 차지해야 합니다.
시장점유율

그렇다면 맨 처음

태블릿 가격을 낮게 책정하고 → 판매량이 증가하면 → 더 많은 생산경험이 쌓이면서 원가가 하락하고 → 가격을 더 낮춰 경쟁력을 갖출 수 있게 됩니다.

원가를 낮추고 경험곡선에 의존하는 공식이 항상 작동하는 것은 아닙니다.
다음과 같은 위험성이 있기 때문입니다.
!

1. 공격적인 가격정책은 제품이미지를 저렴하게 만들 수 있습니다.
$
싸구려…

2. 이런 전략이 통하려면 경쟁사들이 가격 인하에 대응하지 않아야 합니다.
내리지 마~
우리가 왜?

3. 대량생산을 하는 동안, 경쟁사에서는 원가를 더 낮춰줄 기술 개발에 성공해 가격을 더 낮출 수도 있습니다.
$$
우리는 기술이 있지롱~
$

원가가산 가격결정
원가가산 가격결정* 혹은 표준마진율가산 가격결정** 방식은 가장 간단한 가격결정방식입니다.
마진
원가
가격

제품의 원가에 업계에서 사용하는 마진을 더한 것을 가격으로 정하는 것입니다.
그냥 더하기만 하면 되는군!
마진
원가
가격

* cost-plus pricing　　** markup pricing

예를 들어 건설기업들은 건설 공사를 수주하면서 예상 총 공사비에 업계 표준의 마진을 더해 시공서를 제출합니다.

원가가산 가격결정방식을 쉽게 이해하기 위해 토스터 제조업체의 예를 들어볼까요?

변동비: 10달러

고정비: 300,000달러

기대판매량: 50,000개

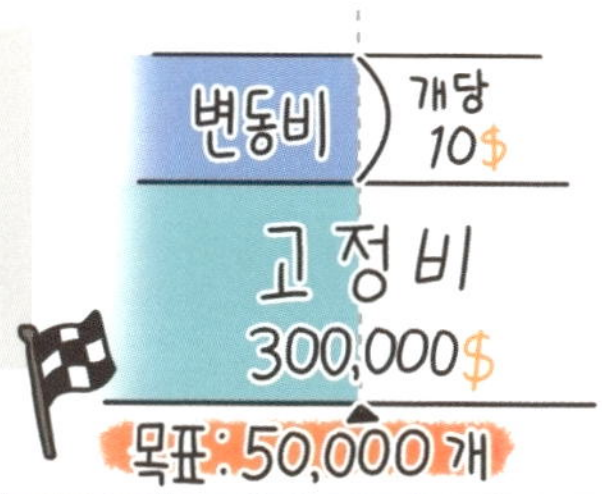

이 같은 조건에서 토스터 한 대당 원가를 구해보면

$$단위당\ 원가 = 변동비 + \frac{고정비}{판매량}$$

$$= 10달러 + \frac{300{,}000달러}{50{,}000} = 16달러$$

16달러가 나옵니다.

이 제조업체가 매출에서 20%의 마진을 얻고 싶다고 가정한다면, 이 제조업체의 제품가격은

$$제품가격(\text{markup price}) = \frac{단위당\ 원가}{(1 - 기대매출수익률)}$$

$$= \frac{16달러}{1 - 0.2} = 20달러$$

20달러가 되는 것이죠.

다시 말해 이 업체는 딜러에게 제품을 대당 20달러에 공급하고 4달러의 이익을 얻습니다.

딜러는 이렇게 공급받은 토스터에 자신의 마진을 더해 소비자에게 판매합니다.

* 딜러의 마진은 100%의 원가대비 마진율

원가가산 가격결정에는 여러 가지 문제점이 있지만 다음과 같은 이유 때문에 판매업체들에게 널리 사용되고 있습니다.

1. 판매자는 수요보다는 원가에 대해 더 확실하게 알고 있습니다.

가격을 원가와 연동시키는 것이 가격결정문제를 단순화시키기 때문입니다. 수요가 변할 때마다 가격을 조정하려면 여러모로 피곤하겠죠.

2. 업계의 모든 판매자들이 같은 가격결정방식을 쓴다면 가격이 서로 비슷해져 가격 경쟁이 최소화됩니다.

3. 많은 사람이 원가가산 가격결정방식이 구매자와 판매자 모두에게 공정한 것이라고 생각합니다.

판매자는 적정 수준의 마진을 얻고, 구매자들의 수요가 많아진다고 해서 마진율을 높이지는 않을 것이기 때문입니다.

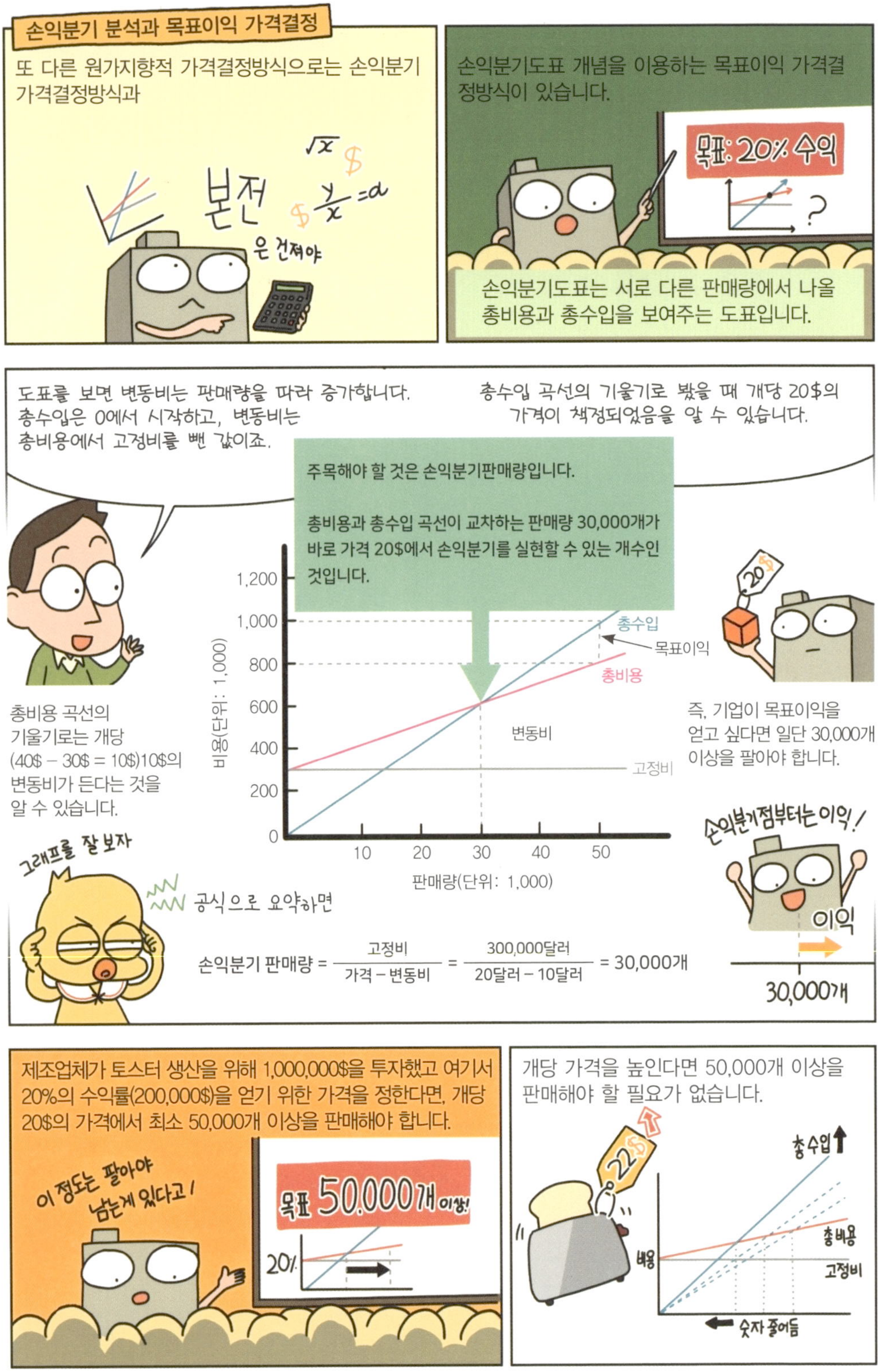

손익분기 분석과 목표이익 가격결정
또 다른 원가지향적 가격결정방식으로는 손익분기 가격결정방식과
본전
은 건져야
손익분기도표 개념을 이용하는 목표이익 가격결정방식이 있습니다.
목표: 20% 수익
손익분기도표는 서로 다른 판매량에서 나올 총비용과 총수입을 보여주는 도표입니다.
도표를 보면 변동비는 판매량을 따라 증가합니다. 총수입은 0에서 시작하고, 변동비는 총비용에서 고정비를 뺀 값이죠.
총수입 곡선의 기울기로 봤을 때 개당 20$의 가격이 책정되었음을 알 수 있습니다.
주목해야 할 것은 손익분기판매량입니다.
총비용과 총수입 곡선이 교차하는 판매량 30,000개가 바로 가격 20$에서 손익분기를 실현할 수 있는 개수인 것입니다.
1,200
1,000
800
600
400
200
0
비용(단위 : 1,000)
총수입
목표이익
총비용
변동비
고정비
10
20
30
40
50
판매량(단위 : 1,000)
20$
총비용 곡선의 기울기로는 개당 (40$ – 30$ = 10$)10$의 변동비가 든다는 것을 알 수 있습니다.
즉, 기업이 목표이익을 얻고 싶다면 일단 30,000개 이상을 팔아야 합니다.
그래프를 잘 보자
공식으로 요약하면
손익분기 판매량 = 고정비 / (가격 – 변동비) = 300,000달러 / (20달러 – 10달러) = 30,000개
손익분기점부터는 이익!
이익
30,000개
제조업체가 토스터 생산을 위해 1,000,000$을 투자했고 여기서 20%의 수익률(200,000$)을 얻기 위한 가격을 정한다면, 개당 20$의 가격에서 최소 50,000개 이상을 판매해야 합니다.
이 정도는 팔아야 남는게 있다고!
목표 50,000개 이상!
20%
개당 가격을 높인다면 50,000개 이상을 판매해야 할 필요가 없습니다.
22$
총수입
총비용
비용
고정비
숫자 줄어듦

하지만 비싸진 가격 때문에 판매량이 줄어들 수도 있습니다.
22$
안사.
14$로 판다면 제조업체는 한 대를 팔 때마다 고작 4$를 회수할 수 있기 때문에 고정비를 충당하고 손익분기를 넘기기 위해서는 매우 많은 토스터를 판매해야 합니다.
비용
총수입
22$
20$
16$
총비용
고정비
30,000
더 많이
판매량
사장님이 미쳤어요~
오 싸다
가격을 낮게 정하면 소비자를 끌어들이겠지만 손익분기에서는 멀어지겠네요.
이거 다 팔아야 집에 가요…
반대로 토스터를 22$에 판다면 대당 12$을 회수하고 손익분기점과도 가까워질 수 있습니다.
한 대만 팔아도
짭짤…
비싸네…
하지만 소비자들은 멀어질 것입니다. 이익도 나지 않고요.
그럼 가장 높은 이익을 내는 가격은 얼마일까요?
6번을 보면… 18$일 때 이익이 가장 높네요!
처음에 목표한 200,000$보다는 낮지만요.
하나 팔리고 안팔리네…
최종 목표이익을 달성하기 위해 제조업체는 고정비 혹은 변동비를 낮춰 손익분기판매량을 낮춰야 합니다.
전기를 아껴야 고정비가 줄지!
OFF
판매량은 수요의 가격탄력성과 경쟁사 가격에 큰 영향을 받습니다.
가격탄력성
VS
탄력성이요?
탄력성에 대해서는 잠시 후 함께 알아봅시다.
그 탄력은 아니고요

서로 다른 가격에서의 손익분기 판매량과 이익(단위: 달러)

(1)	(2)	(3)	(4)	(5)	(6)
가격	손익분기에 필요한 수요량	주어진 가격에서 기대되는 예상수요량	총수입 (1) × (3)	총비용*	이익 (4) − (5)
14달러	75,000	71,000	994,000	1,010,000	−16,000
16달러	50,000	67,000	1,072,000	970,000	102,000
18달러	37,500	60,000	1,080,000	900,000	180,000
20달러	30,000	42,000	840,000	720,000	120,000
22달러	25,000	23,000	506,000	530,000	−24,000

* 고정비는 300,000달러이고, 단위당 변동비는 10달러인 것으로 가정한다.

경쟁 기반 가격결정
경쟁 기반 가격결정은 경쟁자들의 전략, 원가, 가격, 시장제공물을 고려해 가격을 책정하는 것입니다.
경쟁자
원가

소비자들은 비슷한 제품들을 비교하기 때문이죠.

경쟁사들의 가격전략을 평가할 때

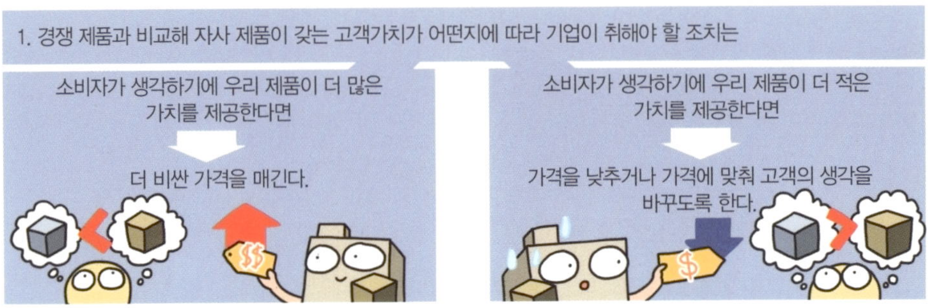
1. 경쟁 제품과 비교해 자사 제품이 갖는 고객가치가 어떤지에 따라 기업이 취해야 할 조치는
소비자가 생각하기에 우리 제품이 더 많은 가치를 제공한다면
더 비싼 가격을 매긴다.
소비자가 생각하기에 우리 제품이 더 적은 가치를 제공한다면
가격을 낮추거나 가격에 맞춰 고객의 생각을 바꾸도록 한다.

2. 경쟁자들이 얼마나 강하고 현재 어떤 가격전략을 펴고 있는지도 분석해야 합니다.
비싸게 파는 소수의 경쟁자가 있다면
낮은 가격으로 경쟁사를 제거한다.
싸게 파는 경쟁자가 많다면
틈새시장을 표적으로 부가가치제품에 높은 가격을 매기는 전략을 사용한다.

CAT의 중장비는 경쟁사들의 장비보다 비쌉니다. 하지만 소비자들은 높은 품질과 탄탄한 지원에서 그만큼의 가치를 찾습니다.
CAT
$$$
$$

기업은 어떤 가격을 매기더라도 그 가격에 맞추어 고객에게 탁월한 가치를 제공해야 합니다.
콜!
$$$

가격결정에 영향을 미치는 다른 기업 내외부의 고려요인

내부요인: 전반적 마케팅전략, 마케팅목표, 마케팅믹스

▼

기업은 가격을 정하기 전 제품에 대한 전반적 마케팅전략을 정해야 합니다.
마케팅전략
목표시장과 포지셔닝을 신중하게 선정하면 그 후 따라오는 가격결정과 같은 마케팅믹스전략의 결정이 쉬워집니다.
스피릿에어라인은 초저가 운임으로 유명한데요. 이들은 주머니 사정에 민감한 합리적인 고객을 노립니다.
초저가
Sprit
고객이 본질적으로 원하는 것에만 돈을 지불할 수 있도록 선택권을 주는 것이죠.
무료 음료도 무료 수화물도 필요없어. 저 도시로 빠르게 이동할 수만 있으면 돼.
알뜰

가격은 기업목표를 실현하는 데 여러 가지 방법으로 쓰일 수 있습니다.

신규 고객을 유인하는 미끼가 될 수도 있고
신규고객
기존 고객을 유지하는 데 사용될 수도 있습니다.
또 경쟁사가 시장에 진입하지 못하도록 낮은 가격으로 방어하거나
낮은 가격

시장을 안정시키기 위해 가격을 경쟁사와 비슷하게 맞출 수도 있습니다.
유통업체와의 관계를 위해, 또는 정부의 개입을 막기 위해 가격을 정책적으로 사용할 수도 있습니다.
반사
브랜드에 활력을 주기 위해 반짝 세일을 할 수도 있고, 제품라인 내의 다른 제품의 매출을 올리기 위해 하나의 제품 가격을 희생할 수도 있습니다.
세일
BRAND
가격은 마케팅목표를 달성하기 위해 사용하는 여러 마케팅믹스 도구 가운데 하나입니다.
가격
이 말은 다른 마케팅믹스 도구들을 어떻게 사용하는지가 가격 결정에 영향을 줄 수 있다는 것입니다.
예를 들어, 고성능 제품으로 포지셔닝되길 원한다면 품질을 위해 생산원가는 높아질 것입니다. 이를 회수하기 위해서는 비싼 가격을 매겨야 합니다.
가격
원가
고성능
$$$
성능
거래하는 유통업체들의 지원을 바란다면 그들을 위한 마진을 더 고려한 가격을 매겨야 할 것입니다.
잘 부탁합니다~
MART
마진
가격은 제품포지셔닝에서 제품의 목표시장, 경쟁자들, 제품 설계를 정의하는 주요 요인이 됩니다.
목표시장
경쟁자
포지셔닝!
제품설계
많은 기업은 판매가격을 먼저 결정한 후 이 가격을 실현할 수 있도록 원가를 관리합니다.
이를 '목표가격실현 원가관리'라고 합니다.
목표가격!
원가 관리
원가

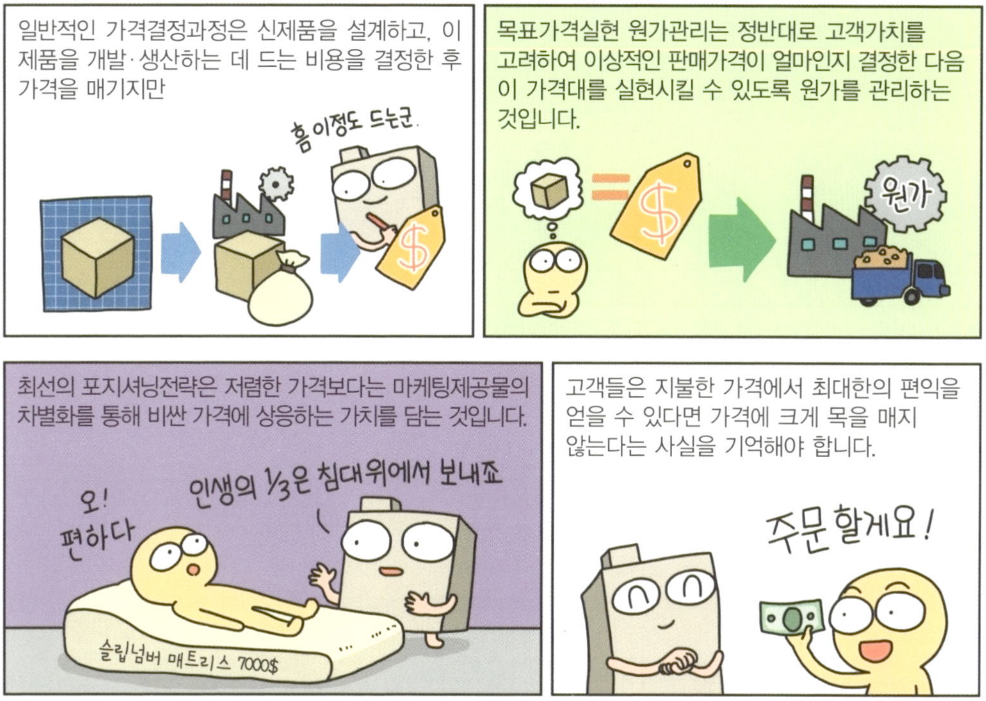
일반적인 가격결정과정은 신제품을 설계하고, 이 제품을 개발·생산하는 데 드는 비용을 결정한 후 가격을 매기지만
흠 이정도 드는군.
목표가격실현 원가관리는 정반대로 고객가치를 고려하여 이상적인 판매가격이 얼마인지 결정한 다음 이 가격대를 실현시킬 수 있도록 원가를 관리하는 것입니다.
원가
최선의 포지셔닝전략은 저렴한 가격보다는 마케팅제공물의 차별화를 통해 비싼 가격에 상응하는 가치를 담는 것입니다.
오! 편하다
인생의 1/3은 침대위에서 보내죠
슬립넘버 매트리스 7000$
고객들은 지불한 가격에서 최대한의 편익을 얻을 수 있다면 가격에 크게 목을 매지 않는다는 사실을 기억해야 합니다.
주문할게요!

내부요인: 조직적 특성

조직 내부에서 어떤 구성원이 가격을 책임지는지 알고있나요?
작은 기업에서는 마케팅부서나 영업부서가 아닌 최고경영자가 가격을 결정하는 경우가 많습니다.
넵.
역시 안목이... 뛰어나십니다
이정도로 하지?
대기업에서는 주로 사업부 혹은 제품라인의 관리자가 가격결정 문제를 전담합니다.
관리자
산업재시장의 경우, 영업사원들이 일정 범위 안에서 고객들과 가격 협상을 하고 해당 사업의 경영자나 영업 담당자가 이를 승인하는 경우도 있습니다.
OK

산업에서, 기업들은 최선의 가격을 책정하기 위해 혹은 가격 책정을 담당하는 직원들을 지원하기 위해 가격 담당 부서를 두기도 합니다.
부탁해요
OK
가격담당부서
가격결정에 영향을 미치는 조직구성원에는 판매관리자, 생산관리자, 재무관리자, 회계담당자 등이 있습니다.
판매관리자
생산관리자
재무관리자
회계담당자

외부요인: 시장과 수요

▼

구매자는 가격과 이를 구매하면서 얻는 편익의 균형을 맞추고자 합니다.
따라서 마케터는 가격과 제품 수요 간의 관계를 이해해고 가격을 책정해야 합니다.

시장 유형에 따른 가격결정

판매자가 가격을 자유롭게 결정할 수 있는지 여부는 시장 유형에 따라 달라집니다.

완전경쟁
밀, 광물, 주식 같은 일용품 시장은 많은 구매자와 많은 판매자로 구성됩니다.
구매자와 판매자 중 누구도 시장가격에 큰 영향을 미치지 못하기 때문에 마케팅조사, 제품 개발, 가격결정, 광고, 판매촉진은 큰 역할을 하지 못합니다.
산지 직송
따라서 판매자들은 마케팅전략 수립에 별다른 투자를 하지 않습니다.

독점적 경쟁

단일 가격이 아닌 범위 내의 다양한 가격으로 거래하는 많은 구매자와 판매자로 구성되어 있습니다.

판매자들이 자신들의 제공물들을 차별화시킬 수 있기 때문에 일정한 가격 범위 내에서 거래가 이루어집니다.

많은 경쟁자가 존재하기 때문에 과점적 시장에 비해 경쟁자의 결정에 영향을 덜 받습니다.

판매자들은 서로 다른 고객 세분시장에 대해 차별화된 제품을 개발하려고 하며, 가격 이외의 마케팅믹스수단으로 브랜딩, 광고, 인적판매를 활용하여 제품을 차별화하고자 합니다.

과점적 경쟁

시장은 경쟁사의 가격전략과 마케팅전략에 민감하게 반응하는 소수의 판매자들로 구성됩니다.

우리나라의 SKT, KT, LG U+는 통신시장의 90%를 차지합니다. 각 기업은 경쟁자의 가격전략과 마케팅에 민감하게 대응합니다.

순수 독점

단 하나의 판매자가 시장을 지배하는 유형입니다.

판매자의 형태는 크게 정부 독점(우체국), 법적 규제에 의해 영리기업이 갖는 독점(KT&G), 혹은 법의 규제 없이 영리기업이 갖는 독점(De Beers 다이아몬드)으로 나누어집니다.

가격-수요 관계의 분석
기업이 책정하는 가격에 따라 수요수준도 달라집니다.
좀 저렴하게?
$$$
$
오 싸다!
가격과 수요 간 관계는 수요곡선으로 살펴볼 수 있습니다.
일반적으로 수요와 가격은 반비례합니다.
가격(P)
수요량(Q)
브랜드의 가격-수요 곡선을 이해하는 것은 좋은 가격결정을 내리는 데 매우 중요합니다.
$
$
콘아그라푸드는 원자재 가격 상승을 이유로 1$로 유명한 냉동식품팩의 가격을 1.25$로 올렸습니다. 소비자들은 이 제품을 외면했습니다.
1$
1.25$
우~~ 안사
ConAgra Foods
매출 하락에 놀란 콘아그라푸드는 해당 제품의 중요한 포인트가 가격이었다는 것을 깨닫고
1.25$
1$
Ooo
ConAgra Foods
다시 가격을 내리면서 용량을 줄이고 원가를 맞추었습니다. 거기에 1.5$~2$짜리 대용량 제품을 추가했습니다.
다시
1$
2$
가격 만족
양 많아 만족
Banquet
NEW
Banquet
MEGA MEAL
기업은 서로 다른 가격대에서 나오는 수요를 추정하고자 합니다.
$$$
$
수요
독점 상황이라면 수요곡선은 명확하게 가격에 따른 수요를 보여주지만 경쟁 상황에서는 경쟁사들의 가격 변동의 영향을 받습니다.
독점
$
$
$
경쟁사
깔끔!
혼돈

수요의 가격탄력성
마케터는 가격 변화에 따른 수요의 변화를 보여주는 가격탄력성의 개념을 알아야 합니다.
탄력성…!
이 탄력이 아니라고요~
가격이 변하더라도 수요가 별로 변하지 않는 경우를 비탄력적이라고 하고 수요가 크게 변한다면 탄력적이라고 합니다.
비탄력적 수요
가격
P₂
P₁
Q₂ Q₁
수요량
탄력적 수요
P'₂
P'₁
Q'₂ Q'₁
수요량
수요가 비탄력적인 경우보다는 탄력적인 경우, 판매자는 가격 인하를 고려할 것입니다.
조금만 내리면…
$
수요
탄력적
가격에 따라 수입이 크게 달라지기 때문입니다.
0.25$
10% 매출 증가
생산비용이 추가 수입보다 많이 드는 게 아니라면 가격인하정책은 효과가 분명합니다.
원가
추가 수입
인하
하지만 지나친 가격인하정책을 펼친다면 제품의 이미지를 쉽게 쓰고 버리는 것으로 만들 것입니다.
싸구려…
추가 수입

뚝심으로 일궈낸 '갓뚜기'

가격 변화에 따라 수요가 요동치는 것 중 하나가 생필품입니다.
그중 라면시장에서 국내 2위의 점유율을 가진 오뚜기는 타사보다 저렴한 가격을 내세우는 마케팅전략을 유지해오며, 착한 기업이라는 브랜드이미지와 갓뚜기(GOD 신 + 오뚜기의 합성어)라는 별명을 얻었습니다.

심지어 경쟁사인 농심에서 라면 값을 올렸을 때도 동결하여 일관된 모습을 보였주었고, 이는 곧 시장점유율에 영향을 미쳐 업계 1위였던 농심과의 격차가 줄어들었습니다. 이것은 가격결정전략이 수요의 가격탄력성이 높은 생필품에서 더 효과적으로 나타나는 것을 보여줍니다.

외부요인: 경제 여건

호황, 불황, 인플레이션, 이자율 등의 경제적 요인은 가격의사결정에 영향을 미칩니다.
$
제품의 가격과 가치에 대한 소비자의 인식, 그리고 생산원가에 영향을 주기 때문입니다.
원가
큰 경제위기가 휩쓸고 지나간 후에 소비자들은 허리띠를 졸라매며 가치에 더 예민해졌습니다.
굶자
아껴야지
경기가 회복되어도 이러한 경향은 계속되고 있습니다. 그 결과 마케터들은 가격과 가치의 균형을 중요하게 생각하기 시작했습니다.
아직 아껴야 해!
$
많은 기업이 가격을 경쟁적으로 할인하여 단기적으로 구매를 유도하지만, 장기적으로 좋지 않은 결과를 가져올 것입니다.
할인은 브랜드의 가치를 떨어뜨리고 한 번 인하된 가격은 올리기가 어렵기 때문입니다.
내렸다가
나중에 올리자
더 할인
브랜드가치
이에 대한 대안으로 제품믹스 내에서 부담 없는 가격대의 품목을 강화하는 방향으로 돌파구를 찾고 있습니다.
$$
$
실속
물론 불황기라 하더라도 소비자들은 가격에만 목을 매는 것이 아니라는 것을 알아야 합니다.
200$나 하는 나이키 운동화는 출시될 때마다 높은 판매고를 기록합니다.
구매 성공
부럽...
제품의 가치와 소유경험을 제공해 이룩한 마니아층의 충성도가 뒷받침되기 때문입니다.
형 믿지?!
무조건 구매!
브랜드가치 신뢰

기타 외부요인

기업은 재판매업자에게 적정 수준의 이익이 돌아가도록 보장하고 판매를 지원해야 합니다.
팔면 얼마 남으니까 열심히 팔아야지!
잘부탁
NEW
정부도 가격결정에 영향을 주는 주요한 외부 요인 중 하나입니다.
사회구성원의 관심사도 고려해야 합니다.
LOVE & PEACE
가격은 기업의 단기적 판매, 시장점유율, 이익목표들이 광범위한 사회적 고려요인에 의해 조절될 수도 있습니다.
MART
가격 책정에서 생각해야 할 공공정책적 이슈들은 다음 장에서 살펴봅시다.
시험보고 가야지.
헉.
끝

교수의 강의노트

최근 가격을 둘러싼 경쟁이 치열해지고 있습니다. 이제 마케터들은 경제 불황, 인터넷의 가격 비교 서비스, 저가로 좋은 물품을 제공하는 대기업 등과의 경쟁에 맞서 가격을 인하하는 방안을 모색해야 하는 상황에 처했습니다. 그러나 가격 인하가 최선의 대안이 될 수는 없습니다. 가격을 내리면 브랜드보다 가격이 중요하다는 메시지를 주기 때문에, 브랜드의 가치가 떨어질 수도 있기 때문입니다. 마케팅의 기본은 최저가로 판매하는 것이 아니라, 가치를 판매하는 것임을 잊어서는 안 됩니다.

1. 가격의 이해

가격(price)은 좁은 의미에서 제품 혹은 서비스에 책정되어있는 금액으로 정의할 수 있습니다. 넓은 의미에서는 소비자들이 제품 혹은 서비스를 소유하고 사용하며 얻는 혜택의 대가로 지불하는 가치의 집합이라고 정의할 수도 있습니다. 마케터는 기업이 창출한 고객가치의 대가로, 고객에게서 얼마의 이익을 얻을지 결정해야 합니다.

가격은 마케팅믹스에서 매우 중요한 요소입니다. 다른 마케팅믹스 요소들이 비용을 발생시킨다면, 가격은 유일하게 수익(revenue)을 얻게 해주기 때문입니다.

2. 주요 가격결정전략

가격결정전략은 크게 세 가지로 나누어집니다. 주요 전략별 특징을 살펴보면 다음과 같습니다.

- 고객가치기반 가격결정(customer value–based pricing): 원가보다는 구매하는 사람이 느끼는 가치에 중점을 두어 가격을 책정하는 전략입니다. 이 전략은 또다시 ① 우수한 가치에 상응한 가격결정(품질과 좋은 서비스를 결합하여 적정 가격에 제공)과 ② 부가가치 가격결정(경쟁사의 제품과 부가적인 특성 및 서비스를 다르게 하여 차별화함으로써 비싼 가격을 정당화)으로 나누어집니다.
- 원가기반 가격결정(cost–based pricing): 제품을 생산 · 유통 · 판매하는 데 드는 비용에 적정 수준의 마진을 더해 가격을 책정하는 전략입니다. 기업의 원가는 크게 ① 고정비(간접비라고도 불리며 생산량 혹은 매출에 따라 변동되지 않는 비용)와 ② 간접비(생산수준에 따라 달라지는 비용)로 구성되며 두 가지를 합쳐 총원가(주어진 생산수준을 실현하는 데 드는 총비용)라고 부릅니다.
- 경쟁기반 가격결정(competition–based pricing): 경쟁자들의 전략, 원가, 가격, 시장제공물 등을 고려하여 가격을 책정하는 전략입니다. 이러한 가격결정을 하기 위해서는 우선 ① 경쟁사와 비교해서 자사의 제품이 갖는 고객가치를 검토하고, ② 경쟁자의 능력과 그들이 사용하는 전략을 분석해야 합니다.

3. 가격결정에 영향을 미치는 기업의 내외부 고려요인

기업의 내부와 외부에서 가격을 결정하는 데 영향을 미치는 고려 사항들을 살펴보면 다음과 같습니다.

- **전반적인 마케팅전략, 마케팅목표, 마케팅믹스**: 기업은 가격을 결정하기에 앞서, 전반적인 마케팅전략과 마케팅목표, 마케팅믹스를 구상하여 그에 따라 가격을 결정해야 합니다.
- **조직 내 결정권자**: 기업은 조직 내에서 어떤 구성원이 가격결정에 관한 책임을 질지 미리 정해놓아야 합니다. 소기업에서는 최고경영자가 가격을 결정하는 경우가 흔하고, 대기업에서는 주로 사업부 혹은 제품라인의 관리자가 가격에 관한 문제를 책임집니다.
- **시장의 유형**: 시장의 유형별로 가격-수요의 관계는 달라집니다.
  - 완전 경쟁 시장: 밀, 광물, 주식을 파는 등 구매자도 판매자도 많은 시장입니다. 한 구매자가 시장 가격에 큰 영향을 끼치지 못합니다. 마케팅전략도 영향을 크게 끼칠 수 없어서 판매자들이 마케팅에 많은 노력을 쏟지 않습니다.
  - 독점적 경쟁 시장: 단일 가격이 아닌, 일정한 가격의 범위 안에서 많은 구매자와 많은 판매자가 거래를 하는 시장입니다. 이 시장에는 경쟁자가 많기 때문에, 많은 판매자들이 자신의 제공물을 경쟁자의 것과 차별화하고자 하며 이를 위해 다양한 브랜딩, 광고, 인적 판매를 활용합니다.
  - 과점적 경쟁 시장: 경쟁사의 가격전략과 마케팅전략에 민감한 소수의 판매자들로 구성된 시장입니다. 소수의 판매자만이 존재하기 때문에 각 판매자들은 경쟁자의 전략에 예민하게 반응합니다. 만약 한 판매자가 시장을 지배하고 있다면, 그러한 형태를 순수 독점(pure monopoly)이라고 부릅니다.
- **수요의 가격탄력성**: 마케터는 가격 변화에 따른 수요의 변화인 가격탄력성(price elasticity)에 관해 알아야 합니다. 가격이 변해도 수요가 별로 변하지 않는 경우를 비탄력적(inelastic)이라고 하고, 가격 변화에 따라 수요가 크게 변하는 경우를 탄력적(elastic)이라고 표현합니다.
- **가격-수요 관계의 분석**: 가격과 수요의 관계도 중요한 고려요인입니다. 책정된 가격과 이로 인해 발생한 수요수준 간의 관계는 수요곡선(demand curve)을 통해 살펴볼 수도 있습니다.
- **경제 여건**: 호황이나 불황, 인플레이션, 금리 등의 요인도 가격결정에 영향을 미치는 요인입니다. 불황에 한 번 내린 가격은, 차후 경제가 회복되더라도 인상하기가 쉽지 않으므로 기업은 가격 인하에 관한 결정을 신중하게 내려야 합니다.
- **기타 외부요인**: 위와 같은 요인 외에도 재판매업자들의 마진율, 정부 정책, 사회구성원의 관심사 역시 가격결정의 고려 대상이 될 수 있습니다.

스스로 정리하기

CHAPTER 4 가격결정: 고객가치의 이해와 포착

1 다음 글의 빈칸에 공통으로 들어갈 알맞은 단어를 골라봅시다.

> 기업에게 가격 인하가 최선의 대안일 수는 없다. 가격을 내리면 고객에게 ______보다 가격이 중요하다는 메시지를 주어, ______의 가치가 떨어질 수 있기 때문이다.

① 수익 ② 혁신 ③ 브랜드 ④ 고객만족

2 다음 글의 빈칸에 들어갈 알맞은 단어를 골라봅시다.

> 가격은 마케팅믹스에서 매우 중요한 요소이다. 다른 마케팅믹스 요소들이 비용을 발생시킨다면, 가격은 유일하게 ______을(를) 얻게 해주기 때문이다.

① 성과 ② 성장 ③ 수익 ④ 총수익

3 빈칸에 들어갈 알맞은 단어와 다음 글이 설명하는 가격결정전략이 바르게 연결된 것을 골라봅시다.

> 제품을 생산 · ______ · 판매하는 데 드는 비용에 적정 수준의 마진을 더해 가격을 책정하는 전략

① 제작 – 원가기반 가격결정 ② 유통 – 원가기반 가격결정
③ 제작 – 고객가치기반 가격결정 ④ 유통 – 고객가치기반 가격결정

4 다음 글이 설명하고 있는 시장의 유형으로 알맞은 것을 골라봅시다.

> 시장 내 경쟁자가 많아, 판매자들이 자신의 제공물을 경쟁자의 것과 차별화하고자 노력한다.

① 완전 경쟁 시장 ② 순수 독점 시장
③ 독점적 경쟁 시장 ④ 과점적 경쟁 시장

정답: 1 ③ 2 ③ 3 ② 4 ③

5 가격이란 무엇이며, 그것이 중요한 이유를 적어봅시다.

6 가격을 결정할 때 마케터가 고려해야 할 사항을 정리해봅시다.

7 가격을 결정할 때 마케터가 고려해야 할 이슈들을 간략하게 적어봅시다.

8 다음 용어를 인터넷 또는 책에서 찾아 그 뜻을 확인해봅시다.

가격
가격탄력성
경험곡선(학습곡선)
고객가치기반 가격결정
고정비(간접비)
목표가격실현 원가관리
경쟁기반 가격결정
변동비
부가가치 가격결정
손익분기 가격결정(목표이익 가격결정)
수요곡선
우수한 가치에 상응한 가격결정
원가가산 가격결정
원가기반 가격결정
총원가

LEARNING OBJECTIVE

- 신제품을 출시했을 때 사용할 수 있는 가격전략을 살펴봅니다.
- 가격결정에 영향을 미치는 사회적·법적 이슈를 알아봅니다.

KEYWORD

할인 / 공제 / 준거가격

앞 장에서 우리는 가격이 주요
마케팅 도구가 된다는 것을 배웠습니다.
이제 가격결정 시 추가적으로 생각해야 할 요소들에
대해 살펴볼 것입니다. 신제품 가격결정전략,
제품믹스 가격전략, 가격조정전략, 가격대응전략
등의 전략단계 그리고 가격결정과 공공정책
사이의 관계가 바로 그것입니다.
$
$

CHAPTER 5

가격결정전략: 추가적 고려요인

월마트는 소매업계에서 대적할 상대가 없는 강자였습니다.
온라인 시장을 지배한 아마존이 나타나기 전까지는 말이죠.
연 매출 5,592억 달러
Walmart
온라인은 내가 꽉 잡고 있지!
연 매출 3,861억 달러
amazon
온라인 쇼핑은 이제 일상이 되어 전체 소매 매출에서 온라인 매출이 차지하는 비중은 점점 더 커지고 있습니다.
2024년까지 21.8%에 도달할 것으로 예상
온라인 쇼핑
전체소매매출
코로나19로 더 성장?!
월마트는 미국 온라인 상품판매의 무려 45%를 차지하는 아마존을 상대로 도전장을 내밀었습니다.
e
amazon

아마존은 오프라인 점포를 운영하는 데 드는 비용이 거의 없습니다. 신속하고 효율적인 배송과 빅데이터로 얻은 고객의 인터페이스와 같은 IT기업의 강점도 갖고 있죠.
온라인 시장
소매업계의 일인자인 월마트도 온라인 쇼핑시장의 패권에 도전하고 있습니다.
월마트
쿵
쿵
월마트는 비록 늦게 온라인 시장에 뛰어들었지만 소매시장에서 얻은 힘으로 추진력을 낼 수 있지!
나눠먹자!
미국의 국민마트로서 전국에 많은 점포수와 고객들을 거느린 월마트는 그들의 점포에서 배송이나 픽업서비스를 제공하기 시작합니다.
주문은 온라인에서~픽업도 가능!
픽업야
PICKUP
또 약점이었던 전자상거래부문을 M&A를 통해 보완합니다.
잘부탁해
온라인과 오프라인의 장점을 결합해 차별적 서비스를 제공하죠.
jet
그 결과 많은 고객들이 온라인 쇼핑에서 월마트를 이용하는 것도 선택지에 넣기 시작했습니다.
아마존은 다 좋은데 장보기는 좀
가지마~~
신선식품 등의 장보기가 어렵다면 우리도 이쪽 기업을 인수하면 되지!
amazon go
홀푸드 인수와 오프라인 매장 운영
WHOLE FOODS MARKET
온라인 시장에서 승리를 쟁취하기 위한 가장 중요한 무기는 저가격입니다. 거기에 더해 상품구성, 편의성, 구매체험을 제공해야 합니다.
뭐니뭐니해도 저가격이 최고!

신제품 가격전략

가격결정은
제품수명주기
제품라인 간의 관계
원가와 수요의 변화
경쟁환경
…에 따라 다른 전략을 택해야 합니다.
먼저 제품수명주기에서 신제품의 가격은 두 가지 전략 중에서 선택할 수 있습니다.
$$$
초기 고가격전략
$
시장침투전략

초기 고가격전략

신제품 출시로 초반에 최고의 수익을 올리기 위해서는 가격을 높게 책정해야 겠지요.
$$$
이것을 **초기 고가격전략**이라고 합니다.
599$
아이폰이 처음 출시되었을 때의 가격전략이 대표적이죠.
아이폰 출시가격 599$ 살 사람은 사!
6개월 후
최고사양 비싼 가격 > 중간사양 중간 가격
자, 8GB모델은 399$
우르르르
초기에 높은 가격을 매기고 점차 가격을 다변화하면서 최대한의 수입을 끌어내는 전략입니다.
$$$
$$
$

이를 위해서는 세 가지 조건이 뒷받침되어야 합니다.

1 품질과 제품의 이미지가 좋아서 비싸더라도 많은 사람들이 그 제품을 원해야 합니다.
$$$
2 소량생산에 드는 비용이 비싸면 안 됩니다.
생산비
$$$
생산비용 > 고가격책정의 이점
3 경쟁사들이 시장에 낮은 가격으로 쉽게 진입할 수 없어야 합니다.
$
품질
$$$

시장침투 가격전략

▼

처음부터 저가격을 책정하여 빠른 속도로 시장에 깊게 침투하는 것이 시장침투 가격전략입니다.
믿을 수 없는 가격!
$
많은 수의 구매자를 초반에 빠르게 끌어들여 시장점유율을 확보하는 것이죠.
$
시장점유율
아마존은 IoT플랫폼에 더 많은 사용자를 유인하는 전략으로 에코닷 스마트 스피커를 부담없는 가격에 판매합니다.
단돈 50$!
IoT
오 싸다!
일단 아마존 제품으로 IoT기기를 접하게 된다면 경쟁사보다 아마존 콘텐츠를 추가로 구매할 가능성이 높기 때문입니다.
알렉사, 영화 좀 찾아줘
아마존에서 구입가능한 맞춤형 영화 리스트입니다.
아마존 스마트 스피커를 가진 사람들이 아마존닷컴에서 66% 더 많은 돈을 소비

시장침투 가격전략이 효과를 거두기 위해서는

시장이 가격에 매우 민감해서 싼 가격이 시장성장의 기폭제가 되어야 합니다.
싸다! 사자!
너도 나도
$
판매량이 증가하면서 생산원가와 유통비용도 함께 내려가야 합니다.
생산원가
$
저가격이 경쟁사들의 진입을 막는데 도움을 주어야 하며, 시장침투가격을 선택한 기업이 저가격 포지션을 계속 유지해야 합니다.
$$
$ 저가격
그렇지 않으면, 저가격으로 얻은 우위는 잠시뿐입니다.

제품믹스 가격전략

제품은 단일 제품보다는 제품믹스를 이루는 경우가 많습니다.
앞서 배웠죠
전체 제품믹스의 이익을 극대화하기 위해 제품의 가격결정전략을 짜게 됩니다.
이때 가격결정은 수요와 원가의 조건과 경쟁수준 등이 서로 다르기 때문에 매우 복잡해집니다.
$
$ $
$
?
$
마케터

제품라인 가격결정

▼

제품라인을 몇 개의 가격대로 구분하고 이에 따라 제품들을 분류해야 합니다.
$$$
$$
$
분류 기준은 라인 내 제품들 간의 원가차이, 서로 다른 제품특성들에 대해 고객들이 느끼는 가치의 차이가 됩니다.
$$$
$$
$
미스터 클린 세차서비스는 가장 저렴한 브론즈 패키지부터 세차에 광택과 방수코팅까지 추가된 최고가 플래티넘 패키지까지
CASCADE OF Clean
CARNAUBA WAX WATERFALL
플래티넘
골드
실버
기본세차
브론즈
각 패키지 간의 차이가 확실한 4단계 가격대별 서비스를 제공하고 있습니다.

사양제품 가격결정

▼

우리가 흔히 "옵션"이라고 부르는 판매가격 책정입니다.
아하.
*optional product pricing
주력제품에 추가하여 제공되는 사양제품에 따라 가격이 달라집니다.
대표적으로 승용차에 추가되는 내비게이션, 선루프 등을 예로 들 수 있습니다.
기업은 어떤 품목을 기본가격에 포함시키고, 어떤 품목을 사양제품으로 제공할지 결정해야 합니다.
기본가격
옵션

종속제품 가격결정

▼

면도기와 면도날, 비디오게임기와 게임타이틀, 프린터와 토너처럼 주제품과 함께 사용되어야 하는 종속제품을 판매할 때는 종속제품 가격결정을 합니다.
GAME
GAME
주제품을 싸게 팔고 종속제품에서 마진을 남기는 전략입니다.
닌텐도는 스위치비디오 게임기로는 이익을 전혀 내지 못합니다.
기계는 팔아봐야 남는 것도 없어요~
SWITCH
대신 정기 온라인 결제와 게임타이틀 판매를 통해 높은 수익을 거두고 있습니다.
ONLINE
Nintendo Switch Online

어쩐지 캡슐커피머신 가격이 이상하게 싸더라니…
캡슐이 너무 비싸더라구요.
Coffee
Coffee
이렇게 종속제품 가격결정방식을 사용할 때는 주의해야 합니다.
종속제품
갑비싼 종속제품을 어쩔 수 없이 구매하면서 소비자는 배신감을 느낄 수 있기 때문입니다.
배보다 배꼽이 더 크네!
서비스 분야에서는 종속제품 가격결정전략을 이중요율 가격결정방식이라고 합니다.
종속 제품 가격결정
=
이중요율 가격결정
서비스의 가격은 고정된 기본 수수료와 사용량에 따른 변동가격으로 구성되죠.
사용량
기본수수료
놀이공원에서 입장료는 고정된 가격이지만 공원 내 시설과 부대시설은 사용한 만큼 추가로 지불하는 방식이 그 예입니다.
빠른탑승권
입장
음식
사진

줄 서지 않는 특권을 파는 에버랜드의 Q패스

Q
여기부터 2시간
Q

꿈과 환상의 나라, 에버랜드 놀이공원에서 가장 인기 있는 어트랙션 Top 5는 단연 T익스프레스, 사파리월드, 로스트밸리, 판다월드, 아마존 익스프레스입니다. 하지만 가장 인기가 있는 만큼 대기 줄은 항상 있습니다.

에버랜드에서는 일반 이용권에 추가 요금을 내면 줄을 서지 않고 바로 입장할 수 있는 Q패스(Q-PASS)를 함께 판매하고 있는데요. 기다림이 지루하거나 시간이 없는 사람들은 추가 요금을 내더라도 인기 어트랙션을 더 빠르게 즐길 수 있는 Q패스를 기꺼이 구입합니다.

부산물 가격결정

육류, 원유, 농산품, 화학제품 등을 가공 생산하는 기업들은 그 과정에서 부산물을 얻습니다.
버리지 않나요?
주제품의 가격이 경쟁력을 갖도록 부산물에 대한 가격을 책정하는 것을 부산물 가격결정이라고 합니다.
주제품
부산물
$
클리너
사료
향신료
가치가 없어 오히려 처리하는데 비용을 들여야 할 수도 있지만, 부산물을 원하는 시장을 찾아 상당한 이익을 창출할 수도 있습니다.
나에겐 쓰레기지만 다른 사람에겐 보물일 수 있지…
우리는 닭발이랑 기름 많은 부위는 버리는데
돼지고기
EU
우리는 좋아해! 우리한테 팔아!
버리는 부산물을 현금화 할 수 있네요!

묶음제품 가격결정

묶음제품 가격결정은 몇 개의 제품들을 묶어서 할인된 가격으로 판매하는 것입니다.
샴푸
린스
이건 제가 잘 알죠. 세트메뉴!
햄버거, 감자튀김, 음료수 콤보가격
그 외에도 호텔 + 항공 + 입장권 휴가용 패키지, 인터넷 + 휴대전화 + TV 결합상품 등이 있습니다.
묶음 가격은 따로따로 판매하면 안 팔릴 제품도 더 잘 팔리게 할 수 있습니다.
재고 처리에도 좋아요!
재고
이를 위해서는 충분히 매력적인 할인가격을 제시해야겠죠.
샴푸
린스

가격조정전략

할인 및 공제 가격결정

대부분의 기업은 특정 조건을 갖춘 고객들에게 그에 대한 보상으로 할인된 가격을 제공합니다.
할 인
OK
예를 들어 전체 금액을 미리 내는 경우, 많은 양을 한꺼번에 사거나 비수기에 사는 경우가 있습니다.
기업은 더 많은 매출을 유도하고, 고객은 할인받고 윈윈~
할인의 여러 형태들 가운데 하나가 일시불할인입니다. 일시불은 돈을 여러 번에 나누어 내는 할부와 달리 한꺼번에 내기 때문에 할인혜택을 줍니다.
할인OK
호탕하게 일시불!
수량할인은 많은 양을 한꺼번에 사는 고객들에게 가격을 할인해주는 것입니다.
도매가로 드릴 게요

* 현금할인은 여신금융법에 따라 불법이 될 수도 있다.

기능적 할인 혹은 중간상 할인은 거래업체가 판매, 저장, 거래기록 등을 해주는 대가로 할인된 가격에 제품을 납품 받는 것입니다.
납품가 할인 잘부탁해요~
OK
공제는 기본가격 할인의 또 다른 유형입니다. 그중 하나가 중고품 공제입니다.
두껍아 헌집줄게 새집다오~♪
거절한다

중고품을 돌려주고 신제품을
구매하는 고객에게 할인을
해주는 것이죠.
자동차
보상판매
보상판매네요!
촉진공제는 광고와 판매활성화 프로그램에 참여한 거래처들을 보상해주기 위해 가격을 깎아주는 것입니다.
촉진 공제

세분시장별 가격결정

세분시장별 가격결정은 고객, 제품, 위치 등에 따라 기본가격을 조정하는 것입니다.
고객 고객집단별 가격결정은 고객에 따라 동일한 제품에 대해 서로 다른 가격을 매기는 것입니다.
학생입장료
노인 입장료
군인입장료
제품 제품형태별 가격결정은 제품의 형태에 따라 가격을 다르게 매기는 것인데 꼭 원가에 따르지는 않습니다.
예를 들어 뉴욕-런던 간 왕복 이코노미석의 가격이 1,100$인 반면, 비즈니스석은 6,500$ 이상입니다.
이코노미
1,100$
비즈니스
6,500$
비즈니스 승객은 조금 더 여유있는 공간과 고급스러운 음식을 제공받지만 두 좌석 간의 원가를 따지자면 티켓 가격만큼 차이가 나는 것은 아닙니다.
그럼에도 지불여력이 있는 승객은 더 편안한 비행을 위해 추가비용을 기꺼이 냅니다.
어휴, 이제 이코노미는
못 타겠어요.
입지 입지별 가격결정은 고객에게 제공하는 데 드는 비용이 동일한 경우에도 입지에 따라 서로 다른 가격을 책정하는 것입니다. 바로 극장 좌석별로 가격이 다른 것이 그 예입니다.
$
$$
$
$
$

같은 상영관의 같은 영화라도 특정위치의 좌석을 더 선호하기 때문에 가격에 차등을 둡니다.
아이고 목아파
시간
시간별 가격결정은 시즌에 따라, 달에 따라, 주중/주말에 따라, 하루의 시간대에 따라 가격을 다르게 책정하는 것입니다.
비수기특가
싸고 좋다~
세분시장별 가격결정전략이 효과를 거두기 위한 몇 가지 조건들이 있습니다.
시장이 세분화될 수 있어야 하며,
각 세분시장의 수요수준이 서로 달라야 합니다.
무조건 싼 가격
보다 편하고 쾌적한 이동
이코노미
비즈니스
시장을 세분화하고 각 시장의 특징을 파악하는 데 드는 비용이 가격의 차별화를 통해 얻는 추가이익보다 낮아야 합니다.
이득!
시장조사비용 등
추가이익 $
또 세분시장마다 다른 가격을 매기는 것이 합법이어야 하죠.
불법은 아니겠지?
ㅎㅎ
$
$$
세분
세분
가장 중요한 조건은 세분시장 간 가격차이만큼 고객들이 생각하는 가치에도 차이가 있어야 한다는 것입니다.
6,500$
1,100$
비싼 제품을 구매하는 소비자는 그에 걸맞은 가치를 얻고 있다고 여겨야 합니다.
역시 비즈니스석 타길 잘했어
비즈니스
이코노미
부럽...
그렇다고 싼 제품을 사는 사람들이 푸대접 받는다는 느낌을 받게 해서는 안 되겠죠.
이코노미석 탄다고 사람을 짐짝 취급하나?!

심리적 가격결정

▼

가격은 제품에 대해 말해주는 단서가 됩니다.
심리적 가격결정방식을 활용하는 기업들은 제품의 경제적 가치 보다는 가격이 갖는 심리적 효과를 고려합니다.
100$의 가격표가 붙은 향수를 사는 소비자들은 그 제품이 가격에 걸맞은 특별한 무언가가 있을 거라고 생각합니다.
100$
원가 3$
소비자들은 대체로 비싼 제품이 싼 제품에 비해 더 품질이 좋을 것이라고 생각하기 때문이죠.
싼게 비지떡이지
아닌데…
제품을 자세히 살펴보거나 전에 그 제품을 사용해본 적이 있다면 가격만 보고 품질을 판단하지는 않겠지요.
가성비 괜찮은데?
맞아요 저렴
하지만 그런 정보나 전문지식이 부족한 소비자들에게는 가격이 품질의 중요한 단서가 됩니다.
시간당 50$
시간당 500$
500$를 받는 변호사가 더 낫지 않을까…
소비자가 기억 속에 갖고 있는 가격을 준거가격이라고 합니다.
준거가격
가격을 평가할 때 준거가격을 떠올려 싼지 비싼지를 판단합니다.
비싸네

준거가격은 현재의 판매가격을 살펴보거나, 예전 판매가격을 떠올리거나 또는 구매상황을 평가함으로써 만들어집니다.
따라서 판매자는 제품가격을 정할 때 소비자들이 갖고 있는 준거가격에 영향을 미치거나 혹은 이를 활용할 수 있습니다.
3.75$
FLAKES
2.49$
POPS
주력제품이 잘 팔리게 하기 위해서 더 비싸고 안 팔릴 것이 뻔한 제품을 들러리로 배치하는 전략도 세울 수 있습니다.
주력제품매출증가
제빵기 279$
들러리
429$ 고급형 출시
객관적이고 치밀한 조사결과 얻은 정보를 바탕으로 제품에 대해 판단해야 하지만 소비자는 그럴 능력도 의욕도 별로 없습니다.
귀찮아…
오히려 특정 단서들로 가격에 대한 판단을 하기도 하는데 흥미로운 것은 판매자들이 제공하는 세일표시, 최저가 보장, 미끼상품 등에도 영향을 받는다는 것이죠.
세일해요…
사야지.
또 작은 가격차이가 영향을 주기도 합니다.
가격표 맨 끝자리의 9 혹은 0.99는 가격이 할인되었다고 느끼게 해주니까요.
할인점에서 파는 대부분의 물건 값이 9로 끝나는 이유가 있었군요.
하지만 고급 소매점들은 정수로 끝나는 가격을 선호합니다.
₩10,000,000
실제 가격차이는 작지만 심리적 가격 전술이 미치는 영향은 클 수 있습니다.
우르르
1,9$
2$

마트에서 집어드는 과자가 아니라 라식수술처럼 중요한 선택에서 사람들은 299$를 받는 병원과 300$를 받는 병원 중 어느 곳을 선택할까요?
흠……
299 $
300 $
실제 가격차이는 1$에 불과했지만 300$를 받는 병원을 선택하는 사람들이 훨씬 많았습니다.
어쩐지 믿음이 안가… 수술을 잘 할까?
299$
어떤 심리학자들은 아라비아 숫자가 각각 다른 상징성과 시각적 특징을 갖고 있으므로 가격책정에서 이를 고려해야 한다고 주장합니다.
7은 각진 느낌을 주기 때문에 신경에 거슬리는 효과가 있고 8은 둥글고 평평한 느낌을 주기 때문에 진정성의 효과를 줄 수 있지요.
심리학자

가격조정전략의 유형

가격조정전략의 유형과 그에 따른 특징을 정리하면 다음과 같습니다.

전략유형	특징
할인 및 공제 가격결정	일찍 금액을 지불하거나 대량구매를 하는 고객들에게 보상혜택으로 가격을 할인해줍니다.
세분시장별 가격결정	고객, 제품, 구매자의 위치에 따라 서로 다른 가격을 책정합니다.
심리적 가격결정	심리적 효과를 얻기 위해 가격을 조정합니다.
촉진 가격결정	단기적인 매출증대를 위해 일시적으로 가격을 인하합니다.
지리적 가격결정	고객의 지리적 입지를 고려하여 가격을 조정합니다.
동태적 가격결정	개별고객과 상황의 특징에 맞추어 지속적으로 가격을 조정합니다.
해외시장 가격결정	해외시장별로 수출가격을 조정합니다.

촉진 가격결정

촉진 가격결정은 구매에 활력과 압박감을 주기 위해 일시적으로 제품가격을 정가 혹은 원가 이하로 내리는 것입니다.
마지막 기회! 39.99$!
할인 기간 단 2일 남았습니다!
자동 주문 전화 070 3300
번쩍
판매자는 매출을 늘리고 재고를 줄이기 위해 할인을 할 수 있습니다.
팔려라~~
할 인
또한 시즌별로 더 많은 고객들을 끌어들이기 위해 특별이벤트 행사를 합니다.
이벤트 실시!
매출
제조업체들은 경우에 따라 특정 기간에 딜러들로부터 제품을 구매한 소비자들에게 현금 리베이트를 줍니다.
~까지 구매한 고객들에게
현금을 돌려드립니다!
예를 들어, 블랙프라이데이 같은 행사를 통해 파격할인을 하거나 온라인 번개세일 같은 특별 가격할인을 통해
BLACKFRIDAY
UP TO
50%
앗싸, 득템~
SMART TV
50%
49"
TV
바로 구매해야 한다는 심리적 압박감과 구매에 성공했을 때의 뿌듯함을 고객에게 줄 수 있습니다.
어떤 제조업체들은 소비자의 가격부담을 덜어주기 위해 저이자 대출, 제품보증기간의 연장, 무료 유지서비스 등을 제공합니다.
싸게 빌려줄게.
이 돈으로 사요~
소곤
이는 주로 자동차 산업에서 선호하는 촉진도구들입니다.
3년 무상수리
!

촉진 가격결정은 고객들이 구매를 결정하기 어려울 때 도움을 줄 수 있습니다.
무료 데이터에 할인까지 해드립니다!
고민 고민
A통신
그러나 촉진 가격결정이 불러올 수 있는 역효과도 있죠. 매년 크리스마스 전, 소매업체들의 세일전쟁이 벌어집니다.
50%
60%
세일!
우리가 더 싸요!
이때 무차별 할인 폭탄은 가격할인의 체감 효과를 무뎌지게 하고 가격에 대한 혼란을 불러일으킵니다.
블랙프라이데이 때 70%까지 할인했던 건데…
제값 주고 사기 아까워~
너무 자주 할인하고 경쟁사도 이 할인경쟁에 뛰어든다면 촉진 가격정책은 소비자가 세일할 때까지 버티는 촉진민감형고객들을 만들어낼 수 있습니다.
떨어져라 떨어져라
또, 할인 기간이 너무 장기화되면 고객이 생각하는 브랜드 가치가 낮아질 수 있습니다.
또 세일해?
저기 맨날 세일해…
그냥가자
사장님이 미쳤어요
70%
길어지는 불경기에 매출부진을 벗어나기 위해선 이런 촉진 가격정책이라도 실시해야 하는 걸요.
세일 50%
쭈굴…
단기적인 할인 전략이 당장의 수익을 주겠지만,
목표수익
아랫돌 빼서 윗돌 괴기
장기적인 브랜드 이미지를 개선해가는 것도 중요합니다.
우르르
쯧쯧
브랜드 이미지

지리적 가격결정

소비자는 한 곳에서만 제품을 주문하지 않습니다. 특히 온라인 주문과 배송이 일상이 된 지금, 거리에 따른 가격결정은 중요한 문제입니다.
$?

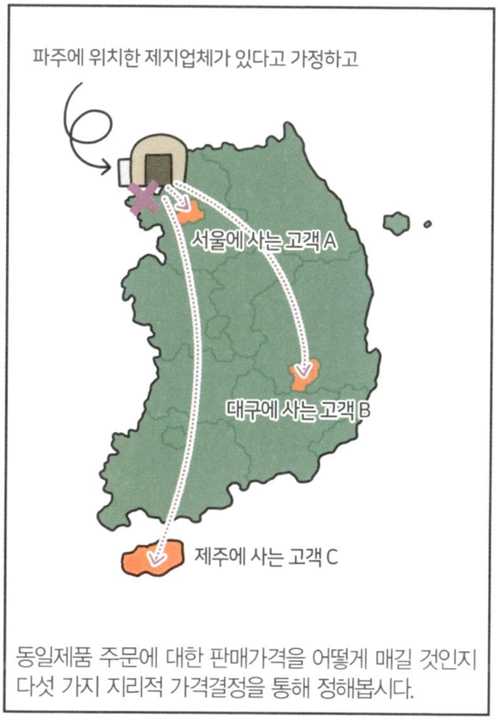

파주에 위치한 제지업체가 있다고 가정하고
서울에 사는 고객 A
대구에 사는 고객 B
제주에 사는 고객 C
동일제품 주문에 대한 판매가격을 어떻게 매길 것인지 다섯 가지 지리적 가격결정을 통해 정해봅시다.

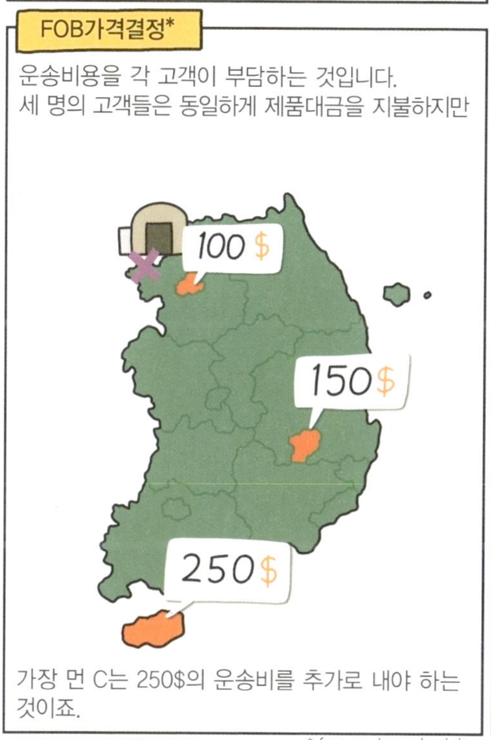

FOB가격결정*
운송비용을 각 고객이 부담하는 것입니다.
세 명의 고객들은 동일하게 제품대금을 지불하지만
100$
150$
250$
가장 먼 C는 250$의 운송비를 추가로 내야 하는 것이죠.

각 고객이 거리에 따른 운송료를 책임지기 때문에 이 방식은 가장 공정하다고 여겨질 수 있지만 먼 거리에 위치한 고객들에게 이 제지업체는 비싼 거래처로 인식된다는 단점이 있습니다.
너무 비싸요~
제주도
운송비
제품가

* free on board pricing

균일가격결정*
FOB가격결정과 정반대의 지리적 가격결정방식입니다.
FOB
균일

이 방식에서 운임은 평균 운송비에서 책정됩니다.
100$
150$
200$
균일가격
150$

A, B, C의 평균 운송비가 150$이라면, A에게는 비싸고 C에게는 저렴한 운송료가 되겠지요.
서울A
비싸!
150$
싸네~
제주C

* uniform-delivered pricing

따라서 A에게는 FOB가격결정을 따르는 업체로부터 종이를 구매하는 것이 이익이고
FOB
주문할게요. 운송비는 FOB방식이죠?
서울 A
균일가격결정으로 하는 업체는 먼 곳에 위치한 고객들을 얻을 가능성이 높아집니다.
제주 C
오, 균일가격결정 업체 발견! 주문 ㄱ ㄱ
균일
구역별 가격결정*
FOB가격결정과 균일가격결정의 중간형태입니다.
FOB
구역별 가격결정
균일
기업은 2개 혹은 그 이상으로 구역을 나눈 다음, 각 구역 내에 위치한 모든 고객에게 단일한 운송비를 책정합니다.
요기까지...
$
$$
$$$
ZONE 가
ZONE 나
ZONE 다
예를 들어 북부, 중부, 남부 구역으로 나눈 다음 각 구역별로 동일한 운송비를 매기는 것이죠.
북부 $
중부 $$
남부 $$$
남부 구역에 속한 고객들 중 중부에 가까운 고객은 불만이 있을 수 있습니다.
여기부터 남부배송비
중부 $$
남부 $$$
거점(기준점)기반 가격결정*
특정 도시를 기준점으로 선정하고 주문지까지 운송하는 데 드는 운임을 고객에게 부담시키는 것입니다.
거점
이때 어디에서 운송이 시작되는지와 상관없이 기준점으로부터 드는 운임을 가격에 포함하기 때문에 모든 판매자가 동일한 기준점을 사용한다면 운임에 따른 가격경쟁은 없을 것입니다.
거점
같은 운송비

* Zone pricing

* basing-point pricing

운송료부담 가격결정*
기업이 특정지역에 위치한 고객과 거래하기를 절실히 원한다면 모든 운송료를 기업이 부담하여 가격을 결정하는 것입니다.
무료배송!
그럼 기업에 손해가 아닌가요?
특정지역에 충분한 수요가 있어서 이 지역의 고객과 거래하면 평균 비용이 하락하고 기업이 부담한 운송료 이상의 보상을 받을 수 있을 때 이 방법을 사용할 수 있습니다.
SAVE
한꺼번에 배송 → 비용↓
충분한 수요
운송료부담 가격결정방식은 시장침투전략을 추구하거나 경쟁이 치열해지는 시장에서 경쟁력을 유지하고 싶을 때 사용됩니다.
무료배송!

* freight-absorption pricing

이커머스 배송의 새로운 고객체험을 만든 '쿠팡'

쿠팡은 신선식품을 포함한 수백만 개의 로켓배송 상품을 19,800원 이상 결제하면, 전국 어디든 1년 365일 무료로 배송해줍니다. 이들은 배송 서비스의 새로운 고객체험을 만들기 위해 인프라와 기술에 상당한 금액을 투자하여, 100여 개의 독자적인 물류센터를 설계 · 구축하고 수백만 개의 제품을 보관합니다. 이는 한국 인구의 70%가 쿠팡 배송센터로부터 10킬로미터 내에 거주하고 배송비 부담을 통해 고객을 확보하는 것을 가능하게 했습니다. 이러한 물리적 인프라는 최첨단 시스템 및 소프트웨어와 접목되어 있습니다. AI와 머신러닝을 이용해 급격한 수요가 발생하기 전에 미리 예측하며, 상품이 필요하기도 전에 물류와 배송 네트워크에 선제적으로 배치합니다. 그리고 기술을 이용해 수억 건의 주문에 대한 동선을 효율적으로 설계합니다.

coupang
무료배송
무료배송
무료배송

이러한 유통 혁신을 이룬 쿠팡도 이커머스 시장의 1인자가 되기 위해 끊임없이 노력합니다. 그중 '무조건 무료배송' 이벤트는 최저가를 검색했지만 막상 주문하려고 보면 배송비가 추가돼 더 이상 최저가가 아닌 경우가 있고, 소비자들은 구매가격의 평균 10%에 해당하는 배송비를 부담하고 있어 최저가 검색에 투자한 시간, 쿠폰 할인, 캐쉬백 등이 무의미해지는 결과가 발생한다며 고객들이 배송비 걱정 없는 쇼핑을 직접 체험해볼 수 있도록 했습니다.

동태적 및 맞춤형 가격결정

모든 구매자에게 똑같은 가격을 받는 고정가격 책정방식은 19세기 말 대규모 소매업태가 생기면서 비교적 최근에 도입되어 지금까지 널리 사용되고 있습니다.
여기서도 3$
저기서도 3$
최근 들어 많은 기업들이 과거의 가격책정방식 즉, **동태적 가격결정**으로 되돌아가고 있습니다.
그때 그때 다르게
바로 개별고객의 특징과 욕구, 상황에 맞추어 계속 가격을 조정하는 것입니다.
인터넷 쇼핑이 발달하면서 이런 유동적 가격결정방식은 점점 보편적인 방법이 되어 갑니다.
39$
48$
25$
가격표를 다시 달지 않고 클릭만 하면 가격을 바꿀 수 있지!
데이터베이스를 통해 고객의 요구를 파악하고 맞춤형 제품을 바로 원하는 가격대에 제공합니다.
너무 효율적인 방법입니다!
마케터
항공사와 호텔부터 스포츠 팀에 이르기까지 다양한 서비스 기업들은 수요와 원가의 변화에 따라 가격을 일별 혹은 시간별로 다르게 구성합니다.
HOT DEAL
마지막 객실 입니다
특가!
80$
잘 활용할 경우 동태적 가격결정은 판매자들이 최적의 매출을 실현하고 고객에게 더 나은 서비스를 제공하는 데 도움을 줄 수 있습니다.
윈윈!
바로 내가 원하던 제품!
하지만 잘못 활용할 경우 출혈적 가격전쟁을 불러올 수 있고 고객의 신뢰를 무너뜨릴 수 있습니다.

아마존에서 마작세트를 구매하려는 이 고객을 볼까요?
마작세트를 사야겠어.
Amazon
54.99$짜리 장바구니 담기 클릭
마작을 하려면 점수판이랑 테이블도 사야겠네.
5
검색
검색
이제 결제를 해볼까?
3
클릭
마저 검색을 하고 장바구니 페이지로 돌아가자 담아두었던 상품의 가격이 54.99$에서 70.99$로 껑충 뛴 것을 발견했습니다.
아니 이게 뭐야?!
70.99$
54.99$
아마존을 규탄한다
이런 체험을 한 고객은 과연 판매자에 대한 믿음을 가질 수 있을까요?
후덜덜 조심해야겠네요.
이렇게 접속 횟수와 수집한 구매자의 구매이력에 따라 다른 가격을 매기는 것은 불법아닌가요?!
억울하겠지만 그렇지는 않습니다.
동태적 가격결정은 기업이 나이, 성별, 입지 혹은 다른 소비자 특징을 기준으로 차별적 대우를 하지 않는 한 합법입니다.
동태적 가격결정
합법
오히려 이를 이용해 여러 판매자를 비교하며 최적의 가격으로 구매하는 알뜰족도 있습니다.
쿠키 지우기는 기본이죠.
소비자가 오프라인 매장에서 제품을 실제로 확인한 다음 더 가격이 저렴한 온라인에서 구입하는 것처럼 매장을 그저 쇼룸으로 사용하는 경우도 많아지고 있습니다.
흠…
비싸네…
됐고…
온라인이 더 싸네

아오 얄미워!
우린 이런 현상을 기회로 만들었지!
주문~
베스트 바이는 오프라인과 온라인의 가격 일치를 보장하고 필요한 물건이 있다면 매장에서 잘 훈련된 직원의 도움을 받아 합리적인 가격으로 바로 구매할 수 있는 매장만의 장점을 어필합니다.
저...
넵!
무엇을 도와드릴까요!
쇼룸에 갔다가 주문하고 기다리고… 그럴 필요가 없습니다! 바로 구매하세요. 당신의 시간은 돈보다 중요하니까요.
맞아…! 시간은 금.
많은 소비자가 베스트 바이의 캠페인에 반응해 휴일 점포방문객이 늘어났습니다. 방문객의 숫자보다도 이를 구매로 전환시키는 것이 중요하겠죠.
BEST BUY

전 세계의 구매자와 판매자를 연결하는 '이베이'

이베이(eBay)는 글로벌 온라인 마켓플레이스에서 경매라는 콘셉트를 도입한 혁신적인 기업입니다. 경매방식은 간단합니다. 온라인으로 제품을 검색하고, 판매자가 정해놓은 시간 전까지 원하는 가격을 적어서 비딩(bidding)하면 자동으로 경매에 참여하게 됩니다. 인기가 있는 제품은 경쟁이 치열한데, 꼭 가져야 하는 제품이라면 비딩 금액을 높게 적는 것(maximum bidding)이 유리합니다.

사실 이케아(IKEA)처럼 멋진 디자인에 기능성을 갖춘 제품을 저렴한 가격에 살 수도 있지만, 그럼에도 소비자가 제품의 가격을 정하고 흥정할 수 있다는 점에서 이베이의 온라인 경매는 흥미롭습니다.

국내에서도 IT 기술이 발전하면서 온라인으로 소비자의 니즈를 충족할 수 있는 온라인 경매가 주목받고 있습니다. 특히, 디지털 접근이 유리한 MZ세대가 적극적으로 참여하면서 온라인 경매는 더욱 활기를 띠고 있습니다. 미술과 재테크를 결합한 아트테크(Art-tech)나 부동산과 기술을 결합한 프롭테크(Prop-tech)가 그 예입니다. 미술품을 단돈 1,000원부터 소비자가 원하는 가격에 투자할 수 있고, 부동산 또한 온라인으로 매물을 확인하고 경매가 가능한 서비스가 활성화되고 있습니다.

해외시장 가격결정

제품을 전 세계에 판매하는 기업들은 모든 국가에 동일한 가격을 매길 수도 있지만
균일가
BOEING
대부분의 기업들은 현지시장의 여건과 원가 등을 고려해 수출가격을 조정합니다.
각 국가별 가격은 경제적 여건, 경쟁상황, 법과 규제, 도소매 시스템의 발달정도 등에 따라 달라집니다.
또 소비자가 원하는 것도 국가마다 다를 수 있습니다.
이메일 기능
메카 나침반 탑재
마케팅 목표는 국가별로 다르게 설정할 수 있고, 그에 따라 가격전략도 달라지겠죠.
선진국 성숙시장 대상 프리미엄 폰
개발도상국 대상 저렴한 폰
$$$
$
프리미엄
경제적
원가도 국제판매가격을 책정하는 데 중요한 역할을 합니다. 미국에서 5.04$인 빅맥이 노르웨이에서는 7.85$에 판매되고
5.04$
7.85$
밀라노에서 1,400$인 구찌 핸드백이 미국에서는 2,400$에 판매될 수 있습니다.
1.400 $
2.400 $
판매가격이 다른 이유는 제품수정, 선적 및 보험료, 수입관세와 세금, 환율, 물류 같은 추가적인 원가 때문입니다.
$
$$
추가 관세
보험료
세금
환율
세금
환율

가격은 새로운 해외 시장에 진입하려는 기업에게 중요한 요소입니다.
폭발적인 경제성장을 하고 있는 중국, 인도, 러시아, 브라질에는 소비력을 지닌 중산층이 늘어나고 있습니다.
기업들은 이들을 타깃으로 큰 수익을 거두었습니다.
짭짤…
BRICS
하지만 경제성장이 더뎌지면서 많은 기업들이 그동안 거들떠보지 않았던 빈곤층으로 관심을 돌리고 있습니다.
빈곤층
빈곤층 시장에서 가격은 마케팅요소로서 더 중요해집니다.
돈이
없어
유니레버는 저개발국가의 부유층을 타깃으로 삼는 대신 어마어마한 인구의 빈곤층 시장에 주목했습니다.
비켜봐요
큰 패키지에 들어있는 제품을 살 여력이 없는 사람들에게 1회용 사이즈의 샴푸, 세제 등을 판매함으로써 이익을 얻고 있습니다.
빈곤층 시장에 접근하기 위해서는 가격을 낮추고 양을 작게 나누는 것 이상의 노력이 요구됩니다.
저소득층 소비자들도 지불하는 가격보다 더 많은 가치를 주는 제품을 원하기 때문이죠.
더 많은 가치!

가격변화

가격변화의 주도

가격인하의 주도
남아도는 생산능력과 수요감소 등의 이유로 기업은 가격을 인하할 수 있습니다.
수요
$
공격적인 가격인하로 매출과 시장점유율을 높여 상황을 극복하는 것이죠.
수요
$
우르르르
기업이 경쟁사보다 싸게 팔 수 있다면 가격을 인하해서 얻은 경쟁력으로 시장을 지배할 수 있을 것입니다.
핫
핫
핫
경쟁력
경쟁력
1
또는 가격인하로 시장점유율을 높이고 생산량을 늘려서 원가를 더 낮출 수도 있습니다.
제품 더 필요해
더 더
시장점유율
ㅇㅋ
규모의 경제!
가격인상의 주도
가격인상에 영향을 미치는 주요 요인의 하나는 원가상승입니다.
원가상승
가격상승
$
원가상승은 이익률에 안 좋은 영향을 주기 때문에 기업들은 이러한 원가상승의 책임을 고객들에게 떠넘기려고 합니다.
이익률
원가상승

또 다른 요인에는 초과수요가 있습니다.
공급이 수요에 비해 턱없이 부족할 때 기업은 가격을 인상하거나, 고객에게 한정된 제품을 판매하는 방법을 사용할 수 있습니다.
줄을 서시오~
딱 100개 한정 판매!
가격을 또 올린다고?! 완전 바가지네! 다시는 내가 구입하나봐라!
뭐 가격을 올린다고?
희번득
정부
노노 치킨
MENU
18,000
22,000
치킨
어떡하죠?! 가격을 안 올릴 순 없는데!
이런 위험성을 피할 수 있는 기법들이 없는 것은 아닙니다. 그중 하나는 가격인상이 공정하다고 여기도록 하는 것입니다.
어디갔어?!
가격인상조치는 가격이 인상되어야 하는 이유를 설득하는 마케팅 커뮤니케이션과 함께 실행되어야 합니다.
원가상승
품질상승
가격상승
납득
그렇다고 하더라도 기업은 최대한 가격을 인상하지 않고 원가상승이나 수요증가에 대처할 수 있는 방법을 고민해야 합니다.
최후의 수단
가격 인상
제품의 일부였던 요소들을 떼어 별도로 가격을 매기거나,
유지
별도 판매
Canon
가격을 그대로 두는 대신, 제품의 크기를 줄이거나 조금 더 저렴한 원료로 바꾸는 방법을 쓰는 것이죠.
아, 그래서 과자크기가 점점 줄어드는 거군요!
가격유지
김치
고춧가루 : 중국산으로 교체
질소를 샀더니 과자를 주네

가격변화에 대한 구매자 반응
소비자는 가격이 오른다고 무조건 외면하거나 내린다고 무조건 환호하는 것은 아닙니다.
안사.
살래!
롤렉스의 신제품이 더 높은 가격으로 출시된다면 소비자는 상반된 반응을 보일 수 있습니다.
기업의 욕심은 끝이 없군.
NEW
50,000 $
더 고급스럽겠네!~ 갖고 싶다.
롤렉스 시계가 가격을 내린다면 또 어떨까요?
오, 구하기 어려운 제품을 싸게 살 수 있는 기회군!
5,000 $
품질이 좀 떨어지나? 수준이 내려가는군.
브랜드의 가격과 이미지는 서로 가깝게 연결되어 있습니다.
가격하락이 소비자가 느끼는 브랜드 이미지에 안 좋은 영향을 줄 수도 있는 것이죠.
가격
이미지
격떨어져요
가격변화에 대한 경쟁사 반응
소비자와 마찬가지로 경쟁사도 기업의 가격인하에 대해 여러가지 반응을 보일 수 있습니다.
에휴
가격인하
가격을 내리다니… 시장 점유율을 확대할 셈인가?
경쟁사
아니면 영업실적이 낮아서 만회하려고…?
아니면 총 수요를 확대하려는 의도일 수도 있어.
경쟁사들이 비슷한 반응을 보일수도, 모두 다른 반응을 보일수도 있습니다.
너무 심각한데?
하지만 일부 경쟁사가 기업의 가격변화에 대처한다면 가격경쟁을 일으킬 수 있고 경쟁사 모두가 손해를 볼 수 있습니다.
그래 우리도...
경쟁사A
우리도!
우리도!

가격변화에 대한 대응

우리 기업이 가격에 변화를 주었을 때 외부의 반응에 대해 알아보았습니다.
그럼 반대로 경쟁사가 가격을 내린다면 우리는 어떻게 대처해야 할까요?
예비 경쟁사
헉

경쟁사가 가격을 변경한 이유가 뭘까? 가격변화가 일시적인가 영구적인가?
우리가 이에 대응하지 않을 경우 우리 시장점유율과 이익은 어떻게 될 것인가?
다른 경쟁사들도 반응할 것인가?

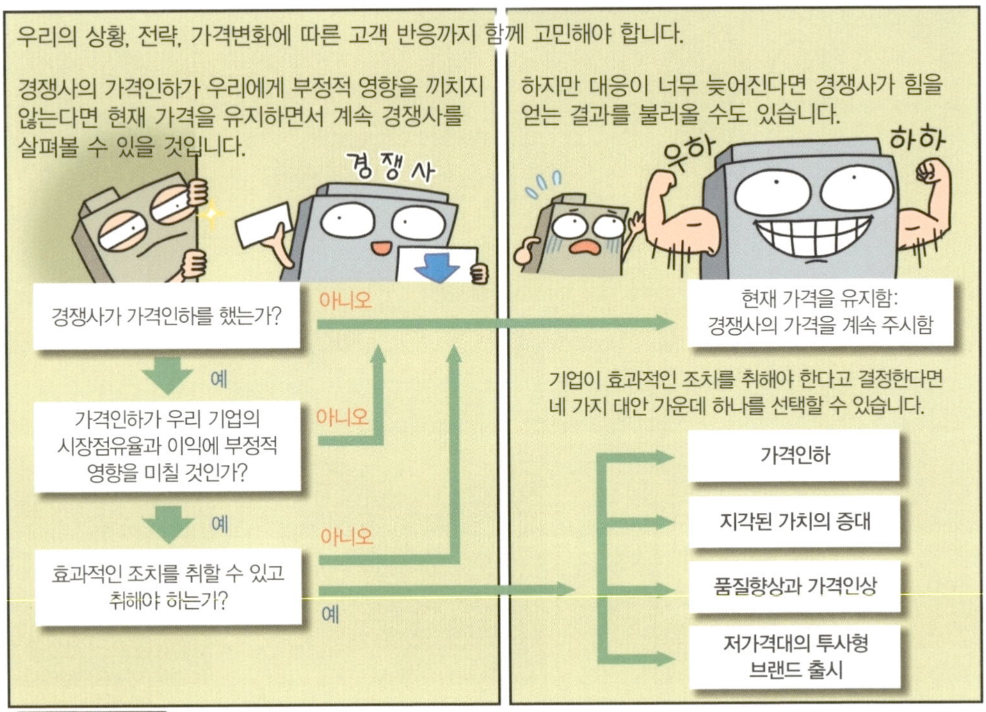
우리의 상황, 전략, 가격변화에 따른 고객 반응까지 함께 고민해야 합니다.
경쟁사의 가격인하가 우리에게 부정적 영향을 끼치지 않는다면 현재 가격을 유지하면서 계속 경쟁사를 살펴볼 수 있을 것입니다.
경쟁사
하지만 대응이 너무 늦어진다면 경쟁사가 힘을 얻는 결과를 불러올 수도 있습니다.
우하
하하
경쟁사가 가격인하를 했는가?
아니오
현재 가격을 유지함: 경쟁사의 가격을 계속 주시함
예
가격인하가 우리 기업의 시장점유율과 이익에 부정적 영향을 미칠 것인가?
아니오
예
효과적인 조치를 취할 수 있고 취해야 하는가?
아니오
예
기업이 효과적인 조치를 취해야 한다고 결정한다면 네 가지 대안 가운데 하나를 선택할 수 있습니다.
가격인하
지각된 가치의 증대
품질향상과 가격인상
저가격대의 투사형 브랜드 출시

가격인하
경쟁사가 가격을 내려 우리의 시장점유율이 떨어질 것으로 예상된다면 가격을 인하할 수 있습니다.
싸다!!!

가격을 내림으로써 수익성은 떨어지고 이를 만회하기 위해 제품품질, 서비스 등을 줄일 수 있지만
수익성
으아아
아아아
서비스
품질

이런 조치는 장기적으로 시장점유율에 부정적 영향을 미칠 것입니다.
따라서 기업은 가격을 내리더라도 품질수준은 유지해야 합니다.
품질유지…
지각된 가치를 높이는 것
마케팅 커뮤니케이션의 개선을 통해 가격을 내린 경쟁사보다 우리 제품의 가치가 더 높다는 것을 강조할 수 있습니다.
경쟁사
품질★
가치★
제품품질을 향상시키고 가격을 인상
제품품질을 높이고 가격을 내림으로써 우리 브랜드를 고가격-고가치 포지션으로 이동시켜 차별화하는 것입니다.
가치
BRAND
가격
품질의 향상으로 가격 인상을 정당화하고 가격 인상은 수익으로 이어집니다.
가격납득
앗싸
저가격대의 투사형 브랜드 출시
기존의 제품라인 속에 저렴한 품목을 새로 추가하거나 별도의 저가 브랜드를 개발해 대응하는 것입니다.
저가의 투사형 브랜드
싸우자!
경쟁사
경쟁사의 가격인하로 잃게 될 특정 세분시장이 가격에 민감하고 품질향상에 별 반응이 없을 때 실시합니다.
품질좋음
최저가
무조건 싼걸로 사죠
저렴한 가격대의 자매제품들은 경쟁사를 견제하면서 매출을 올릴 수 있습니다.
여긴 나한테 맡겨!
하지만 이 투사형 브랜드들이 핵심브랜드의 이미지를 손상시키거나 높은 수익을 내는 브랜드의 매출을 떨어뜨릴 수 있기 때문에 주의해야 합니다.
둘이 똑같은 브랜드 아닌가?
묶어서 도매급으로…
퉤

공공정책과 가격결정

기업이 원한다고 해서 자유롭게 제품가격을 바꿀 수 있을까요?
동작 그만!
삑

소비자를 보호하고 불공정 거래를 막기 위해 수많은 법규들이 존재합니다.

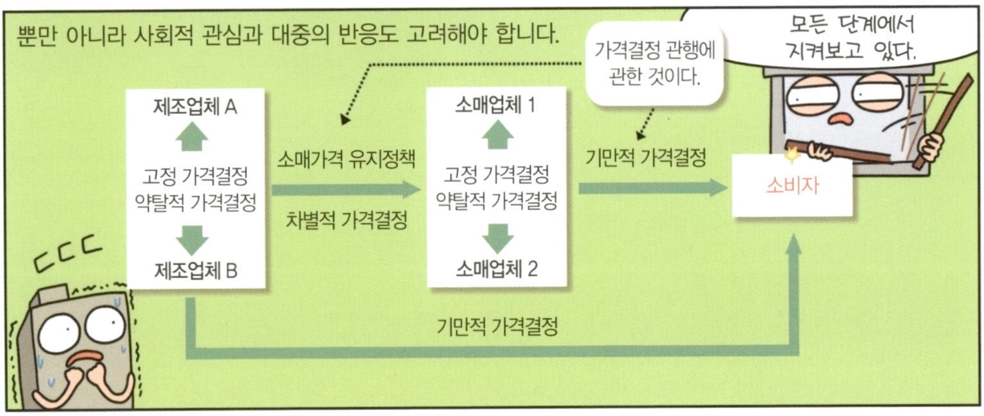

뿐만 아니라 사회적 관심과 대중의 반응도 고려해야 합니다.
가격결정 관행에 관한 것이다.
모든 단계에서 지켜보고 있다.
제조업체 A
고정 가격결정
약탈적 가격결정
제조업체 B
소매가격 유지정책
차별적 가격결정
소매업체 1
고정 가격결정
약탈적 가격결정
소매업체 2
기만적 가격결정
소비자
기만적 가격결정
ㄷㄷㄷ

특정 유통경로단계 내의 가격정책

▼

고정가격정책법규에 의하면 판매자들은 경쟁사들과 의견교환 없이 가격을 책정해야 합니다.
둘이 가격을 맞추자고…
속닥속닥
OK

이를 위반하면 가격담합으로 높은 과징금이 부과될 수 있습니다.
참교육!
과징금
으악

경쟁사에 보복하기 위해 또는 경쟁사를 망하게 하여 시장을 독차지하기 위해 가격을 원가 이하로 책정하는 약탈적 가격 정책 또한 불법입니다.
내가 손해를 보더라도 너는 없애버릴거야!!!
NO!
또한 큰 기업이 영세 기업을 상대로 횡포를 부리는 것을 막기 위함입니다.
하지만 어떤 것이 재고해결을 위한 할인이고 어떤 것이 약탈적 가격정책인지 구분하기는 쉽지 않습니다.
어떻게 증명할거야?!
배째
아마존에서 하는 약탈적 할인으로 우리 다 굶어 죽게 생겼다고!
오해예요.
작은 서점들
amazon

유통경로 전반에 걸친 가격결정

▼

판매자들은 특정 거래 단계에 있는 모든 고객들에게 동일한 가격조건을 제공해야 합니다.
동네 자전거점이든 대형 마트든 같은 가격으로
제조업체
하지만 가격차별이 원가차이에 근거한다는 것을 증명하면 허용됩니다.
마트에 납품하는 제품의 원가가 더 저렴해요.
가격차별, 오케이!
마트용
또 납품하는 제품의 가격차이가 품질차이 때문이고 가격차별화의 목적이 일시적, 국지적, 방어적일 경우 가능합니다.
넹
품질차이
일시적
국지적
방어적

* 미국의 경우

정부는 **소매가격 유지정책**을 금지하고 있는데 이는 제조업체가 소매업체에게 가격을 정해서 그대로 판매하기를 요구할 수 없는 것입니다.
이 가격에 팔아!!!
판매자는 권장소매가격을 제시할 수는 있지만
참고만 하세요.
권장 소매 가격
소매업체에게 원하는 판매가격을 강제하기 위해 납품거부, 고의적 운송지연, 지원금 미지급 등의 불이익을 줄 수는 없습니다.
너 이 가격에 팔라니까 왜 말 안들어, 물건 안준다?
불법!
기만적 가격정책은 실제로 판매되는 가격과 다른 거짓정보로 소비자를 기만하는 것입니다.
소매업체가 일부러 정상가를 비싸게 매기고 그 옆에 세일가격을 표시하는 것처럼 말이죠.
1 판매자는 정상적 소매가격에서 인하된 것이 아니면 가격할인을 광고하지 않아야 하고
원래 가격을 더 높게 매겨서 할인하는 것처럼…
ㅋㅋㅋ
2 판매가격이 실제로 공장도 가격이나 도매가격이 아니면 그런 가격이라고 광고해서는 안 되며
오~
파격
마진
공장도가 그대로!
3 불량품에 대해 정상품을 할인한 가격으로 판매한다고 광고하면 안 됩니다.
멀쩡한 제품이에요.
정부는 정보의 불균형에서 소비자를 보호하기 위해 스캐너 사기처럼 가격입력오류를 가장하여 속이거나
비싼 품목으로 찍어야지~
어. 계산중이야~
삑
싹 다 불법이야!!!
실제 지불해야 할 금액을 속이는 경우를 단속하고 있습니다.
소비자와 공정거래는 내가 지킨다!
끝

교수의 강의노트

가격을 결정하는 일은 기업, 환경, 경쟁요인이 결합된 아주 복잡한 작업입니다. 오늘날에는 환경이 끊임없이 변하기 때문에, 기업에서는 가격의 변화를 어떻게 다루어야 하는지에 고심하고 있습니다.

1. 신제품 가격전략

가격결정은 동적인 과정입니다. 가격결정전략은 대개 제품수명주기 단계에 따라 변화하는데, 다음의 두 전략 중 하나를 채택할 수 있습니다.

- 초기 고가격전략(market–skimming pricing): 기업이 신제품을 기꺼이 구매하려는 고객들로 구성된 세분시장을 표적으로 높은 가격을 책정하는 전략입니다. 출시 초기에 최고의 수익을 올리기 위함입니다.
- 시장침투 가격전략(market–penetration pricing): 신제품의 출시 초부터 낮은 가격을 책정하여 시장에 빠른 속도로 깊게 침투하려는 전략입니다.

2. 제품믹스 가격전략

각 제품이 제품믹스의 일부분일 때, 기업은 전체 제품믹스의 이익을 극대화시킬 수 있는 가격집합을 찾으려고 노력합니다. 제품믹스 가격전략은 크게 다음과 같이 나누어집니다.

- 제품라인 가격결정(product line pricing): 제품라인을 구성하는 품목 간에 서로 다른 가격을 매기는 것입니다.
- 사양제품 가격결정(optional–product pricing): 주제품에 곁다리로 판매되는 사양제품 혹은 부속제품의 가격을 책정하는 것입니다.
- 종속제품 가격결정(captive–product pricing): 주제품과 함께 사용되어야 하는 종속제품, 다시 말해 면도기에 사용되는 면도날 같은 제품들에 대한 가격을 책정하는 것입니다.
- 부산물 가격결정(by–product pricing): 주제품의 가격이 경쟁력을 가질 수 있도록, 부산물의 가격을 책정하는 것입니다. 기업은 때로 폐기물을 현금화함으로써 상당한 이익을 창출해내기도 합니다.
- 묶음제품 가격결정(product bundle pricing): 몇 개의 제품을 묶어서 할인된 가격으로 판매하는 것입니다. 이때 가격은 구매하고 싶어질 만큼 충분히 저렴해야 합니다.

3. 가격조정전략

기업은 세분시장과 상황의 차이를 고려하여 다양한 가격조정전략을 구사합니다. 그중 대표적인 것이 바로 가격의 할인과 공제인데요. 기업은 다음과 같은 조정전략을 통해 기업은 현금할인, 수량할인, 유통기능 수행에 대한(혹은 기능적) 할인, 비수기할인 등의 다양한 가격할인을 제공합니다.

- 할인 및 공제 가격결정: 대금을 일찍 지불하거나 대량구매를 하는 등의 반응을 보인 고객들에게 보상하기 위해 가격을 할인해주는 것입니다.
- 세분시장별 가격결정: 고객, 제품, 구매자 위치에 따라 서로 다른 가격을 책정하는 것입니다.
- 심리적 가격결정: 심리적 효과를 얻기 위해 가격을 조정하는 것입니다.
- 촉진 가격결정: 단기적인 매출증대를 목적으로 일시적으로 가격을 인하하는 것입니다.
- 지리적 가격결정: 고객의 지리적 입지를 고려하여 가격을 조정하는 것입니다.
- 동태적 가격결정: 개별고객과 상황의 특징에 맞추어 가격을 지속적으로 조정하는 것입니다.
- 해외시장 가격결정: 나라별로 수출가격을 조정하는 것입니다.

4. 가격의 변화

기업이 가격의 변화를 생각하고 있다면 우선 고객과 경쟁사의 반응을 고려해야 합니다. 가격 변화에 대한 구매자의 반응은 이러한 가격 변화에 고객들이 부여하는 의미의 영향을 받습니다. 경쟁사의 가격 변화에 대한 기업의 평가와 대응방법은 다음과 같습니다.

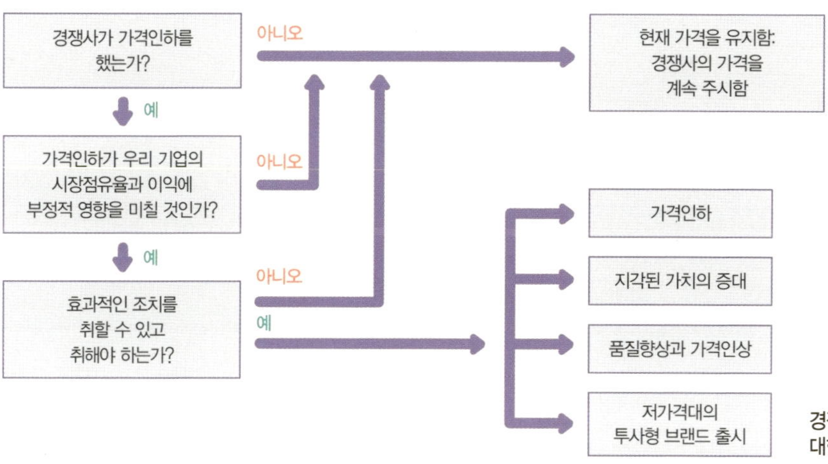
경쟁사가 가격인하를 했는가?
아니오
현재 가격을 유지함: 경쟁사의 가격을 계속 주시함
예
가격인하가 우리 기업의 시장점유율과 이익에 부정적 영향을 미칠 것인가?
아니오
예
효과적인 조치를 취할 수 있고 취해야 하는가?
아니오
예
가격인하
지각된 가치의 증대
품질향상과 가격인상
저가격대의 투사형 브랜드 출시

경쟁사의 가격 변화에 대한 평가와 대응

5. 공공정책과 가격결정

오늘날 기업은 다양한 사회적 이슈를 고려해서 가격을 결정해야 합니다. 가격결정과 관련된 주요 공공정책적 이슈는 특정 유통경로에서 발생되는 불공정 가격관행(예: 고정 가격정책, 약탈적 가격정책 등)과 유통경로 전반에 걸쳐 발생되는 불공정 가격관행(예: 소매가격 유지정책, 차별적 가격정책, 기만적 가격정책 등)을 포함합니다. 여러 법에서 가격결정관행을 규제하고 있기는 하지만, 평판이 좋은 기업과 판매자들은 법에서 요구하는 것 이상으로 좋은 관행을 만들어가고자 노력합니다. 고객을 공정하게 대하는 것은, 강력한 고객관계를 구축 · 유지하는 데 중요한 부분입니다.

스스로 정리하기

1 기업에서 신제품을 출시할 때 선택할 수 있는 두 가지 신제품 가격전략으로 알맞게 연결된 것을 골라봅시다.

① 초기 고가격전략-시장침투 가격전략 ② 후기 고가격전략-고객침투 가격전략
③ 초기 고가격전략-고객침투 가격전략 ④ 후기 고가격전략-시장침투 가격전략

2 다음 글에 나타난 제품믹스 가격전략의 명칭으로 알맞은 것을 골라봅시다.

> 미스터클린(Mr. Clean)에서 고객들은 다양한 패키지 중 하나를 선택할 수 있다. 가장 저렴한 것은 차의 외부만 5달러에 세차할 수 있는 브론즈 패키지이다. 그다음으로 저렴한 것은 12달러에 외부 세차, 광택, 방수서비스를 제공받을 수 있는 골드 패키지이다. 27달러를 내면 내 · 외부 청소, 타이어 광택, 차 하부 부식방지, 표면보호, 공기청정 등을 포함한 시그니처 샤인 패키지를 이용할 수 있다.

① 제품라인 가격결정 ② 사양제품 가격결정
③ 종속제품 가격결정 ④ 부산물 가격결정

3 다음 글에 나타난 가격조정전략의 명칭으로 알맞은 것을 골라봅시다.

> 뉴욕-런던 간 비즈니스석은 이코노미석 가격에 비해 몇 배나 더 비싸다. 하지만 금액을 지불할 여력이 있는 승객들은 한결 나은 안락함과 기내서비스를 제공받기 위해 얼마든지 추가비용을 지불할 준비가 되어있다.

① 촉진 가격결정 ② 심리적 가격결정
③ 해외시장 가격결정 ④ 세분시장별 가격결정

4 다음 중 특정 유통경로에서 발생되는 불공정 가격관행의 조합으로만 연결된 것을 골라봅시다.

① 고정 가격정책-차별적 가격정책 ② 고정 가격정책-기만적 가격정책
③ 고정 가격정책-약탈적 가격정책 ④ 고정 가격정책-소매가격 유지정책

정답: 1 ① 2 ① 3 ④ 4 ③

5 제품수명주기의 단계에 따라 가격전략을 바꾸어야 하는 이유를 설명해봅시다.

6 경쟁사의 가격 변화에 대응할 때 기업이 고려해야 할 요인은 무엇인지 정리해봅시다.

7 유통경로 전반에 걸친 가격결정에서 주요한 정책적 이슈는 무엇인지 생각해봅시다.

8 다음 용어를 인터넷 또는 책에서 찾아 그 뜻을 확인해봅시다.

거점(기준점)기반 가격결정
공제
구역별 가격결정
균일가격결정
동태적 가격결정
묶음제품 가격결정
부산품 가격결정
사양제품 가격결정
세분시장별 가격결정
시장침투가격
심리적 가격결정
운송료부담 가격결정
제품라인 가격결정
종속제품 가격결정
준거가격
지리적 가격결정
초기 고가격전략
촉진 가격결정
할인
FOB 가격결정

LEARNING OBJECTIVE

- 기업이 마케팅경로를 사용하는 이유를 살펴봅니다.
- 기업이 선택할 수 있는 경로의 대안에는 무엇이 있는지 알아봅니다.

KEYWORD

마케팅경로 / 유통경로 / 경로행동

유통을 성공적으로 수행하기 위해서
기업은 자사의 마케팅경로를 효과적으로
운영하는 것뿐만 아니라 경쟁력을 가져야 합니다.
기업은 공급망과 마케팅경로에서 하나의 연결고리일
뿐입니다. 마케팅경로의 본질, 마케터의 경로 설계와
관리 시 필요한 주요 의사결정부터 점점 더 중요해지는
물적유통(로지스틱스)을 살펴봅시다.

CHAPTER 6

마케팅경로: ——
소비자 가치 전달

2000년대 초반
DVD나 한 편 빌려다 볼까?
비디오가게까지 가기 귀찮지 않으세요?! DVD를 우편으로 받아보세요.
넷플릭스
DVD
근데 나가기 귀찮아...
쨘
오, 이렇게 편리한 서비스가 있다니. 보유 수도 엄청 많네.
무려 10만 편!
WOW
리스트
NETFLIX
넷플릭스의 혁명적인 'DVD 우편서비스'는 거대한 영화대여 체인점들을 폐업하게 했습니다.
BLOCKBUSTER
DVD 대여점 체인
BLOCKBUSTER
폐업
그리고 2007년, 넷플릭스가 지금은 우리에게 익숙한 디지털 스트리밍 서비스를 시작하면서, 본격적인 영상 스트리밍의 시장이 열렸습니다.
수많은 경쟁업체들 사이에서 넷플릭스는 인터넷에 연결된 모든 스크린을 통해 넷플릭스의 영상을 볼 수 있도록 했고
침대에서, 지하철에서
NETFLIX
NETFLIX
가장 큰 스트리밍 라이브러리를 구축합니다.
뭘 좋아할지 몰라서 다 준비해봤어!

1억 3,900만 명의 넷플릭스 가입자들은 매주 10억 시간 동안 영상 콘텐츠를 스트리밍합니다.
디지털 스트리밍 시장에서 점점 세가 커지고 있는 아마존이나 구글 같은 기업들에게 선두를 빼앗기지 않기 위해 넷플릭스가 선택한 다음 행보는
거기서라!
HBO
바로 자체 콘텐츠를 개발하는 것이었습니다.
레디~액션!
넷플릭스는 외부 콘텐츠 계약에 따라 희비가 엇갈리던 스트리밍 서비스 기업에서
제발 영화 공급 계약해주세요~
얼마까지 알아보셨어요?
hulu
배급사
자체 제작한 인기 시리즈들을 '넷플릭스 오리지널'로 독점 서비스하면서 확고한 최강자로 자리매김한 것이죠.
오징어게임
ROMA
유통개혁으로 우뚝 선 넷플릭스의 그 다음 행보는 무엇일까요?
새로운 기술은 금방 낡은 것이 되므로 남보다 앞서가려면 과거는 털어버리고 미래에 집중해야 합니다.
DVD

공급망과 가치전달 네트워크

생산자는 고객뿐 아니라 주요 공급자와도 관계를 잘 쌓아야 합니다.
공급망은 후방거래와 전방거래 파트너로 구성됩니다.
후방 거래
전방 거래
생산
소비
후방거래는 제품, 서비스를 생산하기 위해 필요한 원료, 부품, 정보, 금융, 전문기술을 공급하는 기업들로 이루어집니다.
$
전방거래는 고객을 상대하는 마케팅경로(유통경로)로 마케팅관리자들이 공급망에서 집중하는 부분입니다.
고객님, 환영합니다~
도매상, 소매상
MART
공급망은 제품을 '만들고, 파는' 제한적인 개념입니다.
마·케·팅·계·획
이만큼 생산하자고!!
만들고
골라 골라
팔고
더 나은 표현은 수요체인인데, 소비자의 욕구를 '감지'하고 '반응'하는 것을 의미합니다.
감지
마·케·팅·계·획
반응

즉, 자원과 경영을 통해 고객의 욕구를 감지하고, 거기에 반응해 고객가치를 만드는 것이죠.
표적고객의 욕구
NEW
하지만 구매-생산-소비 활동을 단계적·일직선적 관점에서 보면 수요체인도 매우 제한적일 수 있습니다.
수요체인
그래서 오늘날 기업은 파트너들 즉, 제조업체, 공급업자, 유통업자, 최종고객으로 구성된 가치전달 네트워크를 만들어 갑니다.
앞에서 배웠죠? 기억 안나면 1권으로 고고~!
마케팅 원리
복습 좀 해야겠네
우리는 동반자
고객가치 퐈이팅!
토요타 공급자, 딜러, 광고사, 마케팅사, 금융사

전방거래에서 주목해야 할 4가지는 다음과 같습니다.

1 마케팅경로의 본질은 무엇이며, 왜 중요한가?

2 경로에 있는 기업은 어떤 상호작용으로 만들어지고 일하는가?

기업형VMS
계약형VMS
계약
관리형VMS

3 기업이 경로의 설계, 관리에서 만나는 문제는 무엇인가?

SALE

4 물적유통과 공급망 관리는 고객을 끌어들이고 만족시키는데 어떤 역할을 하는가?

하나씩 알아볼까요?

마케팅경로의 본질과 중요성

최종소비자에게 직접 제품을 판매하는 생산자는 거의 없죠.
대부분 생산자는 중간상을 통해 소비자에게 제품을 공급합니다.
생산자
한 개만 사면 되는데
소비자
생산자는 마케팅경로(유통경로)를 구성하는데,
"마케팅경로란 제품 혹은 서비스를 개인 소비자나 기업고객이 사용하고, 소비할 수 있도록 서로 의존하는 조직 전체를 말합니다."
마케팅경로의 정의!
외우자.
마케팅 의사결정 중 유통경로의 결정은 다른 마케팅에도 영향을 미칩니다.
유통경로의 결정
가격결정
할인점을 이용할 것인가, 전문점, 온라인 직접판매를 할 것인가
MART
판매인력과 커뮤니케이션에 관한 결정
파트너에게 설득, 훈련, 동기 부여, 지원 여부
잘한다 잘한다
신제품의 개발과 획득 여부
경로 구성원의 능력이 뒷받침되는가
NEW
무리
앞서 살펴본 넷플릭스의 사례처럼 창의적인 유통경로를 구축하는 것은 큰 경쟁력이 될 수 있습니다.
또한, 유통경로 설정은 파트너와 장기적인 관계를 필요로 합니다.
파트너
시장환경이 변했다고 해서 바로 유통파트너를 대체하기란 쉽지 않기 때문입니다.
미래를 내다보고 유통경로를 설계해야겠군.
못가

경로 구성원은 어떻게 가치를 부가하는가
▼

그런데 생산자가 소비자에게 바로 판매를 하면 안 되나요? 중간상을 통제하기도 쉽지 않을 것 같은데
중간상이 표적시장 고객에게 접근하는데 전문성을 갖고 있기 때문입니다.
생산자가 할 수 없는 네트워크, 체험, 전문성, 운영 규모를 통해 효율적인 공급을 할 수 있는 것이죠.
전문가!
유통업자가 없다면 소비자가 직접 치약생산자, 휴지생산자, 라면생산자로부터 각각 구매해야 하기 때문에 번거롭지만,
생산자
치약 한 박스
생산자
휴지 한 박스
생산자
라면 한 박스
소비자
소비자
소비자
쇼핑 리스트: 치약, 휴지, 라면
생산자
생산자
생산자
소비자
소비자
소비자
유통업자가 있다면
마트에서 한 번에 살 수 있죠!
유통업자가 참여하는 것이 생산자, 소비자 모두에게 경제적입니다.
경제 시스템 관점에서 보면 마케팅 중간상의 역할은 생산업자가 만든 대량의 제품을 소비자가 원하는 구매형태로 바꿔주는 것입니다.
마케팅 중간상
보통 생산업자는 한정된 제품을 대량 생산하지만 소비자는 다양한 제품을 소량만 구매하기 때문이죠.
박스로 생산!
쏙
한 개만 사면 됨
그 중간 역할을 해내는 것이 마케팅경로에서 유통업자가 하는 일입니다.
우리가 없으면 수요와 공급 연결이 안 되죠!
유통경로 구성원은 제품과 서비스 사이의 시간·공간·소유의 갭을 메우면서 부가가치를 만들어 냅니다.

마케팅경로 구성원의 핵심적인 역할은 다음과 같습니다.

정보: 소비자, 생산자, 마케팅 환경에 영향을 주는 정보를 수집하고 배포
촉진: 상품에 대한 설득력 있는 커뮤니케이션을 개발하고 퍼트림
접촉: 예상되는 구매자를 탐색하고, 소통함
조정: 상품을 구매자의 요구조건에 맞춤
제조, 등급화, 조립, 포장 등
$$$
$$
협상: 제품의 소유권을 위해 조건에 대한 합의를 이끌어냄
OK
OK

다음 기능은 완성된 거래가 성사되도록 도움을 줍니다.

물적유통: 상품을 수송하고 저장함
금융: 경로활동에 드는 비용을 충당하고 자금을 획득하고 사용함
$
위험부담: 경로 활동에서 발생하는 위험을 부담함

문제는 이러한 역할의 실행 여부가 아니라, 누가 이 역할을 맡느냐 입니다.
...
...
생산자가 맡는다면 생산원가가 증가하고 제품가격이 높아지게 됩니다.
$
바쁘다
기능 중 일부를 중간상에게 맡긴다면 생산자의 원가와 제품가격은 낮아지지만, 중간상은 그들의 활동비용을 청구하게 됩니다.
척
$
그러므로 경로 활동을 나눌 때는 비용 대비 최상의 가치를 만들 수 있는 구성원에게 잘 분배해야 합니다.
$
$
$
$

경로수준의 수

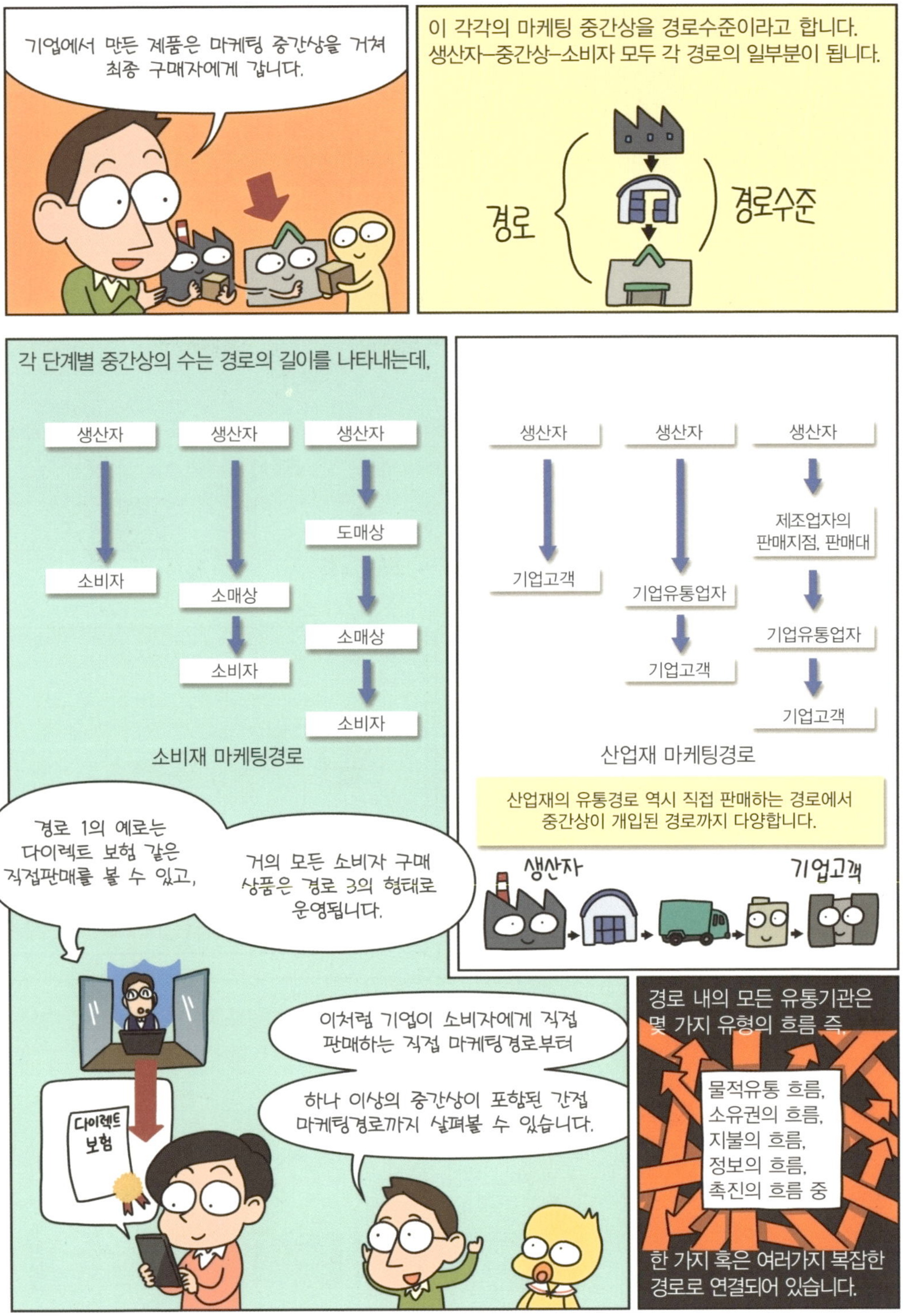

기업에서 만든 제품은 마케팅 중간상을 거쳐 최종 구매자에게 갑니다.
이 각각의 마케팅 중간상을 경로수준이라고 합니다. 생산자–중간상–소비자 모두 각 경로의 일부분이 됩니다.
경로
경로수준
각 단계별 중간상의 수는 경로의 길이를 나타내는데,
생산자
소비자
생산자
소매상
소비자
생산자
도매상
소매상
소비자
소비재 마케팅경로
생산자
기업고객
생산자
기업유통업자
기업고객
생산자
제조업자의 판매지점, 판매대
기업유통업자
기업고객
산업재 마케팅경로
산업재의 유통경로 역시 직접 판매하는 경로에서 중간상이 개입된 경로까지 다양합니다.
생산자
기업고객
경로 1의 예로는 다이렉트 보험 같은 직접판매를 볼 수 있고,
거의 모든 소비자 구매 상품은 경로 3의 형태로 운영됩니다.
다이렉트 보험
이처럼 기업이 소비자에게 직접 판매하는 직접 마케팅경로부터
하나 이상의 중간상이 포함된 간접 마케팅경로까지 살펴볼 수 있습니다.
경로 내의 모든 유통기관은 몇 가지 유형의 흐름 즉,
물적유통 흐름, 소유권의 흐름, 지불의 흐름, 정보의 흐름, 촉진의 흐름 중
한 가지 혹은 여러가지 복잡한 경로로 연결되어 있습니다.

경로행동과 조직

유통경로는 단순히 기업이
모여 있는 것 이상의 의미가
있습니다.
목적을 이루기 위해
상호작용하는 복잡한
시스템이죠.
경로시스템마다 그 성격도 다르고 새로
운 형태의 중간상이 나타나거나 새로운
경로 시스템이 개발되면서 그 영향을
받기도 합니다.

경로행동

▼

마케팅경로의 구성원은 서로 협력하며
의존합니다.
예를 들어, 포드 자동차의 딜러는 소비자가 원하는 자동차를
디자인하는 포드에 의존하고,
포드는 고객을 끌어들이고 구입을 설득하고, 사후서비스를
제공하는 딜러에게 의존하는 것처럼 말이죠.
각 경로 구성원은 자신의 역할을 이해하고 자신이 가장
잘하는 일을 할 때 효과를 발휘하여 경쟁력을 가질 수
있습니다.
하지만 때때로 구성원 간 경로갈등이
벌어지기도 합니다.
싸움났다...
투닥
투닥

수평적 갈등은 경로상 같은 수준의 기업 사이에 발생하는 갈등을 말합니다.
딜러
너, 우리 구역 금 넘어 왔어!
딜러
A
B
수평
SALE
A
B
수직적 갈등은 경로상 서로 다른 수준에 있는 기업 사이에서 생기는 갈등입니다.
甲갑
프랜차이즈 본사
을乙
가맹점
수직
약간의 경로갈등은 건전한 경쟁의 원동력이 될 수 있습니다.
제법인데 애송이
이제 서로 도우면서 사업하자
하지만 소란스럽고 길어지는 경로갈등은 경로의 효율성을 떨어뜨릴 수 있으며 경로관계에도 큰 손해가 됩니다.
또 싸우냐

수직적 마케팅 시스템

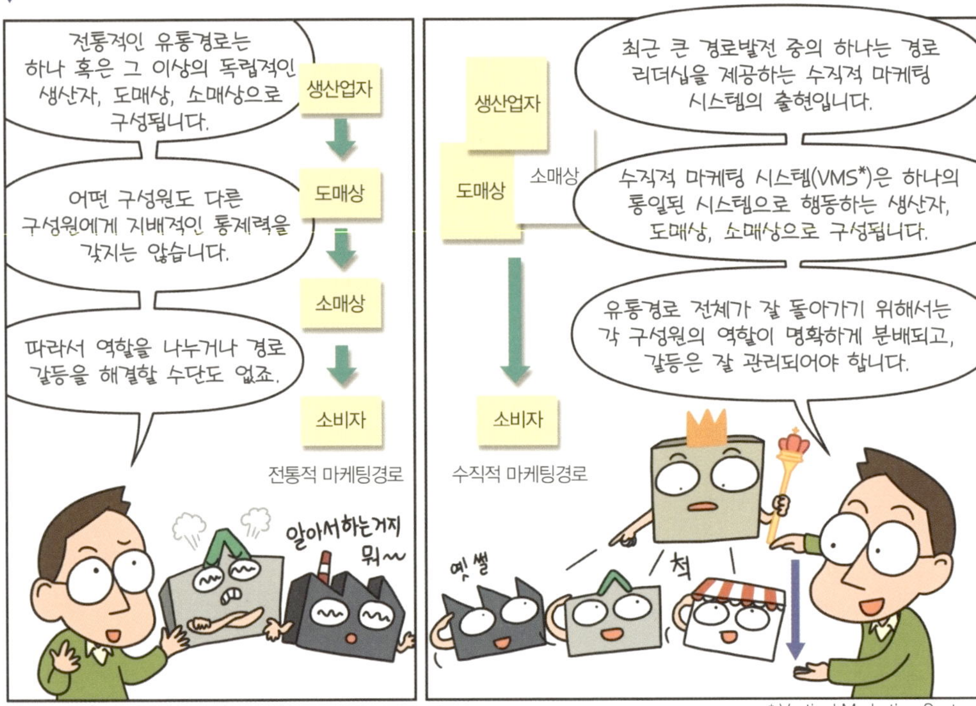
전통적인 유통경로는 하나 혹은 그 이상의 독립적인 생산자, 도매상, 소매상으로 구성됩니다.
어떤 구성원도 다른 구성원에게 지배적인 통제력을 갖지는 않습니다.
따라서 역할을 나누거나 경로 갈등을 해결할 수단도 없죠.
생산업자
도매상
소매상
소비자
전통적 마케팅경로
알아서하는거지 뭐~
최근 큰 경로발전 중의 하나는 경로 리더십을 제공하는 수직적 마케팅 시스템의 출현입니다.
수직적 마케팅 시스템(VMS*)은 하나의 통일된 시스템으로 행동하는 생산자, 도매상, 소매상으로 구성됩니다.
유통경로 전체가 잘 돌아가기 위해서는 각 구성원의 역할이 명확하게 분배되고, 갈등은 잘 관리되어야 합니다.
생산업자
도매상
소매상
소비자
수직적 마케팅경로
옛 썰
척

* Vertical Marketing System

수직적 마케팅은 생산자뿐 아니라 도매상, 소매상 그 누구에 의해서도 지배될 수 있습니다.
생산자
도매상
소매상… 등등
한 구성원이 다른 구성원 모두를 소유하거나 계약을 통해 구성원을 중재할 수 있는 강력한 힘을 갖습니다.
싸우지마!
네….
기업형 VMS
기업형 VMS는 하나의 소유권 아래 생산부터 유통까지 이어지는 단계를 통합합니다.
기업형VMS
또한 조정과 갈등관리는 조직적이고 지속적인 경로를 통해서 이루어집니다.
원 팀!
스페인 SPA브랜드 자라는 디자인, 제조, 유통, 판매까지 직영으로 운영하고 있습니다.
ZARA
ZARA
ZARA
수직적 통합을 통한 유통경로는 다른 기업보다 빠르고 다양한 신제품을 곧바로 소비자에게 선보일 수 있는 비결이 되었고 패션시장에서 강력한 경쟁력이 되었습니다.
ZARA
벌써 출시됐네?!
ZARA
M
계약형 VMS
계약형 VMS는 생산과 유통에서 서로 다른 단계의 독립된 기업들이 계약을 통해 결합한 것입니다.
계약형VMS
계약서
프랜차이즈 조직은 계약적 관계의 가장 일반적인 유형인데, 프랜차이즈라고 하는 경로 구성원은 생산-유통과정의 여러 단계를 연결합니다.

패스트푸드점부터 미용실, 장례식장에 이르기까지 많은 사업형태가 프랜차이즈입니다.

프랜차이즈에는 3가지 유형이 있습니다.

제조업자 후원 소매상 프랜차이즈 시스템
포드의 독립 프랜차이즈 딜러 네트워크가 대표적인 예입니다.
FORD
제조업자 후원 도매상 프랜차이즈 시스템
코카콜라를 그 예로 들 수 있습니다.
다양한 시장에서 활동하고 있는 도매상은 코카콜라로부터 원액을 구입해서 이를 완제품으로 만들어 지역 시장의 소매상에게 판매합니다.
Coca-Cola
서비스기업 후원 소매상 프랜차이즈 시스템
버거킹과 같은 패스트푸드점이나 렌터카 매장처럼 흔히 볼 수 있는 프랜차이즈점입니다.
소비자 입장에서는 계약형 VMS와 기업형 VMS를 구분하기가 힘들어요.
그만큼 계약형 조직이 얼마나 성공적으로 기업형 체인과 경쟁하고 있는지 보여주는 것이죠.
관리형 VMS
구성원을 관리하는 리더십은 몇몇 우월한 구성원의 규모와 힘으로 이루어집니다.
시장점유율이 높은 브랜드의 제조업자는 유통업자가 자발적인 협조를 해줍니다.
제일 잘 보이는 자리에 깔아주세요!
네네, 여부가 있겠습니까요~
P&G
굽신 굽신
강력한 소비자 브랜드 선호도가 바로 기업의 협상파워를 대변해주는 것이죠.
P&G
월마트에서 팔리는 클로락스 상품이 전체 판매의 26%를 차지하는 반면, 클로락스가 월마트 진열대에서 차지하는 비율은 0.3%에 불과합니다.
그렇기 때문에 양측의 관계에서 월마트는 압도적으로 지배적 위치에 서게 됩니다.
클로락스 0.5%
26%
월마트 통한 매출

수평적 마케팅 시스템

새로운 마케팅 기회를 만들기 위해 같은 경로수준에 있는 둘 혹은 그 이상의 기업이 결합한 형태를 수평적 마케팅 시스템이라고 합니다.

예를 들어, 폭스 방송사, 디즈니, ABC, NBC 등은 온라인 스트리밍 서비스 Hulu를 공동으로 소유하고 운영함으로써 넷플릭스와 경쟁할 수 있는 힘을 갖습니다.

혼자 사업할 때보다 함께 하면 더 좋은 성과를 낼 수 있죠!
Hulu
자본·생산·마케팅 자원 결합
Fox
abc
Disney
NBC

또, 타겟은 스타벅스와 파트너로 모든 타겟 매장에 스타벅스 매장을 입점시키면서 서로 공생하고 있습니다.

우리는 손님이 지속적으로 유입되니 좋고,
우리는 커피마신 고객들이 폭풍쇼핑하니까 좋고

복수경로 유통 시스템

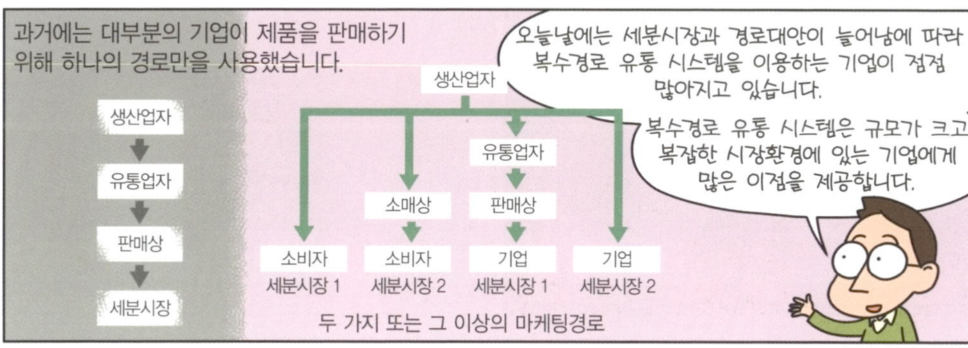
과거에는 대부분의 기업이 제품을 판매하기 위해 하나의 경로만을 사용했습니다.
생산업자
유통업자
판매상
세분시장
생산업자
유통업자
소매상
판매상
소비자 세분시장 1
소비자 세분시장 2
기업 세분시장 1
기업 세분시장 2
두 가지 또는 그 이상의 마케팅경로
오늘날에는 세분시장과 경로대안이 늘어남에 따라 복수경로 유통 시스템을 이용하는 기업이 점점 많아지고 있습니다.
복수경로 유통 시스템은 규모가 크고 복잡한 시장환경에 있는 기업에게 많은 이점을 제공합니다.

새로운 경로를 통해 •매출을 증가시키고, •시장 범위를 확대할 수 있으며, •서로 다른 세분시장의 요구에 대처할 수 있게 됩니다.

복수경로 유통 시스템의 단점은 없나요?
통제가 어렵고 여러 경로 간 갈등이 생길 수 있습니다.
왜 우리는 저 제품 공급 안해줘요!?

기술의 변화, 직접 마케팅과 온라인 마케팅의 폭발적인 성장은 마케팅경로에도 큰 영향을 주고 있습니다.
주목해야 할 추세는 탈중간상화*입니다.
생산자가 중간상을 빼고 직접 구매자에게 접근하거나 새로운 형태의 유통 중간상이 경로를 급진적으로 대체하면서 발생합니다.
온라인 마케터
오프라인 소매상점
예를 들어, 토이저러스 장난감 슈퍼스토어가 등장했을 때 동네 완구점이 하나 둘 사라져갔지만
토이저러스
완구
아마존과 같은 온라인 마켓이 시장에 등장하면서 토이저러스 또한 결국 버티지 못하고 몇 해 전 파산했습니다.
이처럼 탈중간상화는 생산업자와 소매업자 모두에게 기회와 문제를 동시에 줍니다.
사느냐 죽느냐
그것이 문제로다~
이 새로운 물결에 잘 올라탄 경로 혁신가들은 성공했고 전통적인 중간상은 떠내려가고 있습니다.
탈중간상화
생산자들은 인터넷, 모바일 앱과 같은 직접 경로를 개발해야 합니다.
하지만 새로운 경로 개발이 기존 경로들과 충돌할 수도 있습니다.
직영
SHOP
MART
이런 문제를 해결하기 위해 기업들은 직접적 유통망 구축이 전체 경로 시스템에 도움이 되도록 고민하고 있습니다.
SHOP
쉬운 일은
아니지요

* disintermediation

경로설계 결정

마케팅경로를 설계할 때 제조업자는 이상적인 것과 현실가능성이 있는 것 사이에서 고심하게 됩니다.
이상 VS 현실
한번 써보세요~
돈이 별로 없는 신생기업은 보통 한정된 지역에서 판매를 시작합니다.
이 경우 최상의 경로를 설정하기 보다 일단 능력있는 중간상을 설득해 함께 일하는 것이 중요하죠.
제발 같이 일해주세요!
능력있는 중간상
신생기업
이렇게 해서 기업이 어느정도 성장하게 되면 새로운 시장으로 영역을 넓힐 수 있습니다.
이와 같이 경로 시스템은 시장기회와 시장조건에 따라 발전하게 됩니다.
Level UP
NEW
소비자의 욕구를 분석하고 기업의 상황에 맞는 경로목표를 설정하며, 주요 경로대안을 확인하고 평가하여 최대의 효과를 내야 합니다.

소비자 욕구분석

▼

마케팅경로는 각 구성원이 고객을 위해 가치를 더해 가는 고객가치 전달 네트워크의 일부입니다.
기업은 경로를 설계할 때 표적고객이 그 경로로부터 어떤 가치를 원하는지를 파악하는 것에서 시작해야 합니다.
소비자가 집근처에서 손쉽게 사고 싶어하는지? 멀리 떨어진 곳까지 사러 갈 용의가 있는지?
직접구매를 선호하는지? 인터넷 주문을 선호하는지?
다양한 품목을 한 번에 보기를 원하는지? 전문화된 품목을 원하는지?
배달, 할부, 설치 같은 부가 서비스를 원하는지?
표적고객

배달이 빠를수록, 다양한 제품을 구비하고 있을수록, 서비스를 많이 제공할수록 경로 서비스 수준은 더 높아집니다.
총알
무조건 환불
다 되죠?
...네? 네...
하지만 더 높아진 서비스 수준을 위해 필요한 자원과 기술이 부족할 수도 있고, 발생한 비용이 소비자에게 떠넘겨질 수도 있습니다.
이건 아니지
무조건 저렴한 가격을 선호하는 고객이 있는 반면, 높은 수준의 서비스를 높은 가격을 지불하고 받고자 하는 고객도 있습니다.
무조건 최저가!
돈을 좀 내더라도 수준 높은 서비스!
따라서 소비자의 욕구를 충족시키는 데 필요한 비용, 실행가능성뿐 아니라, 소비자의 입장에서 생각한 지불의사까지 소비자 욕구의 균형을 맞춰야 합니다.
$$ 이 정도까진 낼 수 있어요.
알겠습니다.

경로목표 설정

기업은 타깃 소비자 서비스수준을 바탕으로 경로목표를 결정해야 합니다.
서비스 수준
즉, 목표로 할 세분시장을 결정하고 세분시장에 가장 알맞은 경로를 결정하는 것이죠.
고객을 만족시키면서도 경로비용은 최소로
목표 세분 시장
기업의 경로목표는 기업, 제품, 중간상, 경쟁사, 환경 등의 성격에 영향을 받습니다.
예를 들어, 기업의 규모와 재무능력은 어디까지 스스로 해야 하며 어디까지 중간상에게 맡길 수 있는지를 가늠하는 기준이 됩니다.
얼마까지 알아보셨어요?
그냥 알아서 다 해야겠다...

타사제품과 경쟁에 직면했을 때에도 기업이 택하는 전략은 다양합니다.
무한경쟁!
어 … 우리는 경쟁은 피하고 직접 판매할래
방문판매
마지막으로 경제 상태와 법적 규제 같은 환경요인도 경로 설계와 목표에 영향을 미칩니다.
경기
유통비 줄여! 불필요한 서비스도 없애! 가격 유지!
허리띠 졸라매!

주요 경로대안의 확인

▼

중간상의 유형
각 구성원의 유형을 파악하고 있어야 수많은 경로 구성원을 적재 적소에 투입할 수 있겠죠.
최근까지도 델은 판매원과 인터넷을 통한 직접 판매만 했습니다. 하지만 더 많은 소비자들에게 다가가기 위해 소매상들을 통한 간접판매를 실시하고 있습니다.
BEST BUY
기업맞춤형
중간상
DELL
소매상이나 재판매상을 통한 거래는 직접거래만 할 때 보다 더 많은 구매자들에게 접근할 수 있다는 장점이 있습니다.
DELL 입고
DELL
하지만 채널이 많아질수록 관리가 어려워지고 고객층이 겹치면서 갈등이 생길 수도 있습니다.
워워…
SALE
중간상의 수
기업은 각 경로수준에서 이용할 구성원의 수를 결정해야 합니다.
집중적 유통은 편의품 생산자와 일상용품의 원재료 생산자에게 적합합니다.
즉, 가능한 한 많은 점포에 제품을 공급하는 전략을 추구하는 것입니다.
내가 원하는 시간과 장소에서 바로 딱 살 수 있어야 해요.
치약, 사탕 등

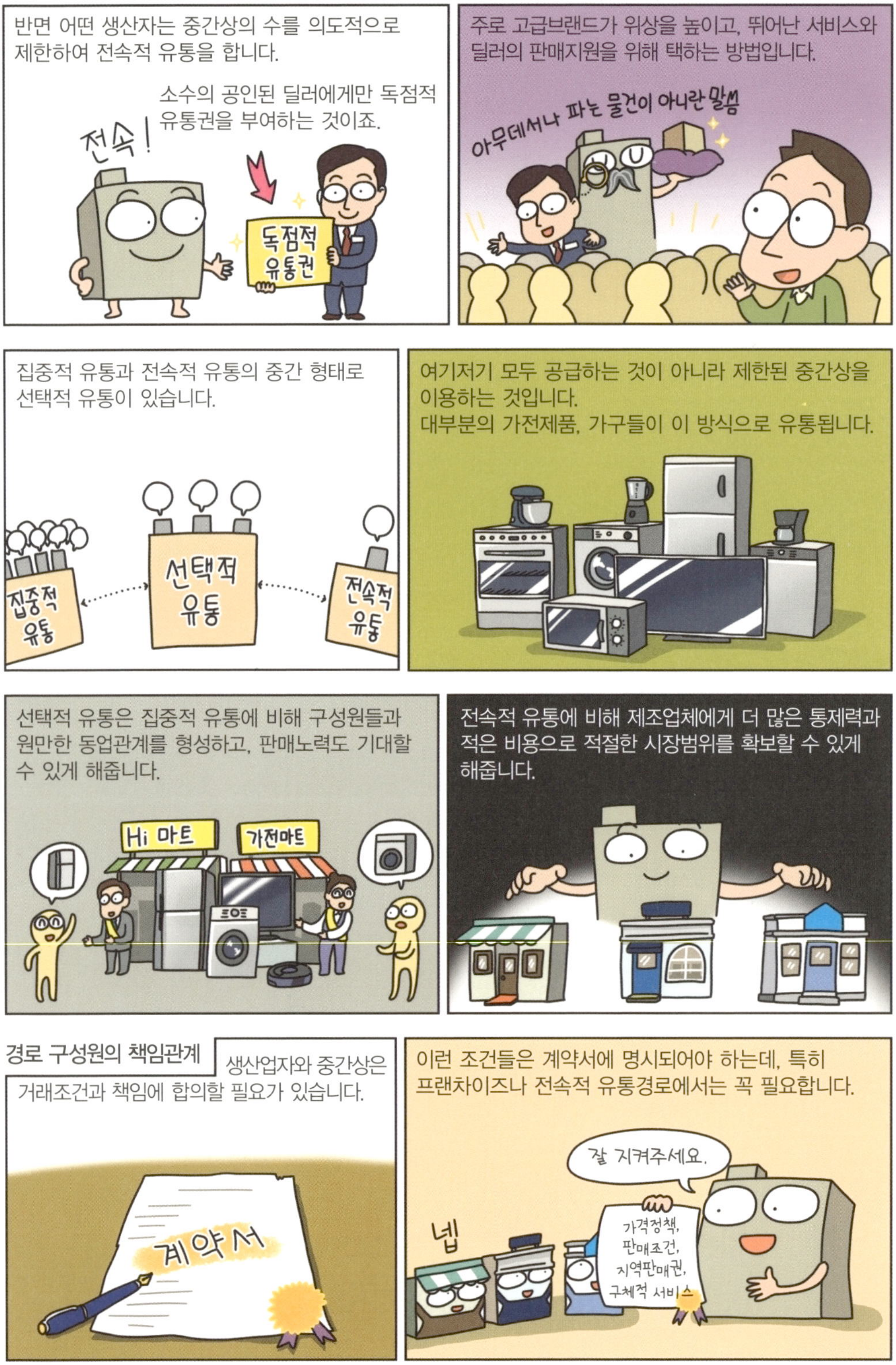
반면 어떤 생산자는 중간상의 수를 의도적으로 제한하여 전속적 유통을 합니다.
전속!
소수의 공인된 딜러에게만 독점적 유통권을 부여하는 것이죠.
독점적 유통권
주로 고급브랜드가 위상을 높이고, 뛰어난 서비스와 딜러의 판매지원을 위해 택하는 방법입니다.
아무데서나 파는 물건이 아니란 말씀
집중적 유통과 전속적 유통의 중간 형태로 선택적 유통이 있습니다.
집중적 유통
선택적 유통
전속적 유통
여기저기 모두 공급하는 것이 아니라 제한된 중간상을 이용하는 것입니다.
대부분의 가전제품, 가구들이 이 방식으로 유통됩니다.
선택적 유통은 집중적 유통에 비해 구성원들과 원만한 동업관계를 형성하고, 판매노력도 기대할 수 있게 해줍니다.
Hi 마트
가전마트
전속적 유통에 비해 제조업체에게 더 많은 통제력과 적은 비용으로 적절한 시장범위를 확보할 수 있게 해줍니다.
경로 구성원의 책임관계
생산업자와 중간상은 거래조건과 책임에 합의할 필요가 있습니다.
계약서
이런 조건들은 계약서에 명시되어야 하는데, 특히 프랜차이즈나 전속적 유통경로에서는 꼭 필요합니다.
잘 지켜주세요.
가격정책,
판매조건,
지역판매권,
구체적 서비스
넵

주요 경로대안의 평가

여러 경로대안 중 효과적인 경로를 선택하려 한다면 다음과 같은 기준을 토대로 평가될 수 있습니다.

(경제성)

각 경로대안에 필요한 투자액, 결과로 나올 수 있는 수익은 얼마인지를 비교해볼 수 있습니다.

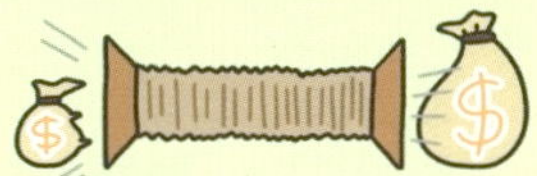

판매액, 비용, 수익성 비교

(통제성)

중간상에게 부여할 제품마케팅 통제권의 분배 문제를 고려해야 합니다.

통제권줘!

(적응성)

경로조직은 때때로 장기적인 관계를 맺는데 기업입장에서는 환경변화에 적응할 수 있도록 경로를 유연하게 유지하길 원합니다.

국제 유통경로의 설계

국가별로 유통경로
시스템이 달라서 머리가
아파요.
각 국가는 자국만의 독특한
유통경로 시스템을
갖고 있어요.

예를 들어, 대규모 소매점들이 미국 시장을 지배하고 있는 반면, 어떤 나라는 대부분이 소규모 독립 소매업자들입니다.
Walmart

같은 까르푸에서 판매되는 제품도
서구시장에서는 셀프서비스가 기본이지만

중국에서는 브랜드 샘플을 배포하고 직접 제품을 홍보하는
특판 직원을 소매점마다 둡니다.

또 이머징 마켓에 판매하기 위해서는 유통인프라와 공급문제를 극복해야 합니다.

남아프리카에서 품질이 유지되는 소고기공급을 위해 버거킹은 자체 축산시설을 갖고 있습니다.

또 네슬레는 소매점에 접근하기 어려운 브라질 아마존 강가의 마을들을 위해 선상에 소매점을 차리기도 합니다.

Nestlé

경로관리 결정

기업이 경로대안을 검토한 후에 가장 최적의 경로설계를 결정하면, 이제 실행하고 관리해야 합니다.
완성!
마케팅경로관리는 개별 경로 구성원을 선정하고 관리하고 동기 부여하며, 시간에 따라 성과를 평가하는 것입니다.
잘한다
잘한다

경로 구성원 선정

▼

마케팅 중간상을 모집하는 능력은 기업에 따라 다양합니다.
우리 렉서스 팔아 줄 사람
저… 우리 차 좀 팔아주세요.
우르르
썰렁
토요타
SAAB
파산한 브랜드를 인수한 기업
기업은 더 나은 중간상을 선별할 수 있는 기준을 갖고 있어야 합니다.
중간상을 평가하는 기준들
각 경로 구성원의 사업기간
타 제품 라인의 취급여부
위치
과거의 성장률과 수익성
협력성
평판

중간상 선정의 어려움

기존 강자 브랜드들도 원하는 경로를 얻기 어려울 수 있습니다. 예를 들어, 아마존은 구글 브랜드 제품의 판매를 거부합니다.

아마존은 구글의 Nest 스마트 홈 제품 라인, 구글 홈 음성 비서 스피커 또는 픽셀(Pixel) 스마트폰이 자사의 아마존 에코(Amazon Echo) 및 다른 제품들과 경쟁한다며 판매를 거부하고 있습니다. 결국 구글은 유튜브에서 아마존의 파이어(Fire)TV와 에코 쇼/스팟(Echo show/Spot) 스트리밍 제품들을 없앴습니다.

경로 구성원 관리와 동기부여

기업은 각 경로 구성원이 최선을 다할 수 있도록 관리하고 동기를 부여해야 합니다.
잘한다, 잘한다~
기업은 단순히 제품을 중간상을 통해서 판매할 뿐만 아니라 중간상에게 그리고 중간상과 함께 판매해야 합니다.
중간상을 제일 처음 만나는 고객이자 파트너로 인식해야 하는 것입니다.
고객
파트너
파트너관계관리(PRM*)를 통해 기업과 마케팅 파트너 모두의 요구에 맞는 마케팅 시스템이 만들어질 수 있습니다.
외우자 PRM...
PRM
기업은 자사 채널에게 단결된 가치전달 시스템의 일부로 함께 협력함으로써 소비자에게 더 나은 가치를 제공하고 성공할 수 있다는 확신을 주어야 합니다.
공급자와 만족스러운 관계를 쌓아가는 것은 오랫동안 토요타의 성공비결이 되어 왔습니다.
미국 경쟁사들이 이익만 챙기고 강압적인 태도로 협력업체를 주눅들게 하는 반면
토요타는 공급자 의견에 귀를 기울이고 여러 지원을 아끼지 않았습니다.
$
+α
O.K

* Partner Relationship Management

그 결과 16년간 북미 자동차 공급업체 관계 점수 1위를 차지하고 있습니다.
높은 신뢰를 갖는 공급자는 토요타가 저가의 고품질 자동차를 생산하도록 도와주며, 결과적으로 더 많은 고객들을 만족시킵니다.
생산단가↓
품질↑
고객과의 관계를 관리하기 위한 CRM과 마찬가지로 많은 기업들이 PRM시스템을 통해 파트너와의 관계를 관리하고 있습니다.
CRM
PRM
경로 파트너를 모집하고, 훈련시키고, 조직하고, 관리하고, 동기를 부여하고, 그들과의 관계를 평가하기 위해서 PRM와 공급망관리(SCM*) 소프트웨어를 이용하는 것이죠.
SCM

* Supply Chain Management

경로 구성원 평가

▼

기업은 정기적으로 구성원의 성과를 평가해야 합니다.
이 평가에 따라 좋은 성과를 내고 고객에게 훌륭한 가치를 제공하는 중간상을 파악하여 보상해야 합니다.
참 잘했어요.
한편, 성과가 좋지 못한 중간상에게 분발할 수 있도록 지원을 해주거나 최후 수단으로는 중간상을 바꿔야 할 수도 있습니다.
노력을 좀 해봐~!
마지막 기회야...
경로파트너를 소홀히 다루는 제조업자는 딜러의 지원도 잃고 법적인 문제가 될 수도 있습니다.
너!고소!
딜러
몰렁~~

공공정책과 유통경로 결정

유통경로 완성! 자 이제 본격적으로…
잠깐. 법적인 문제는 없는지도 살펴봐야죠.
유통경로 관련법규는 기업들이 공정한 경로를 사용하지 않고 다른 기업을 방해할 때 규제하기 위해 존재합니다.
많은 생산자와 도매상은 독점 유통경로를 이용하고 싶어합니다.
독 점
특정 소매업체에게만 자사 제품을 취급하도록 허용하는 것을 전속적 유통,
온리 유~~
전속적 유통
공급자가 딜러에게 경쟁사의 제품을 취급하지 말 것을 요구하는 경우를 전속적 거래라고 합니다.
NO
전속적 거래
이 경우 공급자는 더 충성스럽고 신뢰할 수 있는 소매점을 확보할 수 있고, 딜러는 지속적인 공급처와 강력한 지원을 확보할 수 있게 됩니다.
팍팍밀어줄게!
끈 끈
전속
충성
계약이 공정한 경쟁을 막거나 독점이 아닌 이상 위법은 아닙니다.
갸 악

전속적 거래는 전속적 영업지역 계약을 포함합니다.
생산자는 특정지역에서 다른 딜러에게 제품을 판매하지 않기로 합의할 수 있으며, 유통업자는 자신의 영업지역에서만 제품을 판매하기로 계약을 맺을 수 있습니다.
다만, 딜러가 영업지역 바깥으로 판매하는 것을 생산자가 금지하면 법적인 문제가 될 수 있습니다.*
NO
!
인기 브랜드는 딜러에게 제품라인의 일부 또는 전체라인을 취급한다는 조건으로 판매를 허용합니다.
이런 행위는 전 품목강요라고 합니다.
이거 다~
받으시오~!
갑질?
* 미국의 경우
끼워팔기는 불법은 아니지만 소비자의 선택권에 해를 끼친다면 위법이 될 수 있습니다.
저걸사고 싶은데...!
생산자는 제품을 취급할 딜러를 선택할 자유가 있지만, 거래를 끊을 권리는 제한을 받습니다.
계약서를 든 딜러 보호
계약서

덜미 잡힌 구글의 '클라우드 묶어팔기'

빠르게 성장하고 있는 국내 클라우드 시장에서 구글의 '클라우드 묶어팔기'가 덜미를 잡혔습니다. 구글코리아가 구글 클라우드 상품을 구매하는 국내 IT기업에 자사 앱 장터인 플레이스토어의 수수료를 할인해줌으로써 구글코리아가 국내에서 클라우드 서비스를 판매하는 계열사를 부당하게 지원했다는 혐의를 받은 것입니다.

아마존, 마이크로소프트 등 다른 글로벌 IT기업보다 클라우드 사업을 늦게 시작한 구글이 한국 클라우드 시장을 무리하게 공략하게 된 것이라는 지적이 나옵니다.

마케팅 로지스틱스와 공급망 관리

마케팅 로지스틱스의 본질과 중요성

어떤 관리자에게는 로지스틱스가 단지 트럭수송과 창고만을 의미하겠지만, 물적유통이라고도 하는 마케팅 로지스틱스는
LOGISTICS
적절한 이윤을 보장하면서 고객의 욕구를 충족시키기 위해, 원산지에서 소비 지점까지 제품, 서비스, 관련 정보의 물적흐름을 계획·집행·통제하는 일을 말합니다.
쉽게 말해
최적의 제품을 적절한 고객에게 적시 적소에 전달하는 과정입니다.
척.
과거의 물적유통은 단순하게 공장에 있는 제품을 고객에게 가장 적은 비용으로 공급할 수 있는 방법이었습니다.
내부적 물류: 제품과 원료 > 공장
외부적 물류: 공장 > 중간상 > 최종소비자
공급자
기업
중간상
최종소비자
역물류
역물류: 소비자 혹은 재판매업자에게서 재사용, 재활용, 재손질 혹은 파손품, 환불품, 초과공급분의 반송
하지만 오늘날에는 고객중심의 로지스틱스로 인해 시장에서 거꾸로 다시 공장으로, 심지어 공급처로 가는 과정을 맡아야 합니다.
띠로리로리로♪
즉, 마케팅 로지스틱스는 전체적인 공급망관리를 의미하는데, 공급망관리(SCM)는 공급자, 기업, 중간상, 최종소비자 사이에
원재료, 최종제품, 정보의 흐름을 순방향·역방향으로 관리하는 것입니다.
반품

예측, 정보시스템, 구매, 생산계획, 주문처리, 재고, 수송계획 등의 업무를 관리하는 것이 바로 로지스틱스 관리입니다.
활동조정
구매대리인
마케팅관리자
경로구성원
고객
오늘날 기업은 다음과 같은 이유로 로지스틱스를 더욱더 강조하고 있습니다.
1. 기업은 고객에게 더 저렴한 가격, 더 나은 서비스를 제공할 수 있는 로지스틱스를 통해 강력한 우위를 확보할 수 있습니다.
2. 진보된 로지스틱스는 기업과 고객 모두에게 상당한 비용 절감 효과를 줍니다. 제품가격의 20% 정도가 운송비인데 이는 광고와 다른 마케팅 비용을 훨씬 넘는 수치입니다.
의외로 큰 비중을 차지하네요.
20%
운송비
3. 제품의 다양화가 증가함에 따라 더 정교한 로지스틱스 관리가 필요합니다.
월마트 매장 142,000개 품목
Walmart
다양한 제품을 주문하고, 수송하고, 재고를 파악하고, 통제하는 것은 로지스틱스의 큰 과제입니다.
x100
MART
정보기술은 유통효율성을 향상시키고 이익을 만들어 주고 있습니다.
공급망 관리 소프트웨어, 인터넷 기반 로지스틱스 시스템, 계산대(POS)스캐너, RFID태그, 위성추적, 주문정보 영수증의 문자, 이메일화
이러한 기술들은 유통을 빠르고 효율적으로 관리할 수 있게 해줍니다.

지속가능한 공급망

기업이 친환경적인 공급망을 도입해야 하는 것은 법적규제와 시민단체의 요구 때문만은 아닙니다.
운송, 창고, 포장 등 환경적 영향을 줄이고 효율성을 높이는 것이 비용의 절감과 이익에도 도움이 되기 때문입니다.
친환경이라고? 구입할래!
과대포장
운송절감
친환경 소재포장

로지스틱스 시스템의 목표

우리의 목표는 '최소의 비용으로 최대한의 고객 서비스를 제공하는 것!'
이상적으로 들리지만 실현하기는 어려운 목표입니다.
왜죠?!
최대한의 서비스를 제공한다는 것은 빠른 배송, 항상 충분한 재고, 다양한 제품 구비, 자유로운 반품 등을 의미하는데
이 모든 것은 유통비용을 증가시킵니다.
반품
반대로 유통비용을 줄인다면 서비스 수준은 낮아질 수밖에 없습니다.
빨리 빨리...?
비용을 줄여야 해서 그만...
따라서 마케팅 로지스틱스의 목표는 최소의 비용으로, 목표로 정한 수준의 고객 서비스를 제공하는 것이어야 합니다.
비용은 최소로
목표
만족은 최대로
목표는 판매를 극대화하는 것이 아니라 이윤을 극대화하는 것이 되어야 합니다.
많이 파는게 아니라 "잘" 팔아야지!
기업은 더 높은 수준의 서비스를 제공함으로써 얻을 수 있는 이점과 비용을 잘 비교해 보아야 합니다.
싼 것을 좋아하는 고객
비싸도 좋은 서비스를 선호하는 고객
VS
무조건 싼거!
최고의 서비스!

로지스틱스 시스템의 주요 기능

창고관리
생산주기와 소비주기는 서로 일치하지 않는 경우가 많기 때문에 제품을 보관해야 합니다.
꽉 꽉
네...
지금 필요하진 않아요.
보관기능은 생산량–소비량과 생산시점–구매시점 간의 차이를 해소해줍니다.
생산시점
이제 구입할래요!
소비시점
넵!
제품을 장기간 보관하는데는 저장창고를 사용하지만 이동과 유통에 중점을 둔다면 거대 자동화 창고인 물류센터가 더 적합합니다.
물류센터
다른 분야와 마찬가지로 창고 또한 기술의 발달로 인해 큰 변화를 겪고 있습니다.
데이 글로-오렌지 로봇 아마존 물류센터
우리는 화장실 갈 필요도 없지
컴퓨터와 스캐너, 로봇까지 동원되는 자동화 물류센터는 이전과는 비교할 수 없을 정도로 속도와 효율을 향상시켰습니다.
재고관리
관리자는 너무 적지도 너무 많지도 않은 적정수준에서 재고를 유지해야 합니다.
적정재고=비용절감+α
재고가 부족하면 고객이 구입하고 싶을 때를 못 맞출 위험이 있고,
넘치면 재고 유지비와 재고 상품의 이미지 하락이 있을 수 있습니다.
매진
많은 기업이 JIT*시스템을 통해 재고량과 비용을 절약하고 있습니다.
RFID 시스템으로 최소 재고를 유지하고 주문도 자동으로!
RFID

* just in time

배송
기업이 선택한 수송수단은 제품가격, 배달성능, 도착한 제품의 상태에 영향을 주는데 모두 고객의 만족과 밀접한 관련이 있습니다.
수송수단에는 무엇 무엇이 있을까요?
차량, 철도, 해상… 이 정도요?
거기에 파이프라인, 항공 그리고 디지털 제품은 인터넷까지 포함될 수 있습니다.
항공수송
전체 수송에서 차지하는 비중은 적지만 매우 중요한 수단입니다. 신속한 수송이 필요하거나 먼 거리 시장으로 수송할 때 적합합니다. (꽃, 생선, 고가의 장비, 보석)
트럭
미국처럼 육로로 수송가능한 지역이 넓은 나라는 트럭을 통한 수송이 총 화물량의 65%를 차지합니다.
트럭은 경로선택과 스케줄 조정이 유연하며, 일반적으로 철도보다 빠른 서비스를 제공할 수 있습니다.
고가 제품의 단거리 운송에 아주 적합합니다.
철도
철도수송은 부피가 큰 제품을 먼 거리로 수송할 때 비용 면에서 매우 효율적입니다. (석탄, 모래, 광물, 농수산품)
최근 철도 수송도 특별한 제품을 다루기 위해 고안된 차량을 도입하거나 환승서비스를 제공하는 등 서비스 확장을 도입하고 있습니다.
수상수송
부피가 크고, 가치가 떨어지며, 부패하지 않는 제품과 대량물품을 수송하기에 저렴하고 좋은 수단입니다. (모래, 석탄, 곡류, 오일, 금광석 등)
하지만 시간이 오래 걸리고, 기후에 영향을 받습니다.
인터넷
생산자가 만든 디지털 제품을 소비자에게 온라인으로 전달합니다. (소프트웨어, 뉴스, 음원, 교육 콘텐츠)
파이프라인
석유, 천연가스, 화학제품을 산지나 하적장에서 시장으로 수송하는 데 특화된 수단입니다.

기업들도 점차 두 가지 이상의 수송수단을 결합한 통합일괄 수송을 이용하고 있습니다.
트럭을 통째로 기차로 옮기는 피기백이나
선박으로 트럭을 옮기는 피시백,
철도를 선박에 선적하는 트레인십
트럭을 항공으로 나르는 에어트럭이 그것입니다.
통합일괄 수송은 복잡한 배송이 필요할 때 더 저렴하고 유연성있는 선택이 될 수 있습니다.
로지스틱스 정보관리
더 나은 로지스틱스 의사결정을 위해 구성원은 서로 정보를 공유합니다.
주문, 대금청구, 선적, 재고수준, 고객 데이터
OK
정보의 흐름은 유통경로의 성과와 매우 밀접한 관련이 있습니다.
유통경로 정보를 좀더 쉽고 빠르게 처리하면 좋을텐데…
인터넷 기반의 전자정보교환(EDI*)이 이를 가능케 해줍니다.
예를 들어, 월마트는 수많은 공급업체에게 EDI연결을 요청합니다. 이를 통해 정보를 모으고 처리하는 것이죠.
EDI
리테일 링크 판매데이터 시스템
어떤 기업고객은 공급업체 스스로가 주문을 결정하고 배달을 계획하도록 요청합니다.
알아서 해주세요!
공급업체가 관리하는 재고 시스템(VMI*) 또는 지속적 재고보충 시스템을 도입해 대형 소매업체가 공급업체와 협력하는 것이 그 예입니다.
VMI
재고현황
판매, 재고에 대한 실시간 자료를 공급업체와 공유
OK
이 시스템하에서 상품 공급업체는 재고관리와 배송에 관한 모든 책임을 지게 됩니다.
VMI
맡겨 주세요!
든든

* Electronic Data Interchange

* Vendor Managed Inventory

통합적 로지스틱스 관리

더 나은 고객 서비스를 제공하면서 유통비용을 절감하기 위해서는 기업 내부는 물론이고 외부 파트너까지 마케팅경로 구성원 사이의 팀워크가 필요합니다.
이를 위해서 많은 기업들이 통합적 로지스틱스 관리를 사용하고 있습니다.
기업 내부의 상호 기능적 팀워크
대부분의 기업에서 로지스틱스는 여러 다른 부서가 그 역할을 나누어 책임지고 있습니다.
하지만 다른 부서에서 무슨 일이 일어나는지 관심이 없을 수 있죠.
로지스틱스에서 문제가 생기면 서비스 저하나 비용이 발생할 수 있고 서로 영향을 받기 때문에 하나의 부서가 내리는 결정은 전체 로지스틱스 성과가 더 나아질 수 있도록 조정되어야 합니다.
로지스틱스
부서 간 협조를 위해서 어떤 기업은 각 구성원의 경영자로 구성된 상설 로지스틱스 위원회를 설치하기도 하고
로지스틱스 위원회
로지스틱스 활동을 연결시키는 전문 공급망 관리직을 만들거나,
전체 조직의 공급망 관리 소프트웨어를 도입할 수 있습니다.
SAP
ORACLE
무엇보다 중요한 것은 합리적인 비용으로 시장을 만족시킬 수 있는 로지스틱스 활동을 조정하는 것입니다.
로지스틱스 파트너십 구축
각 경로 구성원의 성공은 전체 공급망의 성과에 따라 좌우됩니다.
전체 공급망의 성과

현명한 기업은 서비스 향상과 유통비 절감을 위해 로지스틱스 전략을 관리하고 공급자와 고객과의 강력한 파트너십을 만들어갑니다.
원 팀!
많은 기업이 파트너와 상호기능적, 상호기업적 팀 체제를 도입하고 있습니다.
예를 들어, 퓨리나(네슬레) 애완견 식품 사업부는 월마트 본사에 팀 하나를 파견하여 비용을 절감할 수 있는 방법을 찾기 위해 서로 협력합니다.
Walmart
PURINA
이런 협력체제는 두 기업뿐 아니라 최종소비자에게도 이익을 가져다 줍니다.
중요한 점은 모든 공급망의 구성원이 합심해야 한다는 것이죠.
PURINA
제3자 로지스틱스
로지스틱스 업무를 제3자에게 맡길 수도 있습니다.
도와줘요
FedEx
바로 DHL, UPS나 페덱스 등과 같은 제3자 로지스틱스(3PL*) 사업자에게 일부 혹은 전체를 위탁하는 것이죠.
DHL
이런 기업들은 단순히 제품을 배송해줄 수도 있지만 비용절감과 서비스 개선을 실현하도록 로지스틱스 시스템을 개선하는 데 도움을 줄 수도 있습니다.
!
UPS
좀 더 높은 단계에서는 3PL이 로지스틱스 사업을 인수해서 관리하도록 할 수 있습니다.
UPS

*Third-Party Logistics provider

예를 들어, 도시바는 UPS가 전체 노트북 수리과정을 취급하도록 합니다.
수거!
UPS

이들은 전문성으로 공급망을 손봐주고 재고를 줄여 더 신속하고 정확하게 제품을 고객에게 운송해줍니다.
FedEx
…

기업은

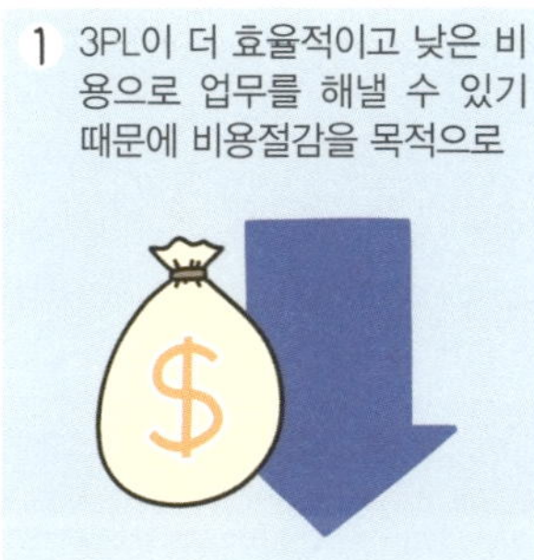
1 3PL이 더 효율적이고 낮은 비용으로 업무를 해낼 수 있기 때문에 비용절감을 목적으로
$

2 아웃소싱으로 기업은 본연의 업무, 핵심사업에 집중할 수 있기 때문에

3 전문적인 3PL기업은 복잡한 로지스틱스 환경의 이해도가 높기 때문에
전문가!
DHL

3PL을 널리 이용하고 있습니다.

끝

1. 공급망과 가치전달 네트워크

대부분의 생산자가 제품을 시장에 내놓기 위해 중간상을 이용합니다. 생산자는 마케팅경로 또는 유통경로를 구성하고, 마케팅경로의 구성원들은 여러 가지 기능을 수행하는데요. 다음과 같은 몇 가지 기능이 거래에 많은 도움을 주고 있습니다.

가치전달 네트워크
value delivery network
전체 거래시스템의 성과를 향상시키기 위해 파트너 관계를 형성한 제조업체, 공급업자, 유통업자, 최종고객으로 구성된 네트워크

- 정보: 소비자, 생산자, 거래를 계획 · 촉진하는 데 필요한 마케팅환경 영향요인에 관한 정보를 수집 및 배포하는 일입니다.
- 촉진: 상품에 대한 설득력 있는 커뮤니케이션을 개발 및 유포하는 일입니다.
- 접촉: 예상되는 구매자를 탐색하고 그들과 커뮤니케이션하는 일입니다.
- 조정: 상품을 구매자의 요구조건에 맞추는 제조, 등급화, 조립, 포장과 같은 활동을 하는 일입니다.
- 협상: 상품(offer)의 가격과 다른 조건에 대한 합의를 이끌어내는 일입니다.

이 밖에도 마케팅경로의 기능 중 물적유통(상품을 수송하고 저장), 금융(경로활동에 따른 비용을 획득하고 사용), 위험부담(경로활동 수행에서 발생하는 위험을 부담)이 완성된 거래가 성사되도록 도와줍니다.

2. 경로행동과 조직

마케팅경로는 각 구성원이 가장 잘 수행할 수 있는 과업을 맡을 때 제일 효과적입니다. 구성원의 성공은 즉 경로의 성공이나 마찬가지이므로, 경로에 속한 모든 기업은 적극 협력해야 합니다. 만약 구성원 사이에서 누가 어떤 일을 맡아야 하는지, 일에서 얻는 보상은 무엇인지에 관한 생각이 다르다면 경로갈등(channel conflict)이 일어날 수 있습니다.

즉, 마케팅경로가 잘 운영되려면 각 구성원의 역할이 명확하고, 경로갈등이 관리되어야 합니다. 오늘날 기업들은 과거 하나 혹은 그 이상의 독립적 생산자 및 도매상, 소매상으로 구성된 전통적인 유통경로(conventional distribution channel)에서 벗어나 다음과 같은 다양한 마케팅시스템을 통해 자신이 속한 마케팅경로가 잘 운영되도록 하고 있습니다.

- 수직적 마케팅시스템(vertical marketing system, VMS): 하나의 통일된 시스템으로 행동하는 생산자, 도매상, 소매상으로 구성됩니다. 한 구성원이 다른 구성원 모두를 소유하거나 그들 모두에게 강력한 힘을 행사합니다. 크게 기업형(한 소유권 아래 생산과 유통의 단계를 통합), 계약형(계약으로 결합한 생산과 유통에서 서로 다른 단계에 있는 독립된 기업으로 구성, 대표적인 예가 바로 프랜차이즈), 관리형(구성원의 규모와 힘에 따라 생산과 유통의 연속적 단계를 조정)으로 나누어집니다.

• **수평적 마케팅시스템(horizontal marketing system)**: 새로운 마케팅기회를 추구하기 위해 같은 경로수준에 있는 둘 혹은 그 이상의 기업을 결합하는 것입니다.
• **복수경로 유통시스템(multichannel distribution system)**: 하나의 기업이 하나 혹은 그 이상의 고객 세분시장에 도달하기 위해 두 가지 또는 그 이상의 마케팅경로를 구축하는 것입니다.

3. 경로설계 결정

경로대안은 직접판매부터 하나부터 세 가지, 혹은 그 이상의 중간경로를 이용하는 방법까지 매우 다양합니다. 가장 주요한 세 가지 경로 유형은 수직적, 수평적, 복수경로 마케팅시스템입니다. 이러한 마케팅경로 추세는 경로의 협력, 갈등, 경쟁에 영향을 미치고 있습니다.

경로설계는 크게 '소비자 욕구 분석 → 경로목표 설정 → 주요 경로대안 확인 → 주요 경로대안 평가(경제성, 통제성, 적응성 등을 기준으로)'의 순서로 이루어집니다.

4. 경로관리 결정

기업이 경로대안을 검토한 후 최적의 경로를 설계했다면, 그다음으로 선택된 경로를 실행하고 관리해야 하는데 이를 마케팅경로관리(marketing channel management)라고 부릅니다. 생산자가 자격을 갖춘 마케팅 중간상을 모집하는 능력은 기업에 따라 다양합니다. 어떤 생산자는 경로 구성원을 모집하는 것이 어렵지 않은 반면, 충분한 자격의 중간상을 모으기 위해 많은 노력이 필요한 생산자도 있습니다.

기업이 일단 경로를 결정했다면, 구성원들이 최선을 다할 수 있도록 동기를 지속적으로 또 적극적으로 부여해야 합니다. 기업은 제품을 중간상을 통해 판매하는 것뿐만 아니라, 중간상에게도 판매할 수 있어야 합니다. 기업은 자사와 파트너 모두의 요구에 맞는 마케팅시스템을 만들기 위해, 경로 구성원들과 강력한 관계를 형성해야 합니다.

5. 마케팅 로지스틱스와 공급망관리

마케팅 로지스틱스(또는 물적유통)는 잠재적으로 비용 절감과 고객만족을 불러올 수 있는 영역입니다. 그러나 어떤 로지스틱스 시스템도 고객서비스를 극대화하면서 동시에 유통비용을 최소화할 수는 없습니다. 마케팅 로지스틱스의 목표는 최저비용으로 목표한 수준의 고객서비스를 제공하는 것이어야 합니다. 마케팅 로지스틱스의 주요 기능은 창고관리, 재고관리, 수송, 로지스틱스 정보관리입니다.

마케팅 로지스틱스
marketing logistics
적절한 이윤을 보장하면서 고객의 욕구를 충족시키기 위해, 원산지에서 소비지점까지 제품, 서비스, 관련 정보의 물적흐름을 계획 · 집행 · 통제하는 일

통합공급망 관리는 기업 내부에서 여러 기능부서 간, 그리고 공급망 안에서 다양한 조직 간 서로 밀접하게 협력하는 팀워크가 필요하다는 것을 의미합니다. 기업은 상호 기능적 로지스틱스팀, 통합적 공급관리 직무, 상호 기능을 연결하는 권한을 가진 고위급 로지스틱스 임원진을 둠으로써 기능부서 간에 균형 잡힌 로지스틱스를 실현할 수 있습니다. 또 팀 조직체제, 공동 분담 프로젝트, 정보공유시스템의 형태를 갖추어 경로 파트너십을 형성할 수도 있습니다. 오늘날 몇몇 기업은 자사의 로지스틱스 기능을 3PL(third－party logistics) 사업자에게 아웃소싱하기도 합니다.

스스로 정리하기

CHAPTER 6 마케팅경로 : 소비자 가치 전달

1 다음 중 가치전달 네트워크의 구성요소를 바르게 골라낸 것을 찾아봅시다.

a. 제조업체	b. 공급업자	c. 유통업자
d. 정부	e. 최종고객	f. 시민단체

① a, b, c, d　　② a, b, c, e　　③ b, c, d, f　　④ c, d, e, f

2 다음 그림이 의미하는 마케팅경로의 명칭으로 바르게 연결된 것을 골라봅시다.

(a)　　(b)

① 전통적 마케팅경로–수평적 마케팅경로
② 기업형 마케팅경로–수평적 마케팅경로
③ 전통적 마케팅경로–수직적 마케팅경로
④ 기업형 마케팅경로–수직적 마케팅경로

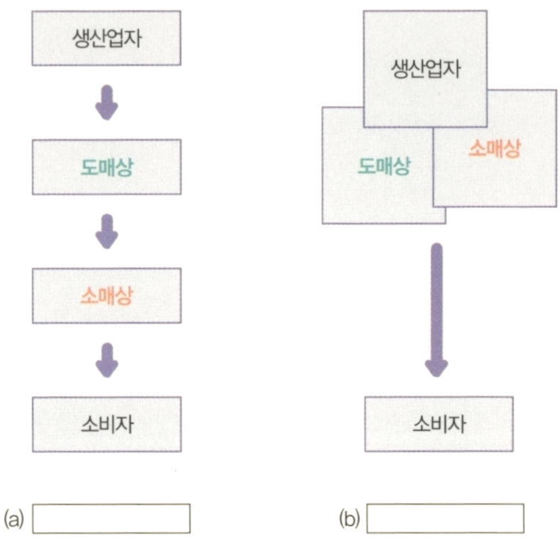

3 다음 내용 중 빈칸에 들어갈 알맞은 단어를 골라봅시다.

> 대부분의 대기업은 자사 제품을 생산 · 판매하기를 좋아한다. 그러나 많은 기업이 로지스틱스 협력 업무를 꺼려한다. 그들은 공장에 원자재를 공급하고 고객에게 제품을 보내기 위해 수행되는 포장, 선적, 하역, 분류, 보관, 운송, 세관통과, 세척, 추적 등 일련의 과정을 좋아하지 않는다. 이러한 업무가 과중해지면서 로지스틱스의 일부 또는 전체를 Ryder, Penske Logistics, BAX Global, DHL 로지스틱스, FedEx Logistics, UPS Business Solutions 등과 같은 [　　　　]에게 맡기는 기업이 늘어나고 있다.

① 1PL　　② 2PL　　③ 3PL　　④ 4PL

정답: 1 ② 2 ③ 3 ③

4 기업이 마케팅경로를 사용하는 이유를 적어봅시다.

5 기업이 선택할 수 있는 주요 경로대안을 정리해봅시다.

6 마케팅 로지스틱스와 통합 공급망관리를 정의해봅시다.

7 다음 용어를 인터넷 또는 책에서 찾아 그 뜻을 확인해봅시다.

가치전달 네트워크
간접 마케팅경로
경로갈등
경로수준
계약형 VMS
공급망 관리
관리형 VMS
기업형 VMS
마케팅경로(유통경로)
마케팅경로관리
마케팅 로지스틱스(물적유통)
물류센터
복수경로 유통시스템
선택적 유통
수직적 마케팅시스템(VMS)
수평적 마케팅시스템
시장경로설계
전속적 유통
전통적인 유통경로
제3자 로지스틱스(3PL) 사업자
직접 마케팅경로
집중적 유통
탈중간상화
통합일괄 수송
통합적 로지스틱스 관리
프랜차이즈 조직

LEARNING OBJECTIVE

- 유통경로에서 소매업과 도매업의 역할을 알아봅니다.
- 소매업과 도매업의 주요 형태를 알아보고, 이와 관련된 마케팅 의사결정을 살펴봅니다.

KEYWORD

소매업 / 도매업 / 마케팅 의사결정

소매업과 도매업은 중요한 경로기능입니다. 매일 만나는 소매점에 대해서는 어느정도 알고 있지만 그 이면에 있는 수많은 도매상에 대해서는 잘 알지 못할 것입니다. 이제 서로 다른 종류의 소매점과 도매상의 특징, 마케팅 의사결정, 향후 추세를 알아봅시다.
BRAND

CHAPTER 7

소매업과 도매업

터키하면 무엇이 떠오르나요?
이국적인 거리, 아름다운 사원…?
전통적인 모습과 더불어 터키는 유럽에서 판매되는 텔레비전의 절반 이상을 만들고 있으며 가전제품의 주요 생산기지로도 잘 알려져 있습니다.
beko
우리에게 생소하지만 베코는 세계 10대 가전제품 기업 중 하나입니다.
유럽에서 사랑받고 있죠.
beko
끊임없는 R&D로 기능과 디자인, 효율에서 소비자가 만족할 수 있도록 혁신과 개선을 도모하고 있죠.
에너지 효율상 디자인상 기술상 상장 상패들
beko
베코가 다른 글로벌 기업들과 차별화되는 점은 무엇일까요?
첫 번째로, 우리는 전략의 중심에 인력을 둡니다.
beko

직원들의 복리후생과 자기개발의 기회를 지원해 해당 분야에서 최신 상태를 유지할 수 있도록 합니다.
beko
두 번째로, 소비자를 존중하고 미래세대를 생각하는 비전을 갖고 있다는 점이죠.
beko
공급자들은 베코의 이런 철학에 동조하고 함께 이익을 도모합니다.
베코라면 믿고 공급하지!
beko
다른 기업과의 경쟁에서 이런 사회적 책임에 집중하는 전략으로 앞서갈 수 있나요?
사회적책임
물론 다른 소매기업들처럼 베코의 생산과 유통에도 비용을 줄이는 시스템을 적용합니다.
비용다이어트!
beko
비용을 줄이면서도 기술과 혁신을 통해 사회적 책임에 맞는 방향으로 만회해 나가는 것입니다.
미래세대를 위해!
beko
지리학적으로 유럽과 아시아 사이에 있는 터키의 독특한 위치는 베코 성장의 또 다른 원동력이 됩니다.
유럽
아시아
터키
아프리카
중동
또 젊은 나라(평균연령 32세, 인구 8,000만 명)와 증가하는 인구수라는 특징은 내수에도 기댈 수 있다는 강점을 줍니다.
국내에서 팔아도 충분!
beko

소매업

브랜드와 소비자를 연결하는 소매업
▼

소매점은 무엇일까요?
코스트코, 타겟, 홈데포 같은 곳이죠!
TARGET
THE HOME DEPOT
COSTCO WHOLESALE
마트!
온라인 쇼핑몰 아마존, 지방의 호텔 체인, 환자를 치료하는 의사 역시 소매점입니다.
HOTEL
소매업이란 '제품이나 서비스를 개인적 혹은 비영리적인 목적으로 사용하려는 최종소비자에게 직접 판매하는 것과 관련된 모든 활동'으로 정의합니다.
소매점은 주로 소매업을 통해 매출을 얻습니다.
소매점은 구매과정의 마지막 단계와 구매 시점에서 브랜드와 소비자를 연결하는 중요한 역할을 합니다.
BRAND
쇼핑객 마케팅 즉, 쇼핑객을 구매자로 유도하는 것은 오늘날 많은 마케터들의 숙제입니다.
구경만 하러 왔는데 사고 싶네…

예를 들어, 피앤지는 쇼핑객이 매장진열대 앞에서 구매를 고민하는 그 순간에 집중합니다.
3~7초
살까
말까
이 3~7초 사이를 '진실의 첫 순간'으로 보고 마케팅 아이디어를 적용합니다.
3~7초
진실의 첫순간!
P&G
디지털정보와 온라인쇼핑몰을 활용하는 쇼핑객들은 이제 여기에 새로운 차원을 더해 '진실의 제로모먼트'라는 개념을 추가합니다.
0
진실의
제로모먼트
바로 소비자가 제품을 온라인으로 검색하고 그것에 대해 알게 됨으로써 구매과정을 시작하는 시점입니다.
START!
MART

바뀌고 있는 소매업 모델

오늘날 소비자들은 점점 옴니채널*적 특징을 갖고 있습니다.
각각
통합
다중경로구매자
Multi-channel buyers
옴니채널구매자
*Omni-channel buyers
옴니채널 구매자란 온라인 쇼핑과 매장 구매를 거의 구분하지 않으며 여러 경로로 구매를 하는 소비자를 말합니다.
이건 온라인구매~
이들은 무언가 구매하려는 결심과 동시에 스마트폰으로 검색을 시작하죠.
로봇청소기
살래
모바일 구매의 빠른 성장과 소비형태의 변화는 매장의 존재이유를 희미하게 만들고 있습니다.
멸망이다!!!
SHOP

하지만 이런 변화가 전통소매점과 온라인 쇼핑몰의 죽고 죽이는 대결이 되는 것은 아닙니다.
SHOP

변화속에서 소매업자가 성공하기 위해서는 옴니채널 소매업* 즉, 채널을 넘나드는 구매체험을 매장, 온라인, 모바일 쇼핑을 묶어 통합해야 합니다.
SHOP

* Omni-channel retailing

옴니채널 구매자의 요구를 충족시키기 위해 기존 매장 소매업체들은 디지털, 온라인, 모바일 쇼핑을 업무에 도입하는 한편,
오케이~
SHOP
주문

온라인에서 시작한 소매업체들도 점차 오프라인 매장을 선보이고 있습니다.
amazon go
계산대가 없네?
SALE
amazon

소매점의 유형

▼

소매점은 그 규모나 형태가 매우 다양합니다.
구멍가게부터 대형 체인까지
만복 슈퍼

이를 서비스 수준, 제품구색의 폭과 깊이, 지불해야 하는 제품가격, 조직 방법 등으로 나눌 수 있습니다.

서비스 수준
셀프서비스 소매점: 시간과 돈을 아끼기 위해 매장에 가서 직접 비교해보고 선택하려는 고객을 대상으로 합니다.
킁킁
TARGET
슈퍼마켓, 타겟 등

한정서비스 소매점: 고객들이 많은 정보를 필요로 하는 제품을 주로 취급하기 때문에 판매 지원 서비스가 많이 필요한 형태입니다.
백화점 등

완전서비스 소매점: 고급전문점이나 최고급 백화점처럼 판매사원이 고객의 전체 구매과정을 돕도록 합니다.
TIFFANY&CO
고객이 요구나 도움을 필요로 하는 전문품을 주로 다루고 많은 서비스가 있기 때문에 가격이 많이 비쌉니다.
$$$$$
제품구색
전문점 다루는 제품계열의 폭은 정해져 있지만, 해당 계열 안에서는 매우 다양한 제품을 갖추고 있습니다.
주방용품점
깊다!
오늘날 시장세분화, 시장표적화, 제품전문화로 인해 특정 제품이나 특정 세분시장에 집중하는 점포수가 늘어남에 따라 전문점이 크게 성장하고 있습니다.
선글라스전문점
잉크전문점
아웃도어전문점
ink
백화점 매우 다양한 제품계열을 다루고 있지만, 전문점과 할인점 사이에서 위협을 받고 있는 처지입니다.
전문점
백화점
할인점
할인점
할인점에 맞서기 위해 촉진적 가격정책을 하고, 전문점과 경쟁하기 위해 독점브랜드인 디자이너 숍의 입점을 늘리고 있습니다.
전문점
독점브랜드
백화점
촉진적 가격정책
할인점
거기에 온라인 쇼핑몰의 위협까지 추가되어 백화점도 온라인으로 진출을 꾀하고 있지만, 쉽지 않습니다.
백화점

슈퍼마켓 가장 많이 볼 수 있는 소매점 유형입니다. 하지만 인구성장의 둔화와 할인점, 전문 식품점의 위협으로 위기를 맞고 있습니다.
슈퍼마켓
뿐만 아니라, 지난 20년 동안 외식이 늘면서 점차 타격을 받고 있습니다. 이에 대비해 식품코너를 고급화하는 전략을 쓰고 있습니다.
프리미엄
온라인 장보기도 도입하고 있죠!
편의점 제품계열이 정해져 있고 재고회전율이 높은 것이 특징입니다.
편의점
24h
ATM
과거의 부진을 벗어나 소비자층을 넓히면서 큰 성장을 보이고 있습니다.
살게 없어~
슈퍼스토어 일반적인 슈퍼마켓보다 규모가 크며, 제품구색이 광범위합니다.
SUPERSTORE
카테고리 킬러 특정 제품 라인에 있어서 매우 깊이 있는 제품구색을 갖추고 엄청난 크기의 매장을 운영합니다.
전자제품, 인테리어, 도서, 어린이용품 등등 다양한 종류의 매장이 있습니다.
서비스소매점 호텔과 모텔, 은행, 항공사, 레스토랑, 대학, 병원, 영화관 등의 서비스 제공점들입니다.
서비스소매점은 생각보다 소매점에서 많은 비중을 차지하고 있네요!

상대적 가격
할인점: 표준화된 제품을 낮은 가격에 팔아서 박리다매*를 추구합니다.
초기의 할인점은 시외에 창고 같은 시설과 최소의 서비스로 이윤을 냈습니다.
할인점
* 이익을 적게 보면서 많이 판매함
하지만, 요즘에는 효율적인 운영을 통해 가격은 낮게 유지하면서 쇼핑환경과 고객 서비스는 높이고 있습니다.
운영비
할인점
가격유지
서비스
대형할인점이 지배적인 위치를 차지하고 있고 소형할인점들도 불경기에 번성하고 있습니다.
싼 게 비지떡 아냐?
아니, 우리는 전략적인 제품라인 선정과 관리를 통해 같은 제품도 낮은 가격에 팔 수 있어.
할인점
오프-프라이스 소매점: 정상적인 도매가격보다 낮은 가격으로 사서 다른 소매점보다 싼 가격으로 소비자들에게 판매합니다.
도매가격이 더 싸니까 가능한 가격이지!
오프-프라이스 소매점에는 독립 오프-프라이스 소매점, 제조업체 상설할인매장, 창고소매업클럽의 세 가지 유형이 있습니다.
독립 오프-프라이스 소매점: 독립 사업가부터 대규모 소매기업의 사업부서가 운영합니다.
TJ·maxx
TJ-MAXX같은 기업은 시장상황을 잘 보며 과잉생산된 제품들을 재빨리 사서 백화점보다 싸게 판매합니다.
디자이너 명품
과잉생산
우리가 살게요.
대신 싸게...
TJ·maxx

제조업체 상설할인매장: 흔히 아울렛이라고 부르는 패션기업의 직영점입니다.

여러 업체들이 모여 아울렛몰을 만들고 있습니다.

골칫덩이인 재고를 처리하는 것이 아니라 아울렛을 통해 판매를 원활히 하면서 새로운 사업기회를 만들 수 있는 방향으로 목표를 잡고 있습니다.

명품 브랜드와 서민적인 가격의 만남은 불경기에 더 많은 소비자들을 끌어들이고 있습니다.

창고소매업클럽: 코스트코 같은 창고형 점포로 저렴한 식빵 두 덩이부터 다이아몬드까지 대부분의 제품을 초저가로 살 수 있습니다.

저소득층을 노린 특가 제품뿐 아니라 고급품도 합리적인 가격에 팔면서 다양한 고객층의 사랑을 받고 있습니다.

조직적 접근

기업체인*: 공동으로 소유되고 통제되는 2개 이상의 점포를 말합니다. 규모가 크기 때문에 저가로 대량구매가 가능하고 홍보비용을 절약할 수 있으며,

* Corporate chain

가격, 촉진, 머천다이징, 재고관리, 판매예측 등을 다루는 전문가들을 고용할 수 있다는 이점이 있습니다.

백화점, 잡화점, 식품점, 드럭스토어, 식당 등에서 두드러지게 볼 수 있습니다.

임의체인*, 소매점 조합: 이런 이점을 얻기 위해 독립소매점도 임의체인이나 소매점 조합 같은 방법으로 함께 힘을 합쳐 기업체인과 가격경쟁을 도모합니다.

* 볼런터리 체인(Voluntary chain)

프랜차이즈: 계약형 소매조직의 또다른 형태입니다.

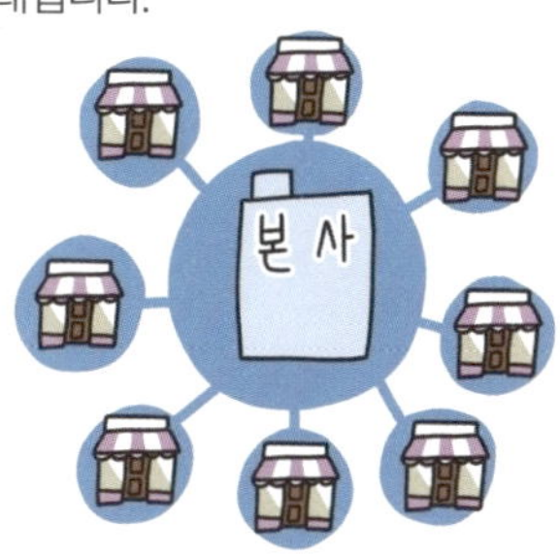

프랜차이즈가 임의체인, 소매점 조합과 다른 점은 무엇인가요?
독특한 제품이나 서비스, 사업방법, 상표명, 영업권 또는 특허권을 본사가 갖고 있다는 점입니다.
본 사
생각보다 다양한 분야에 적용될 수 있으며
미국 소매판매량의 50%를 차지하고 있습니다.
McDonald's
햄버거부터 납세, 미용실, 집수리, 축구교실까지

옴니채널 소매업* : 매장, 온라인, 모바일 SNS의 결합

* Omni Channel Retailing

옴니채널 소비자들은 매장에서 제품을 두 눈으로 확인하고 온라인구매를 하기도 하고 온라인에서 확인한 제품을 매장에서 구입하기도 합니다.
주문
이런 소비자의 거대한 변화는 옴니채널 소매업으로의 변화를 요구합니다.
매장 소매업과 온라인 소매업의 경계가 점차 없어지고 있습니다.
매장 운영자들은 웹사이트, 어플, SNS를 통해 디지털 세계로 사업운영을 넓히고 있고,
SHOP
SHOP
온라인 쇼핑몰들은 쇼룸, 팝업숍, 매장을 통해 실제 세계로 뛰어들고 있습니다.
POPUP
하지만, 디지털 친화적인 매장이나 화려한 웹사이트, 치밀한 SNS운영이 저절로 좋은 옴니채널 소매업을 만들어주지는 않습니다.
포인트는 온·오프라인을 아우르는 요소들을 신중하게 통합해 오늘날 고객들이 추구하는 자연스러운 옴니채널 쇼핑체험을 만들어주는 것이죠.
발견
구매

소매점의 마케팅 의사결정

과거의 소매점은 독특한 제품들, 경쟁사보다 좋은 서비스로 고객을 끌어들였습니다.
그러나 오늘날 소매점의 제품구색과 서비스는 점점 비슷해지고 있죠.
백화점
24h
ATM
반면, 고객은 과거보다 더 합리적인 선택을 하려 하고 가격에 민감해지고 있습니다.
서비스도 비슷한데 같은 브랜드를 더 비싸게 살 필요가 있나?
이를 위해서 다음과 같은 의사결정에 주의해야 합니다.
소매상 전략
소매 세분화와 표적 설정
매장 차별화와 포지셔닝
소매점 마케팅믹스
제품 및 서비스 구색
소매 가격
촉진
유통(입지)
표적 소매 고객을 위한 가치 창출
시장세분화, 표적 설정, 차별화, 포지셔닝의 의사결정
소매점은 먼저 표적시장을 세분화하고 정의한 후, 그 시장에서 어떻게 차별화하고 포지션을 만들 것인가를 결정해야 합니다.
고소득층, 중산층, 저소득층? 한 제품을 깊게 취급할까 여러가지를 모두 판매할까?
SHOP
시장에 대한 정의와 그 시장의 고객특성에 대한 파악이 이루어져야 비로소 제품구색, 서비스, 제품가격, 광고, 인테리어 등에 대한 일관성 있는 의사결정을 내릴 수 있습니다.
러쉬는 이윤을 내는 것 이상의 고객, 직원, 환경 및 사회에 이로운 기업으로 스스로를 포지셔닝 합니다.
방부제
포장
동물실험
LUSH
FIGHTING ANIMAL TESTING
공정거래
지역사회
투자
이렇게 확고한 가치를 내세운 독특한 포지셔닝 덕분에 승승장구하고 있습니다.
LUSH

제품구색과 서비스 결정
소매점의 제품구색 표적 구매자들의 기대와 일치하면서 동시에 다른 소매점과 차별화되어야 합니다.
표적구매자
다른데선 안 팔아요!
고도로 표적화된 제품구색을 제공하거나, 경쟁자가 팔 수 없는 독점 브랜드로 차별화 할 수도 있습니다.
XXXL
빅사이즈 의류
모든 종류의 배터리
독점 판매
서비스믹스
소매점들은 서비스믹스를 통해서 차별화 할 수 있습니다.
예를 들어, 웹상에서 고객을 위해 상담을 해주거나 고객들에게 다양한 클래스를 제공하는 것이죠.
THE HOME DEPOT
DIY 목공 교실
점포 분위기 제품의 매력도를 높이는 또 다른 요소는 바로 점포 분위기입니다.
어서 오세요
탈의실
많은 소매점들이 시도하는 체험 리테일링 즉, 표적 소비자를 노린 매장체험을 제공함으로써 매출을 높입니다.
스타디움처럼 꾸며진 뉴욕 5번가의 대형 아디다스 매장은 제품을 테스트해 볼 수 있을 뿐 아니라 맞춤형 제품을 제공하고 새로운 체험을 선사합니다.

가격결정
모든 소매점은 높은 마진과 많은 판매량을 원하지만, 이 두 가지를 동시에 이루기는 어렵습니다.
음냐
SHOP
마진
저기 손님 왔는데.
따라서 대부분의 소매점은 높은 마진에 적은 판매량(전문점)이나 낮은 마진에 많은 판매량(박리다매 소매점, 할인점) 이 둘 중의 하나죠.
높은마진
많은 판매량
전문점
박리다매
같은 명품을 팔더라도 최상의 서비스를 하며 비싼 값을 받는 소매점이 있는가 하면 합리적인 가격으로 중산층을 끌어들이는 소매점도 있습니다.
소매업자들은 반드시 어느 정도의 세일즈 그리고 가격 프로모션을 사용할지에 대해 결정해야만 합니다.
1+1
POINT X2
20%
고급 소매점에서 1+1 행사를 하는 것은 상상하기 힘들죠. 반면 월마트나 ALDI 같은 소매점은 특별한 할인이 따로 없는 항시저가정책*을 합니다.
항상 저렴하게!
ALDI
보통 일용품을 파는 소매점은 일부 제품의 파격적인 할인을 통해 고객의 유입량을 늘리고, 매일 판매되는 물품에는 상대적으로 높은 가격을 매겨 매출을 유지합니다.
너무 익숙한 가격정책이네요.
할인품목
미끼
상위-하위 가격정책
촉진결정
소매점은 소비자에게 접근하기 위해 광고, 인적판매, 판매촉진, PR*, 직접 마케팅과 같은 다섯 가지 촉진 도구를 사용합니다.
인적 판매
판매 촉진
광고
P.R
직접마케팅
우리가 매일 접하는 광고, 인적판매는 매장 판매원을 통한 고객응대, 판매촉진은 매장 내 전시 진열 판매 행사가 포함됩니다.
판매 촉진
인적판매
광고
NEW

* everyday low pricing, EDLP

* Public Relations

점포개점행사, 특별이벤트, 정기 소식지 등이 PR이 됩니다.
대부분의 소매점은 웹사이트와 온라인광고, 뉴스레터, 어플, SNS 등의 디지털적 수단으로 소비자와 교류하고 있습니다.
뉴스레터
NEW
PR
디지털 홍보활동은 소매점이 소비자에게 맞춤형 메시지를 조용히 전달할 수 있도록 합니다.
오직 당신만을 위한 특별한 가격!
직접마케팅
입지결정
소매업의 성공을 결정하는 필수요소는 첫째도 입지! 둘째도 입지! 셋째도 입지야!
자사의 포지셔닝과 일치하면서 표적고객 접근이 쉬운 점포 위치를 설정하는 것은 매우 중요합니다.
예를 들어, 애플 매장은 고급쇼핑몰이 있는 시내중심지에 매장을 냅니다.
반면 트레이더조 같은 창고형 매장은 외곽에 자리를 잡아 비용을 낮게 유지합니다.
쇼핑센터는 입지에 따라 지역형 쇼핑센터, 커뮤니티형 쇼핑센터-근린형 쇼핑센터(소형상가)로 구분됩니다.
지역(교외)형 쇼핑센터
매우 많은 점포들이 모여 있는 웅장한 쇼핑센터는 교외에 위치하고, 광범위한 지역의 고객을 끌어들입니다.
Shopping
커뮤니티(준교외)형 쇼핑센터
중간 수의 소매점포로 되어 있습니다. 몇 개의 점포가 모인 근린형 쇼핑센터는 주거단지에 가까이 있으며 편리함을 목적으로 합니다.
(슈퍼마켓, 편의점, 세탁소, 약국, 철물점, 소형 레스토랑 등)
24
교외
도심

쇼핑센터의 보다 새로운 형태로 파워센터가 있습니다. 월마트나 코스트코 같은 대표 소매점들을 포함해 길게 늘어서 있는 소매점들입니다.

반대로 라이프스타일센터는 고급매장과 편의공간, 운동시설, 호텔 등으로 고급주택가 근처에 있습니다.

최근에는 이 둘이 합쳐져 하이브리드 라이프스타일 파워센터로 바뀌고 있습니다.

온라인 쇼핑의 성장은 쇼핑몰의 필요성을 줄이고 있습니다. 때문에 오늘날의 센터는 쇼핑과 더불어 커뮤니티와 엔터테인먼트를 위한 시간을 보낼 수 있는 장소로 바뀌고 있습니다.
MOVIE

소매업의 성공을 좌우하는 입지결정

TRADER JOE'S
CHEAP
gourmet

모든 대도시와 도심에 백화점, 전문점, 은행, 극장이 있는 중앙상업지구(central business district)는 1950년대까지 중요한 소매밀집 형태였습니다. 그러나 사람들이 교외로 이주하기 시작함에 따라 중앙상업지구는 교통, 주차, 범죄 문제로 인해 계속해서 쇠퇴하고 있습니다.

소매점은 종종 소매업의 성공을 결정하는 세 가지 필수적인 요인으로 첫째도 입지, 둘째도 입지, 셋째도 입지라고 말합니다. 즉 소매점이 표적고객이 접근하기 쉬우면서 자사의 포지셔닝과 일치하는 점포위치를 선정하는 것은 매우 중요합니다. 예를 들어, 애플은 시카고의 미시간 애비뉴에 있는 메그니피션트 마일(Magnificent Mile)이나 뉴욕 맨해튼의 5번가(Fifth Avenue) 같은 고급 쇼핑몰이나 최신 유행의 쇼핑가에 점포를 내지만, 반대로 Trader Joe's는 임대료가 싼 외곽에 점포를 열어 비용을 낮게 유지하고 "싸고 맛있는 음식(cheap gourmet)"이라는 자사의 포지셔닝을 구축합니다.

소비자 지출 압박
경제위기를 겪으면서 소비자들은 가치추구형 소비를 하게 되었습니다.
퀄리티는 유지하면서 돈은 아껴야 해
가성비!
이 흐름을 타고 몇몇 소매점들은 실제로 불경기를 통해 이익을 얻기도 했습니다.
COSTCO
코스트코 같은 대형 할인점 매출 상승
하지만, 대부분의 소매업체들은 위기를 맞았고 탈출구를 찾기 위해 파격적인 가격할인과 판매촉진에 힘을 쏟았습니다.
오 딸라!
TGI FRIDAY
5$
단돈 20$
주의할 점은 지나친 할인은 혜택이 아니라 당연한 것으로 여겨지면서 수익을 좀먹는 다는 것이죠.
더 깎아주세요.
노마진
-20%
경제적으로 어려울 때라도 소매점은 반드시 단기적 행동이 장기적 이미지와 포지션에 해를 입히지 않도록 해야 합니다.
당장 입에 풀칠은 해야지.
기업가치
장기적인 매장 포지션 전략하에서 더 높은 소비자 가치를 형성하는데 초점을 맞춰야 하는 것이죠.
지금은 힘들어도 멀리 보라는 말씀
새로운 소매업태와 수명주기의 단축 그리고 융합
변화된 소비자의 욕구와 소매환경에 맞추기 위해 새로운 소매업태가 계속해서 등장하고 있지만, 그 수명주기는 더욱 더 짧아지고 있습니다.
또 망했어
폐업
월마트가 등장했던 해인 1962년의 상위 10개 할인소매점 중 오늘날까지 존재하고 있는 것은 하나도 없습니다.
1962 TOP 10
1 OOmart
2 ××mart
3 □□□mall
△△mart
◇◇◇CO
OOOSALE
□□mart
♡♡mart
Walmart
1962년생
Kmart
1962년생

소매업의 많은 혁신들은 소매업 수레바퀴 개념으로 설명할 수 있습니다.

새로운 소매업태는 저마진, 저가격, 저렴한 점포를 무기로 비용과 마진의 증가로 비대해진 기존 소매점에 도전합니다.
$
새로운 도전자!
$$$
내가 이꼴이 되다니..
소매업 수레바퀴
서비스
비용
$$↑
이렇게 성공한 새로운 소매점은 점차 시설을 개선하고 더 많은 서비스를 제공하게 되고 그 결과 비용이 증가하여 제품의 가격도 상승하게 됩니다.
결국 새로운 소매점은 그들이 몰아냈던 기존의 소매점과 똑같은 길을 가게 됩니다.

새로운 소매업태는 언제나 등장합니다.

최근에는 어플과 웹사이트 SNS를 통한 온라인 소매업이 성행하고 있고,
터치!
구매!
끝!
도착!
그보다 오래된 형태로는 팝업스토어처럼 짧은 시간 동안 큰 관심을 끄는 형태의 매장을 예로 들 수 있습니다.
NEW
POP-UP!
서로 다른 소매업태라도 소비자 입장에서는 큰 차이를 느끼지 못합니다.
심드렁
예를 들어, 전자제품을 구입하려고 백화점에 갔으나 살 수 없었다면 길 건너 하이마트 매장에서 구입하거나 인터넷 쇼핑몰을 통해 온라인으로 주문할 수 있습니다.
재고 부족

소비자, 제품, 가격, 소매점의 이런 통합은 소매 융합이라고 불립니다.
소매융합
이런 융합이 뜻하는 것은 소매점 사이의 더 거세진 경쟁과 서로 다른 형태의 소매점들이 제품구색으로 차별성을 갖기 더 어려워진다는 뜻입니다.
너 그거 팔지마!
내 맘이거든~
손님 그냥 가는데..?
초대형 소매점의 부상
초대형 소매점은 규모와 구매력을 통해 성장하면서 작고 약한 경쟁자들을 흡수했습니다.
ㅎㅎㅎ
BIG MART
ㅎㅎㅎ
적은 수의 초대형 소매점들이 제조사보다 더 큰 목소리를 갖게 된 것입니다.
클로락스 0.5%
26%
월마트 통한 매출
소매기술의 중요성 증가
소매기술은 경쟁적인 도구로서 매우 중요해지고 있습니다.
혁신적인 소매점은 매장 및 온라인 데이터에서 얻은 빅데이터를 통해 고객의 요구와 행동에 대한 통찰력을 얻을 수 있습니다.
RFID
빅데이터
기술발전으로 좋아진 재고관리와 점포 간의 정보교류 또한 효율성을 더하고 있습니다.
오늘날 소비자들은 웹을 통해 원하는 정보를 바로 얻고 동시에 주문도 할 수 있습니다.
소매점들은 이런 웹의 장점을 매장에 도입하려고 합니다.
키오스크
터치스크린
작은 쇼핑 보조기기 제공

아마존고는 무인 편의점을 통해 지갑 없는 결제 시스템을 도입했습니다.
amazon go
SALE
앱과 연동된 매장은 개인 맞춤형 특가제안과 자동 결제를 지원하고 영수증도 모바일로 받을 수 있습니다.
물건을 갖고 그냥 나오면 결제가 됩니다.
$ 영수증
공짜 같아…!
이런 기술을 통해 고객은 쇼핑을 쉽게 할 수 있고 소매점은 운영 비용을 절감하고 재고관리를 쉽게 하며 고객 데이터수집도 가능하게 합니다.
편리한 쇼핑
윈윈
운영효율
그 외에도 많은 첨단 기술들이 매장에 들어오고 있습니다.
MART
타겟 같은 대형 소매점은 비콘기술 즉, 블루투스를 통해 고객 스마트폰의 앱을 활성화시켜 안내와 자동결제를 지원합니다.
TARGET
세일정보!
그 밖에 VR을 통해 제품과 관련된 여러가지 체험을 하고, 증강현실을 이용한 스마트미러도 더 이상 영화 속의 이야기만이 아닙니다.
color

디지털기업으로 거듭난 타겟

타겟은 고객이 차에서 내릴 필요 없이 매장 외부 주차장에서 바로 구매제품을 받을 수 있는 서비스를 제공합니다. 주차장에 비콘이 설치되어 있어 구매자의 방문파악과 위치정보를 알 수 있습니다. 비콘(beacon) 기술은 스마트폰을 통해 고객이 매장에서 쇼핑할 때 고객을 맞이하고 응대하는 블루투스 연결입니다. 고객이 타겟 매장에 들어갈 때 스마트폰에서 타겟 앱을 깨우고 이 앱은 쇼핑객들이 가게를 지나갈 때 지도에 쇼핑객들의 위치를 보여줍니다.

비콘 기반 타겟 기술은 고객이 어떤 아이템을 선택했는지 추적하여 체크아웃을 거치지 않고 자동으로 신용카드로 결제하는 스캔 앤 고(scan and go) 기능도 제공할 수 있습니다.

그린 리테일링
이제 소매점은 매장과 운영방식을 친환경적으로 만들고,
책임 있는 소비를 지원하며,
환경적으로 지속가능한 제품을 선보이고,
환경적 영향을 줄이기 위해 경로 파트너들과 협력합니다.
예를 들어, 이케아는 매장의 에너지 자립성과 효율성을 높이고 있습니다.
IKEA
Home furnishings
친환경 에너지원을 통해 스스로 에너지를 생산하고 효율이 높은 LED 조명을 사용합니다.
IKEA
매장 내 식당에서 나오는 음식물 쓰레기도 사료나 바이오 가스로 재활용합니다.
우리의 목표는 100% 지속가능해지는 것입니다.
IKEA
그린 리테일링은 매출과 순수익 양쪽 모두에 이익을 가져다줍니다.
매출
순수익
환경친화적인 제품을 지지하는 소비자를 끌어들여 소매점의 매출을 높이고,
또 비용을 낮춰 순수익에도 도움이 되기 때문이죠.
아마존의 '포장에 대한 분노'를 잠재워주는 포장재 감소 노력이 소비자들의 환영을 받은 것처럼 말이죠.
wrap
rage

주요 소매점의 세계적인 확장
독특한 운영방식과 강력한 브랜드 포지셔닝을 가진 소매점은 포화상태인 국내시장을 벗어나 국제적으로 그 시장을 확장하고 있습니다.
맥도날드와 월마트의 진출로 미국의 세계적 확장이 성공적으로 이루어지고 있는 것처럼 보이지만
유럽과 아시아에 비해 상당히 뒤지고 있습니다.
Seven&I
까르푸, ALDI, 테스코
세계 상위 20개의 소매점 중 10개가 미국 기업인데 그중 오직 5개만이 북미 이외의 지역에 점포를 두고 있습니다.
내수에 비해 해외시장은 좀...
국가, 대륙, 문화별로 소매환경은 다르기 때문에 자국 내에서 잘 작동했던 운영방식을 해외에 똑같이 적용하는 것으로는 성공을 장담할 수 없습니다.
%
안사요 안사
해외로 진출할 때 소매점들은 그 지역 시장의 필요를 이해하고, 부응해야 합니다.
열 공

세계인의 입맛을 사로잡은 글로벌 기업, 맥도날드

맥도날드는 시그니처 버거와 감자튀김이 있지만, 지역 시장 고객들의 독특한 미각을 만족시키는 메뉴 아이템들을 추가해 왔습니다. 노르웨이에서는 연어 버거, 중국에서는 으깬 감자 버거, 일본에서는 새우 버거, 태국에서는 사무라이 포크 버거, 말레이시아에서는 치킨 죽, 하와이에서는 스팸과 계란을 제공합니다. 이처럼, 맥도날드는 글로벌 시장에서 세계인의 입맛을 사로잡기 위해 메뉴를 변형하여 소비자들의 니즈를 충족시키고 있습니다.

도매업

도매업은 재판매 또는 사업때문에 사는 고객에게 제품이나 서비스를 판매하는 데 관련된 모든 활동들을 말합니다.
도 매
도매상은 주로 생산자에게 사서 주로 소매점, 산업재 소비자, 다른 도매상에게 팝니다.
규모가 크고 영향력 있는 도매상이라고 할지라도 최종소비자에게는 잘 알려져 있지 않습니다.
?
금시초문
그레인저는 도매업계에서 유명하지만 일반 소비자들은 잘 모르는 기업이죠.
GRAINGER
GRAINGER
유지·보수·운영제품*을 공급하는 이 기업은 공장, 차고, 식품점, 학교, 군부대까지 다양한 고객을 갖고 있습니다.
MRO
GRAINGER
P
그레인저는 고객들이 가지는 MRO와 관련된 문제점들에 대한 해결책을 찾으면서 고객과 지속적인 관계를 쌓아갑니다.
이렇게 저렇게 하면 재고도 줄고 운영비용도 줄일 수 있지요.
믿습니다.
GRAINGER

* maintenace, repair and operation MRO

그렇다면 도매상은 판매자에게 왜 중요할까요?
왜 생산자는 소매점이나 소비자에게 직접 판매하지 않고 도매상을 이용하나요?
간단히 말하자면, 도매상들은 다음과 같은 경로기능 중에서 하나 이상을 수행함으로써 가치를 더하기 때문입니다.
판매와 촉진: 도매상의 판매력은 제조업자들이 저렴한 비용으로 많은 소규모 고객들에게 도달할 수 있도록 해줍니다. 제조업자보다 가까운 위치에서 구매자에게 신뢰를 줄 수 있습니다.
믿고 구입하세요!
구매와 구색맞춤: 도매상들은 품목을 선택하여 고객들이 필요로 하는 구색을 맞춤으로써 소비자의 불편을 덜어줍니다.
이것, 이것 주세요
거래량 분할: 도매상들은 대량으로 구입한 제품을 소량으로 분할하여 판매함으로써 고객이 돈을 절약할 수 있게 해줍니다.
필요한 만큼만!
보관: 도매상들은 재고를 보유함으로써 공급자와 고객의 재고비용과 위험부담을 줄여줍니다.
나에게 맡겨요!
운송: 도매상들은 생산자보다 고객과 가까이 있으므로 고객에게 신속한 배달이 가능합니다.
금융: 도매상들은 고객에게 신용판매를 하고 공급자에게는 미리 주문하고 제 날짜에 대금을 지불함으로써 금융 서비스를 제공합니다.
나중에 주세요!
위험부담: 도매상들은 제품에 대한 소유권을 갖고 도난, 파손, 변질 등의 비용을 부담합니다.
문제 없어요
반품
시장정보: 도매상은 공급자들과 고객들에게 경쟁사의 활동, 신제품, 가격 변화 등에 관한 정보를 제공합니다.
경영 서비스와 지도: 도매상들은 종종 소매점들이 그들의 판매사원을 교육 · 훈련시키고, 점포배치와 진열을 개선하고, 회계 및 재고 통제 시스템을 수립할 수 있도록 도와줍니다.

도매상의 유형

상인도매상

전체 도매업의 약 50%를 차지하는 최대의 도매상 집단입니다. 취급하는 제품의 소유권을 가지고 있으며, 사업체를 독립적으로 소유합니다.

완전기능도매상
재고유지, 판매원유지, 신용 제공, 배달 및 경영 지원과 같은 종합적인 서비스를 제공합니다.

도매상인
주로 소매점에게 판매합니다.
일반제품도매상은 여러 제품 계열을 취급합니다.

일반제품라인 도매상은 한두 가지의 제품계열을 깊이 있게 취급합니다.

전문도매상은 계열 중 일부분만을 전문적으로 취급합니다.

산업재 유통업자
소매점보다는 제조업자에게 제품을 판매합니다.

한정기능 도매상

자신의 공급자나 고객에게 몇 가지의 서비스만을 제공합니다.
몇 가지 서로 다른 유형의 한정기능 도매상들은 유통경로상에서 다양하게 전문화된 기능을 합니다.

현금도매상
신속하게 이동 가능한 한정된 계열의 제품만을 소규모 소매점에게 현금으로 판매하고, 보통 배달은 하지 않습니다.

트럭도매상
주로 판매와 배달 기능을 수행합니다. 우유, 식빵, 스낵류 등 변질되기 쉬운 제품을 한정적으로 취급하는데, 슈퍼마켓, 식료품점, 병원, 레스토랑, 구내식당, 호텔 등을 돌면서 현금을 받고 판매합니다.

직송도매상
재고를 가지고 있거나 제품을 다루지 않습니다.
주문을 받으면 고객에게 제품을 직송해줄 제조사를 선택합니다. 주로 석탄, 목재, 중장비 등과 같이 부피가 큰 제품의 산업에서 이용됩니다.

선반중개인
소규모의 식료품, 의약품 점포에 주로 비식품류를 제공합니다. 배달원은 완구류, 서적류, 철물제품 및 건강 · 미용제품 등을 선반에 채워 넣습니다.

생산자 조합
농산물 생산자들이 지역시장에서 판매한 농산물을 모아 공급합니다. 품질을 높이고 협동조합 브랜드를 촉진하기도 합니다.

우편주문도매상
소매점, 산업체 고객 그리고 기관고객에게 보석, 화장품, 특산품 및 기타 제품들에 대한 카탈로그를 보내거나 웹사이트를 유지해줍니다. 주요 고객은 도시 외곽에 위치한 소규모 기업체입니다.

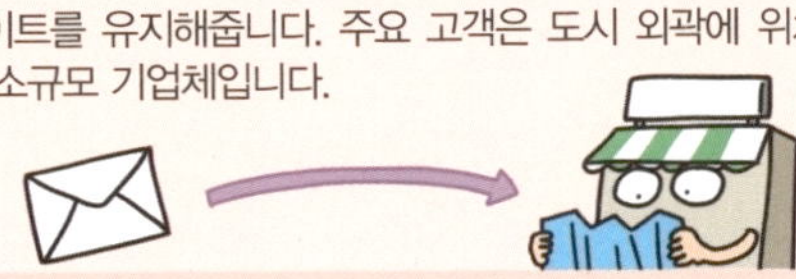

중개인과 대리인

제품의 소유권을 가지지 않습니다.
판매와 구매를 수월하게 해주고 대가로 수수료를 받습니다.
일반적으로 제품계열이나 고객유형에 따라 전문화되어 있습니다.

중개인: 구매자와 판매자를 모아 거래를 협상하도록 도와줍니다. 의뢰인으로부터 대금을 받지만, 재고를 보유하지 않고 금융에도 관여하지 않으며, 위험을 부담하지도 않습니다(부동산 중개인).

대리인

구매자나 판매자 중 한쪽을 대표하며, 이들과 지속적인 관계를 유지합니다.

제조업자 대리인

상호 보완적인 제품계열의 2개 이상 제조업자들을 대표합니다. 스스로 영업력을 확보할 여력이 없는 소규모의 제조업자에 의해 고용됩니다.

판매대리인

계약서상으로 제조업자의 전 제품을 판매할 권리를 갖습니다. 판매부서의 역할을 수행하고 가격, 기간, 판매 조건 등 전반에 걸쳐 상당한 영향력을 미칩니다.

구매대리인

일반적으로 구매자와 장기간의 관계를 유지하면서 구매자를 대신하여 제품을 구입하고, 인수하고 검사하여 창고에 보관하며, 구매자에게 제품을 선적해 보냅니다.

수수료상인

제품을 소유하고 판매협상을 합니다. 주로 농산물을 트럭에 싣고 중앙시장에 가서 좋은 가격에 판매를 하고 수수료와 비용을 제외한 금액을 제조업자에게 지불합니다.

제조업자 영업점

독립적인 도매상을 통하지 않고 판매자나 구매자가 직접 운영합니다. 각 판매지점 및 사무소는 판매처 또는 구매처로 이용될 수 있습니다.

판매지점 및 사무소

제조업자들이 재고관리, 판매, 촉진 등을 향상시키고자 판매지점과 사무소를 세웁니다.

판매지점은 재고를 보유하지만 판매 사무소는 재고를 가지고 있지 않으며 건조제품이나 잡화산업에서 흔히 볼 수 있습니다.

구매사무소

대리인이나 중개인과 유사한 역할을 하지만, 구매자 조직의 일부입니다.

도매상의 마케팅 의사결정

세분화, 표적시장, 차별화, 포지셔닝 결정
도매상은 소매상처럼 전체 소비자를 모두 응대할 수 없기 때문에 표적시장을 세분화하고 그에 맞춰 포지셔닝 해야 합니다.
표적집단은 어떻게 구분할 수 있나요?
고객 규모, 고객 유형, 서비스 요구수준, 기타 요인들로 나누어 볼 수 있습니다.
고객 규모
대규모
고객 유형
편의점
서비스 요구수준
신용구매
표적집단을 선정하면 더 좋은 제품을 설계하는데 집중하고 그들과 보다 좋은 관계를 쌓아갈 수 있습니다.
효율↑
도매상 전략
도매 세분화와 표적 설정
차별화와 서비스 포지셔닝
도매점 마케팅믹스
① 제품과 서비스 구색
② 도매 가격
③ 촉진
④ 유통(입지)
표적 도매 고객을 위한 가치 창출
마케팅믹스 결정
도매상의 마케팅믹스는 소매점과 마찬가지로 제품과 서비스 구색, 촉진, 입지에 대해 결정해야 합니다.
소매상의 마케팅 의사결정이랑 똑같네요!
1 제품과 서비스를 통해 부가적인 고객가치를 만드는데, 고객을 만족시키기 위해서는 재고 유지를 해야 하고 비용이 듭니다.
이것, 저것 얼른 배송해주세요.
그럼 모든 제품의 재고가 항상 있어야 하는데…
비용을 줄이기 위해 도매상은 제품계열의 수를 줄이고 더 수익성 있는 계열만을 선택하여 취급하고

서비스도 고객관계에 도움이 되는 것을 선택하고 적정 요금을 부과해야 합니다.
바로 표적고객이 가장 가치 있다고 여기는 서비스믹스를 찾아내는 것이 관건입니다.
서비스믹스
2 가격 역시 도매상이 결정해야 할 중요한 요소입니다.
보통 도매업자는 물품가에서 일정 퍼센트를 마진으로 잡고 가격을 정합니다.
마진율 20% 정도?
최근 경제침체로 인해 소매상과 산업체 구매자는 더 낮은 가격의 도매상을 찾는 경향이 있죠.
이런 가격 압박은 다시 도매상에서 공급자에게까지 갈 수도 있습니다.
3 대부분의 도매상은 촉진에 신경을 쓰지 않습니다.
많은 도매상의 인적판매는 시대에 뒤떨어져 있습니다.
아이고, 김사장~ 공 한 번 치러 가야지?
사장님 외출중 이신데...
도매상 역시 소매점이 사용하는 촉진기법 중 몇 가지를 사용할 필요가 있습니다.
전통적 촉진방법과 더불어 디지털과 소셜미디어의 역할은 도매업에게도 꼭 필요한 요소가 되었습니다.
GRAINGER
4 마지막으로, 유통(입지)도 중요합니다.
과거 도매상은 임대료가 싸고, 세금이 낮은 지역에 자리를 잡고, 그들의 사무실이나 시설에는 거의 돈을 쓰지 않던 때가 있었습니다.
오늘날 이렇게 위치선정을 한다면 자재 취급, 주문과정, 배송 시스템을 뒤쳐지게 하고 경쟁에서 살아남을 수 없을 것입니다.

혁신적인 도매상들은 자동화 창고와 IT기술을 도입하여 치솟는 원가상승에 대응하고 있습니다.
또, 자동화된 유통과 더불어 많은 사업을 온라인으로 전환하고 있습니다.
전자상거래는 이제 전체 도매상 판매량의 50% 이상을 차지하고 있습니다.
짠
GRAINGER
GRAINGER
999.99

도매업의 추세

▼

도매산업은 그 어느 때보다도 높은 효율성을 필요로 하는 추세에서 벼랑 끝으로 몰리고 있습니다.
더 싸게 주실 수 있죠?
살아남을 수 있는 방법은 마케팅경로 전체의 효율성을 높임으로써 가치를 더하는 것입니다.
효율성↑
가치↑
수많은 구내식당과 레스토랑에 납품하는 시스코는 식료품부터 용기, 세제, 고무장갑까지 모든 제품을 취급합니다.
Sysco
고객이 시스코를 선호하는 이유는 효율적이고 저렴하게 제품을 납품 받을 수 있기 때문인데, 이를 위해서 시스코는
Sysco
HOTEL
자동화된 유통시스템으로 식품안전을 향상시키고 각 농장과 협력업체들과 더불어 성장하는 노력을 멈추지 않습니다.
Sysco
대형 도매상과 대형 소매점의 구분은 날이 갈수록 애매해지고 있습니다.
도매
소매
??

많은 소매점이 여러 도매기능을 수행하는 도매클럽이나 슈퍼센터 형태로 운영되고 있습니다.
도매, 소매 모두 환영!
헉
헉
또 몇몇 대형 도매상은 그들 소유의 소매점을 운영하기 시작했습니다.
소 매
최근 도매점은 증가하는 서비스요구와 경기침체로 인해 줄어드는 이익을 전산화, 자동화 IT기술의 도입으로
서비스
위이잉
유통에 소요되는 비용을 줄여서 만회하고 생산성도 높일 수 있는 기회로 전환하고 있습니다.
아자!
끝

교수의 강의노트

1. 소매업

소매업(retailing)은 제품이나 서비스를 개인적 혹은 비영리적인 목적으로 사용하려는 최종소비자에게 직접 판매하는 것과 관련된 모든 활동을 말합니다. 소매점포는 구매과정의 최종 단계에서 소비자와 브랜드를 연결해주는 중요한 역할을 합니다.

소매점포는 규모와 형태가 매우 다양하며 오늘날에는 계속 새로운 형태의 소매점이 생겨나고 있습니다. 소매점포는 ① 제공되는 서비스의 양(셀프서비스, 한정서비스, 완전서비스), ② 판매되는 제품계열(전문점, 백화점, 슈퍼마켓, 편의점, 슈퍼스토어, 서비스 소매점), ③ 상대적인 제품의 가격(할인점, 오프-프라이스 소매점)에 의해 분류해볼 수 있습니다. 여러 소매점이 기업체인, 임의체인, 소매점조합, 프랜차이즈 조직과 같은 형태로 결합되는 경우도 있습니다.

2. 소매점의 마케팅 의사결정

소매점은 항상 고객을 유인하고 붙잡아두기 위한 새로운 마케팅전략을 필요로 하고 있습니다. 그들은 세분화와 표적시장, 점포의 차별화와 포지셔닝, 소매 마케팅믹스에 관한 주요 마케팅 결정을 내려야 합니다.

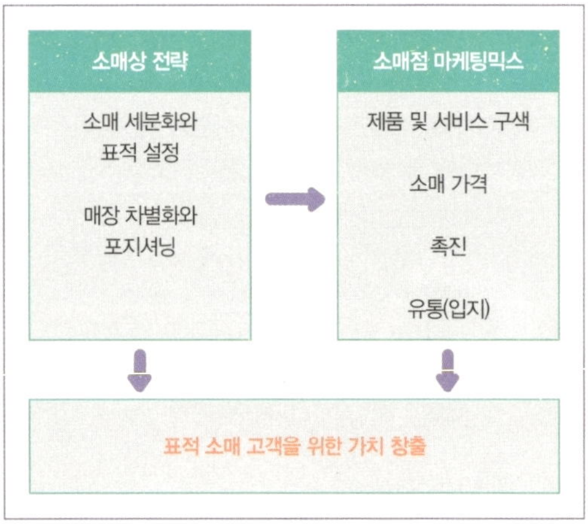

소매점의 마케팅 의사결정

이를 위해 우선 소매를 세분화하고, 표적시장을 정의하고, 그러한 시장에서 자사를 어떻게 차별화하고 포지셔닝할 것인지 결정해야 합니다. '모든 사람을 위한 것'을 제공하겠다는 생각은, 결국 어떠한 시장도 제대로 만족시키지 못하게 만듭니다. 소매점의 성공은 표적시장을 제대로 정의하고, 그들을 강력하게 포지셔닝하는 데 달려 있습니다.

강력한 표적시장과 포지셔닝에 따라 소매점은 제품과 서비스 구색, 가격, 촉진, 입지와 같은 주요 마케팅믹스에 관한 의사결정을 내려야 합니다. 소매점포는 단순한 제품구색 그 이상을 의미합니다. 오늘날 성공적인 소매점은 고객의 점포체험의 모든 것을 실제에 가깝도록 주의 깊게 편성합니다. 소매점의 가격 정책은 표적시장과 포지셔닝, 제품과 서비스 구색, 경쟁상황에 맞게 책정되어야 합니다. 소매점들은 고객에게 도달하기 위해 광고, 인적판매, 판매촉진, PR, 직접 마케팅 등 다섯 가지 프로모션 도구를 사용합니다. 마지막으로, 소매점이 자사의 포지셔닝과 일치하는 표적시장에 접근 가능한 입지를 선택하는 것도 매우 중요한 일입니다.

3. 소매업의 경향과 발전

오늘날 소매점은 급변하는 환경에 놓여있습니다. 소매업이 호황을 누리던 시기는 지나가고, 경기 침체가 많은 소매점을 호황에서 파산으로 바꾸어놓았습니다. 오늘날에는 새로운 소매 형태가 계속 생겨나고 있는데요. 이와 동시에, 서로 다른 형태의 소매점들이 동일한 제품과 가격을 비슷한 고객에게 제공하면서(소매융합), 자사의 차별화가 더욱 어렵게 되었습니다. 소매업에서 나타나는 또 다른 경향으로는 ① 초대형 소매점 부상, ② 직접 소매와 온라인 소매의 빠른 성장, ③ 소매업과 관련된 기술의 중요성 심화, ④ 그린 리테일링의 급증, ⑤ 주요 소매점의 글로벌한 확산 등을 언급할 수 있습니다.

4. 도매업

도매업(wholesaling)은 재판매나 산업에서의 활용을 목적으로 구매를 하는 사람들에게 제품과 서비스를 판매하는 것과 관련된 모든 활동을 의미합니다. 도매상은 크게 세 그룹으로 나누어볼 수 있습니다.

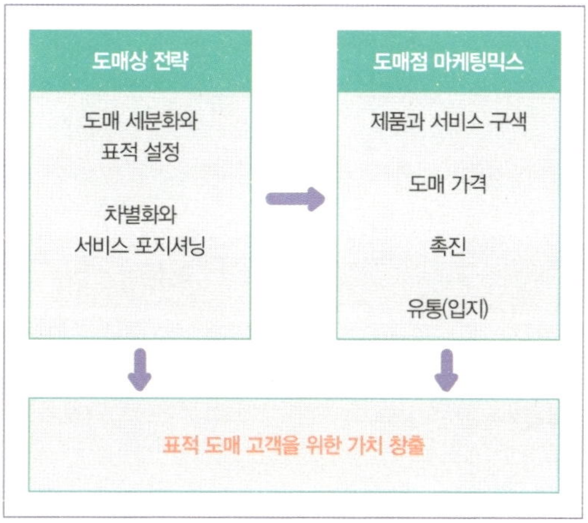

도매상의 마케팅 의사결정

- 상인도매상(merchant wholesaler): 제품의 소유권을 갖습니다. 여기에는 완전서비스 소매점(도매상인들과 산업 유통사들), 한정서비스 소매점(현찰 판매 도매상, 트럭 도매상, 직송 도매상, 상인 대상 도매상, 생산자 조합, 우편 주문도매상) 등이 포함됩니다.
- 중개인(broker)과 대리인(agents): 제품을 소유하지는 않지만 구매와 판매를 지원함으로써 수수료를 받습니다.
- 제조업자 영업점(manufacturers' sales branches and offices): 비도매상이 도매상을 우회하여 도매업을 수행합니다.

소매점과 같이, 도매상은 반드시 표적을 주의 깊게 설정하고 자신을 강력하게 포지셔닝해야 합니다. 또 소매점과 마찬가지로, 반드시 제품과 서비스 구색, 가격, 촉진, 입지를 결정해야 합니다. 혁신적인 도매상들은 공급자와 표적소비자의 변화하는 요구를 만족시킬 최선의 방법을 지속적으로 살피고 있습니다. 이들은 장기적으로 전체 마케팅채널의 효율을 증대시켜 부가가치를 창출해냄으로써 자신들의 존재 이유를 인식합니다. 이들은 다른 유형의 마케터들과 함께, 부가가치를 창출하는 고객관계 형성을 목표로 하고 있습니다.

스스로 정리하기

1 다음 내용에서 설명하고 있는 소매점의 유형으로 바르게 연결된 것을 골라봅시다.

> (a) 표준제품을 박리다매한다.
> (b) 취급되는 제품계열의 폭은 한정되어 있으나 해당 계열 내에서는 매우 다양한 제품구색을 갖춘다. 의류점, 운동용품점, 가구점, 꽃집, 서점 등이 있다.
> (c) 의류, 가정용 가구, 가정용품 등 다양한 제품계열을 취급하는데, 각각의 제품계열은 전문 구매자나 전문 상인에 의해서 각 부문별로 관리 · 운영된다.
> (d) 일상적으로 구매되는 식료품과 비식료품에 대한 소비자의 모든 욕구를 충족시키기 위한 대형 점포이다.
> (e) 제품을 정규 도매가격보다 낮은 가격으로 구입하여 소비자에게 다른 소매점보다 낮은 가격에 판매한다. 간혹 제조업자나 다른 소매점으로부터 낮은 가격으로 잔여제품, 초과생산품, 불량제품 등을 얻어서 취급하기도 한다.

	(a)	(b)	(c)	(d)	(e)
①	할인점	백화점	전문점	슈퍼스토어	오프-프라이스 소매점
②	슈퍼스토어	전문점	백화점	오프-프라이스 소매점	할인점
③	할인점	전문점	백화점	슈퍼스토어	오프-프라이스 소매점
④	오프-프라이스 소매점	슈퍼스토어	전문점	백화점	할인점

2 다음 내용에서 설명하고 있는 소매조직의 형태로 알맞은 것을 골라봅시다.

> 제조업체, 도매상 또는 서비스 조직과 독립적 사업자가 시스템 내의 한 가지 또는 여러 가지 품목을 소유하고 취급할 권리를 구매하는 계약적 제휴관계

① 기업체인 ② 임의체인 ③ 소매점 조합 ④ 프랜차이즈

3 다음 내용에서 설명하고 있는 도매상의 유형으로 알맞은 것을 골라봅시다.

> 독립적인 도매상을 통하지 않고 판매자나 구매자가 직접 운영한다. 각 판매지점 및 사무소는 판매처 또는 구매처로 이용될 수 있다.

① 대리인 ② 중개인 ③ 상인 도매상 ④ 제조업자 영업점

정답: 1 ③ 2 ④ 3 ④

4 유통경로에서 소매점의 역할과 소매점의 주요 형태를 적어봅시다.

5 오늘날 소매업에서 나타나고 있는 주된 경향을 간략하게 정리해봅시다.

6 도매상의 주요 형태와 각각의 역할을 정리해봅시다.

7 다음 용어를 인터넷 또는 책에서 찾아 그 뜻을 확인해봅시다.

대리인
도매상
도매업
독립 오프-프라이스 소매점
백화점
상인도매상
서비스 소매점
소매업
소매점
쇼루밍
쇼핑객 마케팅
쇼핑센터
슈퍼마켓
슈퍼스토어
오프-프라이스 소매점
전문점
제조업자 영업점
제조업체 상설할인매장
중개인
창고소매업클럽
카테고리 킬러
편의점
프랜차이즈
할인점
기업체인

핵심 단어로 마무리하기

ㄱ

가격
제품 혹은 서비스에 대해 부과된 화폐량. 조금 더 넓은 의미에서 보면, 제품 혹은 서비스의 소유나 사용으로 얻게 될 편익을 위해 고객이 포기해야 할 모든 가치의 합

가격탄력성
가격변화에 따라 수요가 얼마나 민감하게 반응하는지를 보여주는 것

가치전달 네트워크
전체 거래시스템의 성과를 향상시키기 위해 파트너 관계를 형성한 제조업체, 공급업자, 유통업자, 최종고객으로 구성된 네트워크

가치제안
브랜드가 차별화되고 포지셔닝되는데 근간이 되는 혜택들의 조합

간접 마케팅경로
하나 혹은 그 이상의 중간상이 개입하는 마케팅 경로

개인마케팅
개별고객의 욕구와 선호에 제품과 마케팅 프로그램을 맞추는 것

거점(기준점)기반 가격결정
특정의 도시를 기준점으로 선정하고, 제품이 실제로 선적되는 도시가 어디든 상관없이 기준점으로부터 고객 소재지까지 운송하는 데 드는 운임을 각 고객에게 부담시키는 것

경로갈등
누가 어떤 일을 해야 하는지, 일에 대한 보상이 무엇인지 목표, 역할, 보상에 대한 의견 불일치

경로수준
제품과 제품의 소유권을 최종구매자에게 전달하는 업무를 수행하는 각각의 마케팅 중간상

경험곡선(학습곡선)
생산경험이 누적됨에 따라 평균원가가 하락하는 현상

계약형 VMS
계약을 통해 결합한, 생산과 유통에서 서로 다른 단계에 있는 독립된 기업

고객가치기반 가격결정
판매자의 원가보다는 구매자들의 가치지각에 중점을 두어 가격을 책정하는 것

고정비(간접비)
생산량 혹은 매출수준에 따라 변동하지 않는 비용

공제
기본가격 할인의 또 다른 유형으로서, 여러 가지 형태를 가짐

관리형 VMS

구성원의 규모와 힘에 따라 생산과 유통의 연속적 단계를 조정하는 수직적 마케팅 시스템

구역별 가격결정

FOB 가격결정과 균일가격결정의 중간 형태

균일가격결정

FOB 가격결정과 정반대되는 지리적 가격결정

기업형 VMS

하나의 소유권 아래 생산과 유통의 연속적인 단계를 통합하는 수직적 마케팅 시스템. 채널 리더십은 공통의 소유권을 통해 형성됨

ㄴ

나이와 생애주기에 따른 세분화

시장을 다른 연령대와 생애주기 그룹으로 나누는 것

ㄷ

도매업

재판매 또는 사업목적으로 구입하는 고객에게 제품이나 서비스를 판매하는 데 관련된 모든 활동

도입기

신제품이 처음 시장에 출시되고 판매가능해지는 PLC 단계

독립 오프-프라이스 소매점

독립 사업가들이 소유하여 운영하거나 혹은 대규모 소매기업의 한 사업부가 운영

동태적 가격결정

개별고객의 특징과 욕구, 상황에 맞추어 계속 가격을 조정하는 것

ㅁ

마케팅경로(유통경로)

제품 혹은 서비스를 개인 소비자나 기업고객이 사용하고, 소비할 수 있도록 하는 상호 의존적인 조직의 일체

묶음제품 가격결정

기업이 몇 개의 제품들을 묶어서 할인된 가격으로 판매하는 것

미시마케팅

특정 개인이나 지역의 고객 세분화의 욕구나 선호에 제품이나 마케팅 프로그램들을 맞추는 것. 지역마케팅과 개인마케팅 포함

ㅂ

변동비

생산수준에 따라 달라지는 비용

부가가치 가격결정

경쟁사의 가격에 맞추어 가격인하를 추구하기보다는 부가적인 특성과 서비스의 추가를 통해 제품제공물을 차별화함으로써 더 비싼 가격을 정당화시키는 것

부산물 가격결정

주제품의 가격이 경쟁력을 갖도록 부산물에 대한 가격을 책정하는 것

브랜드
제품 혹은 서비스의 제조업자나 판매업자가 누구인지를 파악할 수 있게 하는 이름, 용어, 사인, 심벌, 디자인 혹은 이들의 결합

브랜드가치
브랜드의 재무적 가치의 총합

브랜드자산
브랜드명을 안다는 것이 제품 혹은 서비스에 대한 고객반응에 미치는 긍정적인 차별적 효과

비차별적 마케팅(대량마케팅)
기업이 세분시장의 차이점을 무시하고 하나의 제공물로 전체 시장을 공략하는 시장범위 전략

ㅅ

사양제품 가격결정
주력제품에 추가하여 제공되는 사양제품의 판매가격을 책정하는 것

사업분석
신제품에 예상되는 비용, 판매량, 순이익이 기업의 목적에 부합하는지 검토하는 것

사용상황 세분화
구매자들이 물건을 사는 아이디어를 얻거나 실제 구매를 하거나 또는 구매한 아이템을 사용하는 상황에 따라 시장을 세분시장으로 나누는 것

상품화
신제품을 시장에 출시하는 것

상호작용 마케팅
서비스 접점에서 구매자-판매자 상호작용의 품질을 제고시켜 서비스품질을 실현하는 노력

서비스-이익 연쇄
서비스기업의 수익성을 종업원 만족 및 고객만족과 연계시키는 것

성별 세분화
시장을 성별을 근거로 다른 세분시장으로 나누는 것

성숙기
제품 매출이 느리게 신장하거나 안정을 유지하는 PLC 단계

성장기
제품 매출이 빠르게 신장하는 PLC 단계

세분시장별 가격결정
고객, 제품, 거래처 위치에 따라 기본 가격을 조정하는 것

소득 세분화
시장을 서로 다른 소득 세분시장으로 나누는 것

소매업
제품이나 서비스를 개인적 혹은 비영리적인 목적으로 사용하려는 소비자에게 직접 판매하는 것과 관련된 모든 활동

소비자 중심의 신제품 개발
고객의 문제를 해결하고 더 많은 소비자 만족 체험을 창출하기 위한 새로운 방법을 찾는 데 중점을 두는 것

쇠퇴기
제품 매출이 감소하는 PLC 단계

시장 간 세분화
다른 국가에 살고 있더라도 유사한 욕구와 구매행동을 갖고 있는 소비자들로 세분시장을 구성하는 것

시장세분화
시장을 서로 다른 제품과 마케팅믹스를 요구하는 독특한 욕구, 특징 및 행동을 갖고 있는 보다 작은 구매자집단으로 나누는 것

시장침투가격
처음부터 저가격을 책정하여 빠른 속도로 시장에 깊게 침투하는 전략

신제품 개발
기업이 자체 연구개발 노력으로 만들어낸 독자 제품이나 개량제품, 보완제품, 새로운 상표의 개발

심리묘사적 세분화
구매자들을 사회계층, 라이프 스타일 및 개성과 관련된 특징들을 근거로 서로 다른 세분시장으로 나누는 것

심리적 가격결정
제품의 경제적 가치보다는 가격이 갖는 심리적 효과를 고려하는 것

ㅇ

아이디어 선별
좋은 아이디어를 선별하고 나쁜 것을 가능한 한 빨리 제거하는 데 도움을 주는 과정

오프-프라이스 소매점
정상적인 도매가격보다 낮은 가격으로 구입하여 다른 소매상보다 싼 가격으로 소비자들에게 판매

우수한 가치에 상응한 가격결정
품질과 좋은 서비스를 잘 결합하여 적정가격에 제공하는 것

운송료부담 가격결정
원하는 거래를 성사시키기 위해 실제 운송료의 모두 혹은 일정부분을 판매자가 부담하는 것

원가기반 가격결정
제품을 생산·유통·판매하는 데 드는 비용에다 적정 수준의 마진(즉 기업의 노력과 위험부담에 대한 보상)을 더하여 가격을 책정하는 것

인구통계적 세분화
시장을 연령, 성별, 가족 크기, 가족생애주기, 소득, 직업, 교육수준, 종교, 인종, 세대, 국적 등과 같은 변수들을 근거로 나누는 것

ㅈ

제품 개발
제품 아이디어가 실제 사용가능한 제품으로 발전할 수 있음을 보증하기 위해, 제품 콘셉트를 물리적 제품으로 개발하는 것

제품 콘셉트
의미 있는 소비자 용어로 서술된 더 자세한 제품 아이디어

제품라인 가격결정
몇 개의 가격대로 구분하고 이에 따라 라인 내의 제품들을 분류하는 것

제품믹스(제품포트폴리오)
특정 판매업자가 판매용으로 시장에 제공하는 제품라인과 품목들을 합한 것

제품수명주기(PLC)
한 제품이 수명주기를 거치는 동안 판매와 수익의 추이

제품포지션
주요 속성들을 근거로 소비자들이 제품을 정의하는 방식으로 제품이 소비자의 마음속에서 경쟁사 제품에 비하여 차지하고 있는 상대적인 위치

종속제품 가격결정
주제품의 가격을 낮게 책정하고 종속제품에 대해서는 높은 마진을 보장하는 가격을 책정하는 전략

준거가격
어떤 제품을 평가할 때 참조하기 위해서 소비자가 기억 속에 갖고 있는 가격

지리적 가격결정
서로 다른 지역에 위치한 고객들에게 어떤 가격을 제공할 것인지 결정하는 것

지리적 세분화
시장을 나라, 지역, 주, 도시 혹은 동네 등과 같은 서로 다른 지리적 단위로 나누는 것

지역마케팅
도시, 인근 지역, 그리고 특정 지역매장 등과 같은 지역 고객집단의 욕구와 선호에 브랜드와 촉진활동을 맞추는 것

직접 마케팅경로
기업이 직접 소비자에게 제품을 판매하는 것

집중적 마케팅(틈새마케팅)
기업이 하나 또는 적은 수의 세분시장이나 틈새시장에 집중하는 시장범위 전략

ㅊ

차별적 마케팅(세분화 마케팅)
기업이 여러 개의 세분시장을 겨냥하여 각 세분시장별로 다른 제공물을 고안하는 시장범위 전략

촉진 가격결정
구매에 따른 흥분감과 구매압박감을 창출하기 위해 일시적으로 제품가격을 정가 혹은 원가 이하로 내리는 것

총원가
주어진 생산수준을 실현하는 데 드는 고정비와 변동비를 합한 것

ㅋ

크라우드소싱
고객, 직원, 독립적인 과학자와 연구자, 넓게는 일반대중에 이르기까지 폭넓은 사람들의 커뮤니티를 신제품 혁신 과정에 참여시키는 것

ㅌ

탈중간상화
제품과 서비스 생산업자가 중간상을 배제하고 직접 최종구매자에게 접근하거나 새로운 형태의 유통업자가 전통적인 경로를 대체함으로써 발생

테스트 마케팅
실제적인 시장상황에서 제품과 마케팅프로그램을 테스트하는 신제품 개발 단계

팀 기반의 신제품 개발
기업 내 부서가 복합기능팀의 구성원으로서 서로 긴밀히 협조하며, 때때로 시간을 절약하고 효율성을 높이기 위한 제품개발 방식

ㅍ

패키징
제품을 담는 용기나 포장재를 디자인·생산하는 것

포지셔닝
목표소비자들의 마음속에 경쟁제품과 비교하여 상대적으로 분명하고 독특하며, 바람직한 위치를 차지하는 시장제공물을 계획하는 것

표적시장
기업이 만족시키고자 하는 공통된 욕구와 특징을 공유하는 구매자들의 집합

표적시장의 선정
각 시장의 매력도를 평가하여 진입할 하나 또는 그 이상의 세분시장을 선정하는 것

ㅎ

할인
특정한 반응을 보인 고객들(가령 구입대금을 일찍 지불하거나, 많은 수량을 구매하거나 혹은 비수기에 구매함)을 보상하기 위해 기본가격을 조정하는 것

행동적 세분화
시장을 소비자의 지식, 태도, 사용상황 혹은 제품에 대한 반응 등에 근거하여 세분시장으로 나누는 것

혜택(편익) 세분화
소비자들이 제품으로부터 추구하는 서로 다른 혜택에 따라 시장을 세분시장으로 나누는 것

영문

FOB 가격결정
운송수단에 주문제품이 선적되는 순간부터 제조업체는 제품에 대한 책임에서 자유로워짐을 의미

에필로그

코틀러의 마케팅원리 1, 2권을 모두 읽고 나니 한층 더 마케팅에 가까워진 느낌이에요.
코틀러의 마케팅 원리
지금까지 우리는 고객가치 지향적 마케팅 전략과 제품, 서비스, 브랜드에 대해 알아보고
목표고객
제품-서비스-브랜드
BRAND
신제품 개발과 제품수명주기의 관리, 가격결정은 어떻게 하는 것이 효과적인지
신제품
개발 & 수명주기
가격 결정
또, 고객가치전달을 위한 마케팅 경로 설계, 소매업과 도매업에 관해 함께 살펴보았습니다.
목표고객을 위해 가치를 만들고 전달하는 과정을 이해할 수 있었어요.
이제 진짜 종강…?!
그럴거가요.
종강이 그렇게 좋은가요?
3권에서는 마케팅 전략과 믹스 설계의 중요한 요소인 촉진과 급변하는 환경속에서 마케팅 영역의 확대를 함께 배워봅시다.

구체적으로 어떤 내용을
배우게 되나요?
드디어
마지막권!
먼저 고객가치를 제안하기 위한 촉진믹스를 통해 고객
인게이지먼트와 고객가치 커뮤니케이션을 어떻게
형성하는지 알아보고
광고와 PR, 인적판매와 판매촉진, 여러 채널을 통한
마케팅과 같은 구체적 마케팅커뮤니케이션 도구를
다룰 것입니다.
또한 빠르게 변하는 환경속에서 경쟁 우위를
창출하는 방법과
새로운 시장이 될 수 있는 글로벌 마켓, 기업의 사회적 책임과
윤리 실천을 통해 지속가능한 마케팅의 중요성을 살펴볼
것입니다.
지속가능한 소비!
촉진과 확장이 3권의
키워드가 되겠네요!
기대해
주세요!
끝

책을 만든 사람들

원작

필립 코틀러(Philip Kotler)

'마케팅의 아버지'라 불리는 세계적인 권위자이다. 과거 다소 생소하게 여겨졌던 '마케팅'의 개념을 세상에 널리 알려 하나의 학문으로 정립하는 데 크게 기여했다. 시카고대학교에서 경제학 석사학위를, MIT에서 경제학 박사학위를 받았다. 현재 노스웨스턴대학교 켈로그경영대학원 석좌교수이다.

IBM, 소니, 뱅크오브아메리카, 포드 등 이름만 대면 누구나 알 수 있는 글로벌 기업을 대상으로 컨설팅을 하였다. 수많은 저서 중에서도 이 책의 바탕이 된 《Kotler의 마케팅 원리》는 '마케팅계의 바이블'이라고 불릴 만큼 유명하다. 혹자는 이 책을 마케팅의 '구약성서'라고 부르기도 한다. 현존하는 모든 마케팅 이론의 뿌리가 담겨 있기 때문이다.

개리 암스트롱(Gary Armstrong)

웨인주립대학교에서 경영학 석사학위를, 노스웨스턴대학교에서 박사학위를 받았다. 현재 노스캐롤라이나대학교(채플힐) 케넌-플래글러 경영대학원 교수로 재직 중이다. 최우수 학부과정 교수상을 세 번이나 받았다. 노스캐롤라이나 16개 대학 지구 내 최고 교수로 선정되기도 했다.

글·그림

조립식

전문 지식을 이야기로 쉽고 재미있게 풀어내는 만화가이다. 《만화경제 상식사전》, 《읽으면 진짜 똑똑한 선택이 보이는 행동경제학》, 《만화 경제학 강의》 등 경제를 주제로 한 교양 및 학습 만화를 여럿 그렸다. 통통 튀는 캐릭터와 선명한 색감, 유머러스한 상황, 누가 보아도 고개를 끄덕일 수밖에 없는 쉬운 설명 등 자신만의 뚜렷한 작품 세계를 구축하며 활동 중이다.

감수

장대련

브리티시컬럼비아대학교 졸업 후 미국 컬럼비아대학교에서 경영학 석사학위를, 하버드대학교에서 마케팅 박사학위를 받았다. 1987년부터 연세대학교 경영학과에서 마케팅을 가르쳐왔다. 그 밖에 세계 유수의 대학교에서 B2B마케팅, 국제마케팅, 마케팅관리 등을 강의했다. 연세대학교 국제학대학원 원장, 한국마케팅학회 회장을 역임했다. 마케팅뿐만 아니라 영상과 스토리텔링에도 관심이 많아 다수의 단편 영화를 기획 및 연출했다. 그중에서 〈Call Coho〉(2015)라는 작품은 12개 국제영화제에서 입선, Los Angeles Independent Film Festival(2016)에서 최우수 해외 단편상을 받았다.

만화로 배우는
코틀러의
마케팅
원리
2 핵심전략과 경로

2021년 12월 21일 초판 1쇄 인쇄
2022년 1월 7일 초판 1쇄 발행

원작 필립 코틀러·개리 암스트롱
글·그림 조립식(조윤혜)
감수 장대련

펴낸이 류원식
펴낸곳 교문사·피어슨
편집팀장 김경수
책임진행 이유나
영업 송기윤·박현수
디자인 신나리
본문편집 우은영

주소 (10881) 경기도 파주시 문발로 116
전화 031-955-6111
팩스 031-955-0955
홈페이지 www.gyomoon.com
E-mail genie@gyomoon.com
등록번호 1968. 10. 28. 제406-2006-000035호
국내 ISBN 978-89-363-2133-8 (07320)
978-89-363-2131-4 (07320) (세트)
값 20,900원